郑州大学
ZHENGZHOU UNIVERSITY

法律硕士专业学位研究生案例教程系列丛书

主　编◎苗连营
副主编◎王玉辉　李建新

诉讼法学
案例教程

主　编◎张志英
副主编◎刘　鋆

知识产权出版社
全国百佳图书出版单位
——北京——

图书在版编目（CIP）数据

诉讼法学案例教程/张志英主编；刘鋆副主编.—北京：知识产权出版社，2023.1
（法律硕士专业学位研究生案例教程系列丛书/苗连营主编）
ISBN 978-7-5130-8449-9

Ⅰ.①诉… Ⅱ.①张… ②刘… Ⅲ.①诉讼法—案例—中国—研究生—入学考试—自学参考资料 Ⅳ.①D925.05

中国版本图书馆 CIP 数据核字（2022）第 237483 号

责任编辑：李芸杰　　　　　　　　　　责任校对：王　岩
封面设计：杨杨工作室·张　冀　　　　责任印制：刘译文

法律硕士专业学位研究生案例教程系列丛书

诉讼法学案例教程

主　编◎张志英

出版发行	知识产权出版社 有限责任公司	网　　址	http://www.ipph.cn
社　　址	北京市海淀区气象路 50 号院	邮　　编	100081
责编电话	010-82000860 转 8739	责编邮箱	liyunjie2015@126.com
发行电话	010-82000860 转 8101/8102	发行传真	010-82000893/82005070/82000270
印　　刷	天津嘉恒印务有限公司	经　　销	新华书店、各大网上书店及相关专业书店
开　　本	720mm×1000mm　1/16	印　　张	16.75
版　　次	2023 年 1 月第 1 版	印　　次	2023 年 1 月第 1 次印刷
字　　数	367 千字	定　　价	88.00 元
ISBN 978-7-5130-8449-9			

出版权专有　侵权必究
如有印装质量问题，本社负责调换。

总 序

高等院校是培养法治人才的第一阵地，高校法学教育在法治人才的培养中发挥着基础性作用。中共中央印发的《法治中国建设规划（2020—2025年）》明确提出：深化高等法学教育改革，优化法学课程体系，强化法学实践教学，培养信念坚定、德法兼修、明法笃行的高素质法治人才。法学学科是实践性极强的学科，法学实践教学改革是促进法学理论与法学实践有机融合、推动法学高等教育改革的重要路径和抓手。

案例教学是法学实践教学的重要组成部分，以学生为中心，通过典型案例的情境呈现、深度评析，将理论与实践紧密结合，引导学生发现问题、分析问题、解决问题，进而掌握理论、形成观点、提高能力。强化案例教学是培养法律硕士专业学位研究生实践能力的重要方式，也是促进教学与实践有机融合、推动高等院校法学实践教学模式改革、提高法治人才培养质量的重要突破点。《教育部关于加强专业学位研究生案例教学和联合培养基地建设的意见》（教研〔2015〕1号）明确指出，重视案例编写，提高案例质量。通过撰写案例教程，开发和形成一大批基于真实情境、符合案例教学要求、与国际接轨的高质量教学案例，是推进案例教学的重要基础，对法学理论及各部门法的学习与知识创新具有重要意义。

作为国内较早招收法律硕士专业学位研究生的高等院校之一，郑州大学法学院始终致力于培养复合型、应用型专门法律人才，高度重视法律硕士实践教学与案例教学改革，先后组织编写了"卓越法治人才教育培养系列教材""高等法学教育案例教学系列教材"等系列高水平教材。为进一步深化新时代法律硕士专业学位研究生培养模式改革，培养德法兼修、明法笃行的高素质法治人才，我院组织相关学科骨干教师编写了这套"法律硕士专业学位研究生案例教程系列丛书"。

本套丛书内容全面、体系完备，涵盖了《法理学案例教程》《行政法学案例教程》《刑法学案例教程》《民法学案例教程》《商法学案例教程》《经济法学案例教程》《诉讼法学案例教程》《环境法学案例教程》《国际法学案例教程》《知识产权法学案例教程》《法律职业伦理案例教程》《卫生法学案例教程》等法律硕士专业学位教育教学基础课程教学用书。

丛书具有四个特点：其一，坚持思想引领。各学科团队始终以习近平法治思想为指导，努力推动习近平法治思想进教材、进课堂、进头脑，充分保证系列教材坚持正确的政治方向、学术导向、价值取向。其二，理论与实践紧密结合。各教程所涉案例的编写立足真实案情，关注社会热点、知识重点和理论难点，引导学生运用法学理论，分析现实问题，着力培养和训练学生的法学思维能力。其三，知识讲授与案例评析有机统一。各教程既整体反映了各学科知识体系，又重点解读了相关案例所涉及的理论问题，真正做到以案释法、以案说理，着力实现理论知识与典型案例的有机互动。其四，多元结合的编写团队。案例教程的编写广泛吸纳实务部门专家参与，真正实现高等院校与法律实务部门的深度合作，保证了案例的时效性、针对性、专业性。

衷心希望本套丛书能够切实推进法律硕士专业学位研究生教学模式、培养方式的改革，为培养具有坚定的中国特色社会主义法治理念，以及坚持中国特色社会主义法治道路的复合型、应用型高素质法治人才发挥积极作用。

本套丛书的出版得到了知识产权出版社总编及相关编辑的鼎力支持，在此深表感谢！

郑州大学法学院编委会
2022 年 3 月 9 日

前 言

本教材是由郑州大学法学院诉讼法学科的教师和实务经验非常丰富的一线法官共同编写完成的一本诉讼法学案例教程。其主要功能是以案例带动教学，通过对诉讼法学相关案例的汇集、评析，使学生能够更加深入理解相关专业理论，熟悉并掌握诉讼法学相关专业的实践经验与技能。本教材的读者对象为法律硕士专业学位研究生，主要用于提升法律硕士专业学位研究生利用所学理论知识解决实际问题的能力。

随着法治建设的不断发展，法学知识需适时更新与升级，该教材根据最新法律规定，援引典型的和较新的案例，将教学目标与理论和实践热点相结合，具有实用、丰富的内容和贴合读者阅读需求的体例设计。本书在章节具体内容方面并未追求面面俱到，而是选取了目前在理论和实务界存有较大争议的一些问题来作为若干小节的主题，以做到重点突出且紧跟前沿热点。本书引用的案例主要来源于最高人民检察院公报案例、最高人民法院指导性案例、中国裁判文书网以及北大法宝等网站公布的案例。作者们从海量的案例中将具有争议的且能体现目前争议热点的一些典型案例筛选出来，并对其争议点进行深层次的理论分析。

本书的编写，除各位参编作者付出了艰辛的努力之外，诉讼法专业研究生也在案例搜集、格式调整和文字校对等方面给予了大力支持，本书最终由主编统稿完成。本教材的编写投入师生共计二十余人，查阅案件数万例，正是有了各位老师与同学的辛勤付出与努力，方能形成此最终版本于诸位，不足之处也望各位师生给予指正。

参与编写本教材的作者和具体分工如下：

前言（张志英）

刑事诉讼法学部分：

第一章　刑事诉讼基本原则及基础理论（卢少锋）

第二章　管辖（马春娟）

第三章　回避（马春娟）

第四章　刑事辩护（张志英）

第五章 证据（卢少锋）

第六章 强制措施（张志英）

第七章 刑事附带民事诉讼（马春娟）

第八章 立案与侦查（张志英）

第九章 审查起诉（张志英）

第十章 第一审程序（卢少锋）

第十一章 第二审程序（张志英）

第十二章 审判监督程序（张志英）

第十三章 执行程序（卢少锋）

民事诉讼法学部分：

第一章 民事诉讼基本原则（高辉）

第二章 民事诉讼当事人与代理人（刘鋆）

第三章 管辖（赵宜勇）

第四章 民事诉讼证据与证明（刘鋆）

第五章 诉讼保障制度（刘鋆）

第六章 简易程序（刘鋆）

第七章 第一审普通程序（高辉）

第八章 二审程序（张嘉军）

第九章 审判监督程序（张嘉军）

第十章 执行程序（张嘉军）

张志英

2022 年 2 月 10 日

>> CONTENTS 目 录

|刑事诉讼法学部分|

第一章 刑事诉讼基本原则及基础理论 ……………………………………………… 003
　第一节 "以审判为中心"的诉讼制度改革问题 / 003
　　　案例一 念某投放危险物质案 / 004
　第二节 认罪认罚从宽制度的适用问题 / 006
　　　案例二 林某彬等人组织、领导、参加黑社会性质组织案 / 006

第二章 管　辖 ……………………………………………………………………… 010
　第一节 电信网络诈骗案件的立案管辖 / 010
　　　案例一 李某等69人诈骗案 / 011
　第二节 刑事诉讼管辖权异议制度 / 014
　　　案例二 莫某某放火、盗窃案 / 014

第三章 回　避 ……………………………………………………………………… 018
　第一节 整体回避 / 018
　　　案例一 吉林省辽源市整体回避案 / 018
　第二节 无因回避 / 022
　　　案例二 李某1、卢某、李某2等走私普通货物、物品案 / 022

第四章 刑事辩护 …………………………………………………………………… 026
　第一节 刑事辩护与庭审实质化改革 / 026
　　　案例一 沈阳市王某受贿案 / 026
　第二节 认罪认罚制度中的无罪辩护 / 030

案例二　金某等帮助信息网络犯罪活动罪案 / 030
第三节　值班律师的法律地位 / 034
案例三　上海市邢某某涉嫌非法猎捕、杀害珍贵、濒危野生动物罪案 / 035

第五章　证　　据 ······ 039

第一节　刑事证据的概念与种类辨析 / 039
案例一　刘某组织、领导黑社会性质组织案 / 040
第二节　刑事诉讼中的私人取证问题 / 043
案例二　焦某受贿案 / 043
第三节　非法证据排除规则的适用 / 047
案例三　郭某甲贩卖毒品、脱逃、容留他人吸毒案 / 047

第六章　强制措施 ······ 052

第一节　监检衔接中的先行拘留问题 / 052
案例一　达某挪用公款罪一案 / 052
第二节　取保候审期间逃匿人的自首情节认定问题 / 056
案例二　付某等拐卖儿童一案 / 056
第三节　监视居住的指定居所问题 / 059
案例三　龙某故意伤害罪一案 / 059
第四节　逮捕证据条件的审查 / 062
案例四　王某不批准逮捕案 / 062

第七章　刑事附带民事诉讼 ······ 066

第一节　刑事附带民事诉讼中的精神损失赔偿问题 / 066
案例一　牛某某侵害少女案 / 066
第二节　知识产权刑事案件中能否提起附带民事诉讼问题 / 070
案例二　林某某侵犯著作权案 / 070
第三节　刑事附带民事诉讼中的死亡赔偿金、残疾赔偿金问题 / 073
案例三　杨某某故意伤害案 / 073

第八章　立案与侦查 ······ 077

第一节　不应当立案而立案的检察监督问题 / 077
案例一　温某某合同诈骗立案监督案 / 078
第二节　公安机关行政权与侦查权的交叉 / 080
案例二　延安"黄碟案" / 081

第三节　公安机关撤案随意性的探讨 / 083
　　案例三　彭水诗案 / 083

第九章　审查起诉　　087

第一节　认罪认罚从宽制度下的相对不起诉 / 087
　　案例一　贾某认罪认罚不起诉案 / 087
第二节　犯罪事实不清时不起诉方式的选择 / 089
　　案例二　丁某某侮辱尸体案 / 090
第三节　二次退回补充侦查后的提起公诉问题 / 092
　　案例三　叶某诈骗案 / 092

第十章　第一审程序　　096

第一节　公诉与自诉关系问题 / 096
　　案例一　郎某、何某诽谤案 / 096
第二节　认罪认罚从宽制度中的量刑问题 / 099
　　案例二　钱某故意伤害案 / 099
第三节　速裁程序与认罪认罚从宽制度的相关问题 / 101
　　案例三　郑某飞危险驾驶案 / 101

第十一章　第二审程序　　105

第一节　认罪认罚案件被告人的上诉权问题 / 105
　　案例一　琚某忠盗窃案 / 106
第二节　检察院"抗重"时"上诉不加刑"原则的适用 / 110
　　案例二　余某交通肇事案 / 110
第三节　我国刑事二审开庭审理率低的问题 / 113
　　案例三　范某等多人盗窃案 / 113

第十二章　审判监督程序　　117

第一节　刑事申诉效果问题 / 117
　　案例一　聂某斌案 / 117
第二节　审判监督程序中审查证据的范围及新证据认定 / 120
　　案例二　顾某案 / 120
　　案例三　张某超案 / 123

第十三章　执行程序　　126

第一节　刑事裁判涉财产部分执行中的案外人异议审查 / 126

案例一　达成公司案外人执行异议案 / 126
第二节　暂予监外执行监督问题 / 128
案例二　王某某暂予监外执行监督案 / 129

| 民事诉讼法学部分 |

第一章　民事诉讼基本原则 ……………………………………………… 135
第一节　处分原则 / 135
案例一　电梯劝阻吸烟猝死案 / 136
第二节　诚信原则 / 140
案例二　王某滥用管辖权异议案 / 141
第三节　自愿合法调解原则 / 146
案例三　深圳警方地域歧视被诉案 / 146

第二章　民事诉讼当事人与代理人 ……………………………………… 152
第一节　胎儿的当事人能力问题 / 152
案例一　冀某国与王某玉交通事故责任纠纷一案 / 153
第二节　其他组织的当事人资格问题 / 155
案例二　西苑艺君花园（一期）业主委员会诉中川公司物业
管理用房所有权确认纠纷案 / 155
第三节　必要共同诉讼当事人的确定 / 159
案例三　水魔方公司、董某斌与高某芯建设工程施工合同纠纷 / 159

第三章　管　辖 …………………………………………………………… 163
第一节　协议管辖 / 163
案例一　孙某民间委托理财合同纠纷 / 164
第二节　网络民事纠纷案件的管辖 / 169
案例二　倪某诉北京某茶业有限公司、黄山某电子商务有限公司、
黄山某茶业有限公司信息网络买卖合同纠纷一案 / 169
第三节　管辖权异议的滥用及规制 / 172
案例三　管辖权异议的滥用系列案例 / 173

第四章　民事诉讼证据与证明 …………………………………………… 178
第一节　当事人自认规则的修改与完善 / 178

　　　　　案例一　润州区明乐迪歌厅与上海灿星文化传媒股份有限公司
　　　　　　　　侵害作品放映权纠纷 / 179
　　第二节　书证提出命令制度 / 181
　　　　　案例二　温州市中意锁具电器有限公司与波瑞电气有限公司
　　　　　　　　买卖合同纠纷案 / 182

第五章　诉讼保障制度 ········· 186
　　第一节　"送达难"及其制度应对问题 / 186
　　　　　案例一　上海浦东发展银行股份有限公司铁岭分行与戴某等
　　　　　　　　金融借款合同纠纷一案 / 187
　　第二节　保全的实施与救济问题 / 190
　　　　　案例二　贵州六建诉敖某文、刘某洪建设工程施工合同纠纷
　　　　　　　　一案 / 190

第六章　简易程序 ········· 194
　　第一节　简易程序的适用范围 / 194
　　　　　案例一　刘某与中国大地财产保险股份有限公司怀仁支公
　　　　　　　　司财产保险合同纠纷案 / 195
　　第二节　小额程序的适用 / 197
　　　　　案例二　乌鲁木齐聚博源物业服务有限公司诉梁某物业服
　　　　　　　　务合同纠纷案 / 198

第七章　第一审普通程序 ········· 201
　　第一节　起诉与受理 / 201
　　　　　案例一　内蒙古金盛国际家居有限公司、呼和浩特市自然
　　　　　　　　资源局建设用地使用权出让合同纠纷驳回起诉案 / 201
　　第二节　反　诉 / 208
　　　　　案例二　上海广泛建筑工程有限公司与九江市金鑫达实业
　　　　　　　　有限公司及第三人赵某斌、赵某生加工合同纠纷案 / 208

第八章　二审程序 ········· 215
　　第一节　民事诉讼二审中原告申请撤回起诉的问题 / 215
　　　　　案例一　某汽车连锁公司与王某等追偿权纠纷一案 / 215
　　第二节　禁止不利益变更原则的问题 / 220
　　　　　案例二　田某、杨某生命权、健康权、身体权纠纷一案 / 220

第九章 审判监督程序 ………………………………………………………… 225

第一节 民事再审事由中新证据的认定问题 / 225
案例一 刘俊某等诉湖北银行股份某支行民间借贷纠纷案 / 225
案例二 李兴某、何道某民间借贷纠纷案 / 228
案例三 银川军某某有限责任公司、樊某合同纠纷案 / 231

第二节 再审被申请人、被申诉人能否提出再审请求的问题 / 234
案例四 昆明市某房屋拆迁有限公司、云南某房地产开发有限公司合同纠纷案 / 235

第三节 再审检察建议在实践中出现的问题 / 237
案例五 再审检察建议相关案例 / 237

第十章 执行程序 ……………………………………………………………… 241

第一节 对未及时办理过户登记的不动产的执行问题 / 241
案例一 案外人吴某华与被申请人执行人林某岛等案外人执行异议纠纷案 / 242

第二节 对预告登记的不动产的执行问题 / 245
案例二 案外人陈某江与被申请人执行人金某某公司等案外人异议纠纷案 / 245

第三节 执行外和解协议的效力问题 / 249
案例三 滁州建安公司与追日电气公司执行复议案 / 249

第四节 竞买人在执行程序中撤销网络司法拍卖的问题 / 253
案例四 陈某果与刘某坤、广东省汕头渔业用品进出口公司等申请撤销拍卖执行监督案 / 253

刑事诉讼法学部分

第一章 刑事诉讼基本原则及基础理论

本章知识要点

(1)"以审判为中心"的诉讼制度改革问题。在司法实践中,基于种种现实原因,"以审判为中心"的观念有待加强,"以侦查为中心"的诉讼流程则较为常见,这和刑事诉讼法规定的公检法三机关应当"分工负责,互相配合,互相制约"的原则背道而驰,并且容易出现较为严重的后果和风险。(2)认罪认罚从宽制度的适用问题。认罪认罚从宽制度可以适用于所有刑事案件和刑事侦查、起诉、审判各个阶段,但并非一律适用。认罪认罚后是否"从宽"需要根据案件具体情况决定。

第一节 "以审判为中心"的诉讼制度改革问题

"以审判为中心"的诉讼制度改革,是中央在全面推进依法治国背景下提出的重大司法改革部署,是新时期改革完善刑事诉讼制度的指导纲领。为贯彻中央有关要求,最高人民法院、最高人民检察院、公安部、国家安全部、司法部于2016年10月联合发布《关于推进以审判为中心的刑事诉讼制度改革的意见》,2017年2月,最高人民法院又出台了《关于全面推进以审判为中心的刑事诉讼制度改革的实施意见》。这些文件的出台,对于贯彻疑罪从无原则、推进庭审实质化等具有重要意义。司法实践中,存在由于"以审判为中心"观念的缺失,使得公检法三机关形成"流水线"作业模式,侦查处于事实上的中心地位的现象。"以审判为中心"的诉讼制度改革有何成果,应当如何继续推进等问题值得探讨。

案例一　念某投放危险物质案

【基本案情】

被告人念某，男，汉族，1976年7月22日出生。2006年8月18日被逮捕，之后福州市人民检察院指控被告人念某犯投放危险物质罪，并向福州市中级人民法院（以下简称福州市中院）提起公诉。

福州市中法院一审审理查明：被告人念某因记恨邻居周某某，基于投放鼠药让丁某某吃了肚子痛、拉稀的故意，而将其之前购买的鼠药加水溶解后，潜入丁某某家厨房将鼠药水倒入烧水铝壶的水里。丁某某的孩子俞甲（男，殁年10岁）、俞乙（女，殁年8岁）、俞丙（男，时年6岁）食用了壶内的水制作的饭菜后相继出现中毒症状。最终导致俞甲、俞乙经抢救无效死亡，经鉴定系氟乙酸盐鼠药中毒。2008年2月1日，福州市中院作出判决，认定被告人念某犯投放危险物质罪，判处死刑，剥夺政治权利终身。

被告人念某否认起诉书指控的犯罪事实，辩解其2006年8月7日后的所有有罪供述都是在公安人员的殴打或威胁下作出。

被告人念某的辩护人对多项证据提出异议：（1）指控念某向丁某某家的水壶嘴内投放剧毒鼠药错误。经检验水壶内没有毒物且中毒结果与指控完全背道而驰，其余没有任何痕迹和实物证据支持控方的指控。（2）侦查机关涉嫌刑讯逼供，审讯录像存在剪辑拼接；鉴定过程存在程序错误，鉴定结论应当予以排除。（3）本案大量事实没有查清，诸多疑点没有得到合理排除。没有追查鱿鱼的源头、包装材料是否有毒；没有侦查酱油煮杂鱼制作过程，是否也用了该水壶的水，也没有提取没吃完的酱油煮杂鱼；卖鼠药的杨某某年龄、外貌与念某供述不符，在其家中也没有找到一粒氟乙酸盐鼠药；公安机关在案发现场提取150多件物证，但没有登记制作清单，违反了公安部关于现场勘查提取物证的规定。

此后因被告人上诉，该案件经过多次重审，8年间共进行10次开庭审判，其中4次被判处死刑立即执行，但最高人民法院均未核准死刑，并发回重审。

最终福建省高院历经两次开庭审理，其间通知多位证人、鉴定人、侦查人员、专家辅助人出庭。审理后认为：被害人俞甲、俞乙系中毒死亡，但原判认定致死原因为鼠药中毒依据不足，认定的投毒方式、毒物来源证据不充分，与被告人的有罪供述不能相互印证，相关证据之间存在矛盾，综合全案证据达不到确实、充分的证明标准，不能得出系被告人念某作案的唯一结论。因此，一审认定念某犯投放危险物质罪的事实不清，证据不足。2014年8月22日，福建省高院作出（2012）闽刑终字第10号刑事附带民事裁定，撤销一审判决，宣告被告人念某无罪。

【主要法律问题】

自进行"以审判为中心"的诉讼制度改革以来,"审判"在诉讼流程中的作用有所加强,但实践中仍面临"以侦查为中心"诉讼模式的挑战,如何进一步强化"以审判为中心",成为亟待解决的难题。

【主要法律依据】

《中华人民共和国刑事诉讼法》(2018年10月26日修正)

第7条 人民法院、人民检察院和公安机关进行刑事诉讼,应当分工负责,互相配合,互相制约,以保证准确有效地执行法律。

第200条 在被告人最后陈述后,审判长宣布休庭,合议庭进行评议,根据已经查明的事实、证据和有关的法律规定,分别作出以下判决:

(一)案件事实清楚,证据确实、充分,依据法律认定被告人有罪的,应当作出有罪判决;

(二)依据法律认定被告人无罪的,应当作出无罪判决;

(三)证据不足,不能认定被告人有罪的,应当作出证据不足、指控的犯罪不能成立的无罪判决。

【理论分析】

推进"以审判为中心"的诉讼制度改革,首先,必须坚持疑罪从无原则。长期以来,我国刑事诉讼中普遍存在重刑主义思想,当追究犯罪与保障人权发生冲突时,追究犯罪往往被放在优先地位。实践中当某一案件面临定罪证据不足、犯罪事实存疑状态时,法院的处理往往是疑罪"从轻""从挂"或者作出"留有余地的判决"。在本案中,福建省高院多次以"事实不清、证据不足"发回福州市中院重审,却不直接改判念某无罪,导致该案从立案到作出终审判决长达8年之久,极大损害了被追诉人的权利,不利于保障人权和维护社会公平正义。因此,为了避免类似案件的再次发生,司法机关需要真正树立"疑罪从无"的理念,在证据不足、犯罪事实存疑的情况下果断及时地作出"疑罪从无"的判决。虽然这样做可能放纵真正的罪犯,但这是让无辜者获得保护、避免冤假错案、提高司法公信力所必须付出的代价。

其次,"以审判为中心"的诉讼制度改革还需要继续推进庭审实质化。形式化的法庭审理一直以来都是我国刑事司法实践中的突出问题,依赖书面的"案卷笔录"作为裁判依据,是我国法官在刑事审判中长期以来形成的路径依赖。因此,2012年和2018年的《刑事诉讼法》修改的一大举措,就是强化证人、鉴定人出庭作证制度,同时建立侦查人员、调查人员出庭作证制度和专家辅助人出庭制度。本案是"以审判为中心"的诉讼制度改革中的一起典型案件,在审理该案中有多位鉴定人、侦查人员、专家辅助人出庭,克服了"案卷笔录中心主义"的弊端,有利于法庭查清案件事实。实质化的庭审有效减少了侦查与审判之间的联系,有利于"以案卷笔录为中心"的审判方式向"以审判为中心"的审判方式的转变,意义重大。

【思考题】

(1) 当前"以审判为中心"的诉讼制度改革有何进展?如何继续推进?
(2) 当前"案卷笔录中心主义"是否合理?

第二节 认罪认罚从宽制度的适用问题

自 2016 年起,我国开始为期两年的"认罪认罚从宽制度"的改革试点工作,之后在 2018 年通过修改《中华人民共和国刑事诉讼法》正式将认罪认罚从宽确立为一项重要诉讼制度,并进行了系统完善。认罪认罚从宽制度是在吸纳先行试点经验基础上成功获得立法的典范。准确理解"认罪""认罚"与"从宽",确保认罪认罚自愿性,正确把握检察院量刑建议的性质、完善量刑协商程序对于认罪认罚从宽制度的准确适用具有重要意义。

案例二 林某彬等人组织、领导、参加黑社会性质组织案[1]

【基本案情】

被告人林某彬,男,1983 年 8 月生,北京某投资有限公司法定代表人,某金融服务外包(北京)有限公司实际控制人。胡某某等其他 51 名被告人基本情况略。

被告人林某彬自 2013 年 9 月至 2018 年 10 月,以实际控制的北京某投资有限公司、某金融服务外包(北京)有限公司,通过招募股东、吸收业务员的方式,逐步形成了以林某彬为核心,被告人增某、胡某凯等 9 人为骨干,被告人林某强、杨某明等 9 人为成员的黑社会性质组织。该组织以老年人群体为主要目标,专门针对房产实施系列"套路贷"犯罪活动,勾结个别公安民警、公证员、律师以及暴力清房团伙,先后实施了诈骗、敲诈勒索、寻衅滋事、虚假诉讼等违法犯罪活动,涉及北京市朝阳区、海淀区等 11 个区、72 名被害人、74 套房产,造成被害人经济损失 1.8 亿余元。

林某彬黑社会性质组织拉拢公安民警被告人庞某天入股,利用其身份查询被害人信息,利用其专业知识为暴力清房人员谋划支招。拉拢律师被告人李某杰以法律顾问身份帮助林某彬犯罪组织修改"套路贷"合同模板、代为应诉,并实施虚假诉讼处置

---

[1] 参见最高人民检察院第二十二批指导性案例:林某彬等人组织、领导、参加黑社会性质组织案(检例第 84 号)。

房产。公证员被告人王某等人为获得费用提成或收受林某彬黑社会性质组织给予的财物，出具虚假公证文书。

在北京市人民检察院第三分院主持下，全案52名被告人中先后有36名签署了认罪认罚具结书。2019年12月30日，北京市第三中级人民法院依法作出判决，采纳检察机关的全部量刑建议。林某彬等人上诉后，2020年7月16日，北京市高级人民法院二审裁定驳回上诉，维持原判。

【主要法律问题】

自开始实行认罪认罚从宽制度以来，其理解与适用问题一直是研究的重点，关于认罪认罚从宽制度的适用范围和适用阶段是否需要有所限制、在黑恶犯罪等特殊类型犯罪中能否适用等问题，诸多学者也有自己的思考与观点。

【主要法律依据】

《中华人民共和国刑事诉讼法》（2018年10月26日修正）

第15条 犯罪嫌疑人、被告人自愿如实供述自己的罪行，承认指控的犯罪事实，愿意接受处罚的，可以依法从宽处理。

第173条 人民检察院审查案件，应当讯问犯罪嫌疑人，听取辩护人或者值班律师、被害人及其诉讼代理人的意见，并记录在案。辩护人或者值班律师、被害人及其诉讼代理人提出书面意见的，应当附卷。

犯罪嫌疑人认罪认罚的，人民检察院应当告知其享有的诉讼权利和认罪认罚的法律规定，听取犯罪嫌疑人、辩护人或者值班律师、被害人及其诉讼代理人对下列事项的意见，并记录在案：

（一）涉嫌的犯罪事实、罪名及适用的法律规定；

（二）从轻、减轻或者免除处罚等从宽处罚的建议；

（三）认罪认罚后案件审理适用的程序；

（四）其他需要听取意见的事项。

人民检察院依照前两款规定听取值班律师意见的，应当提前为值班律师了解案件有关情况提供必要的便利。

第174条 犯罪嫌疑人自愿认罪，同意量刑建议和程序适用的，应当在辩护人或者值班律师在场的情况下签署认罪认罚具结书。

犯罪嫌疑人认罪认罚，有下列情形之一的，不需要签署认罪认罚具结书：

（一）犯罪嫌疑人是盲、聋、哑人，或者是尚未完全丧失辨认或者控制自己行为能力的精神病人的；

（二）未成年犯罪嫌疑人的法定代理人、辩护人对未成年人认罪认罚有异议的；

（三）其他不需要签署认罪认罚具结书的情形。

【理论分析】

对于认罪认罚从宽制度的适用范围问题，众多学者观点不一，存在分歧。主流观点认为，原则上认罪认罚从宽制度可以适用于所有案件，包括可能判处死刑在内的重罪案件。"宽严相济"是贯穿于刑事立法和司法的基本政策，认罪认罚从宽制度是"宽严相济"刑事政策的具体化，其适用于所有刑事案件，就像自首、坦白一样，没有特别的范围限制。再加上认罪认罚从宽制度设立的初衷是缓解不断激增的案件压力，只要被追诉人在符合法定条件时自愿认罪认罚，就应当获得从宽处理的机会。在重罪案件中适用认罪认罚从宽制度，有利于案件的及时准确处理。而对于本案这种涉案人数众多的共同犯罪案件，通过对被告人开展认罪认罚工作，有利于分化瓦解犯罪组织，提升指控犯罪的效果。因此，认罪认罚从宽制度原则上没有限定适用的罪名和刑罚。认罪认罚从宽制度可以适用于所有案件，但"可以从宽"不是"一律从宽"。认罪认罚从宽是依法从宽，而非法外从宽，刑事诉讼法规定了认罪认罚依法从宽的处理原则，具体如何从宽，还要根据刑法、刑事诉讼法等的具体规定进行分析。被告人认罪认罚后是否从宽，要根据案件性质、情节和对社会造成的危害后果等具体情况，以及罪责刑相适应原则区别对待。对犯罪性质恶劣、犯罪手段残忍、危害后果严重的犯罪分子，即使认罪认罚也不足以从宽处罚的，可依法不予以从宽处罚。但是，为了节省司法资源和提升司法效率，应当鼓励被追诉人尽早认罪认罚。具体而言，被追诉人在侦查阶段认罪的，侦查机关可以在符合条件的情况下从宽使用强制措施；在审查起诉阶段，被追诉人主动认罪认罚并签署具结书的，检察院可以向法院提出从宽处罚的量刑建议；在审判阶段认罪认罚，被告人可以获得实体上较轻的刑罚。被告人在侦查、审查起诉阶段没有认罪认罚，但当庭认罪、愿意接受处罚的，可以适用认罪认罚从宽制度。被告人在第一审程序中未认罪，在第二审程序中认罪认罚的，可以适用认罪认罚从宽制度，但从宽幅度应当与第一审程序认罪认罚有所区别。❶

2019年10月，最高人民法院、最高人民检察院、公安部、国家安全部、司法部印发的《关于适用认罪认罚从宽制度的指导意见》（以下简称《意见》）对认罪认罚从宽制度的适用范围和条件、从宽幅度、当事人权益保障等作出具体规定。认罪认罚从宽制度可以适用于所有刑事案件和刑事侦查、起诉、审判各个阶段，但并非一律适用。认罪认罚后是否从宽，由司法机关根据案件具体情况决定。"从宽"既包括实体上的从轻、减轻处罚，也包括程序上的从简处理。"可以从宽"并不是一律从宽，应当区别认罪认罚的不同诉讼阶段、对查明案件事实的价值、罪行严重程度等，综合考量从宽的幅度。《意见》的出台在立法层面解决了认罪认罚从宽制度在理解与适用中的诸多问题，但是在定罪、量刑的各个阶段，司法实践中对于是否从宽与如何从宽、从宽的方

---

❶ 苗生明，周颖. 认罪认罚从宽制度适用的基本问题——《关于适用认罪认罚从宽制度的指导意见》的理解和适用［J］. 中国刑事法杂志，2019（6）：3-29.

式与程度，仍存有疑问或争议。

【思考题】

（1）在死刑案件、黑恶犯罪案件中是否应适用认罪认罚从宽制度？

（2）对于被追诉人在不同阶段认罪认罚在从宽幅度上是否应加以区分？为什么？

CHAPTER 2 第二章
管　辖

> **本章知识要点**

（1）电信网络诈骗案件的立案管辖。近年来，随着电信网络和电子产品的快速发展，网络电信诈骗犯罪多发，这种犯罪具有成本低、成员多、地域广等特点，给刑事管辖带来极大的困难，为此，有必要对电信网络诈骗案件的管辖问题进行研究。（2）刑事诉讼管辖权异议制度。管辖的确立是诉讼活动的第一步，确认管辖权的正当性和合理性不能回避管辖权异议。无论在实务中还是理论上，管辖权异议制度都是刑事诉讼程序的重要内容。目前，我国对刑事诉讼管辖权异议制度还没有立法，该制度的缺位在一定程度上损害了当事人的诉讼权利。为此，应当赋予诉讼主体在管辖错误或者不适当时提出异议的权利，并正确处理异议请求。

第一节　电信网络诈骗案件的立案管辖

近年来，电信网络诈骗犯罪愈演愈烈，这类犯罪均是非接触性的，犯罪分子利用手机、互联网等媒介虚构事实，隐藏身份，使用各种代理人、匿名服务，在虚拟空间里完成犯罪。诈骗犯罪无论表现为集资诈骗、电信诈骗还是其他形式，对社会都是危害极大的。与互联网技术的快速发展相比，管辖制度更新的滞后常常在司法实践中受人诟病。在互联网犯罪案件的管辖中，侦查机关之间相互推卸责任，或者为达到考核指标的目的争相（管辖）侦查而拒绝移送的情况时有发生。由于现行的相关法律还不能明确管辖权的范围，加之网络犯罪本身在取证方面的复杂性导致确定管辖的难度大大增加。而刑事管辖权是解决刑事案件的"起点"和"入口"，只有明确了案件的管辖权，刑事侦查、起诉和审判才具有合法性和合理性，因此，有必要对电信网络诈骗案件管辖权确立的症结和难点进行简要梳理。

案例一　李某等 69 人诈骗案

【基本案情】

被告人李某曾从事传销活动,掌握了传销组织的运作模式,在该模式下,其建立起 140 余人的诈骗犯罪集团。李某作为诈骗犯罪集团的总经理,全面负责该犯罪集团的活动。他任命被告人吴某 1、吴某 2、闫某 1、闫某 2、骆某、胡某等人为主要管理人员,设立诈骗窝点,并安排主要管理人员对各个窝点进行监控和管理,安排专人传授犯罪方法,收取诈骗所得资金,分配犯罪所得。该犯罪集团采用总经理—经理—主任—业务主管—业务员的层级传销组织管理模式,要求新加入成员每人按照 2900 元一单的数额缴纳入门费,按照一定的比例数额层层返利,向组织交单作为成员晋升的业绩标准,层层返利作为对各层级的回报和利益刺激,不断诱骗他人加入该诈骗集团。2016 年 1 月至 2016 年 12 月 15 日期间,该犯罪集团在宁夏回族自治区固原市设立十个诈骗窝点,由多名下线诈骗人员从"有缘网""百合网"等婚恋交友网站上获取全国各地被害人信息,利用手机微信、QQ 等实时通信工具将被害人加为好友,再冒充单身女性以找对象、交朋友为名取得被害人信任,能骗来加入组织的加入组织,不能骗来的向其索要路费、电话费、疾病救治费等费用,对不特定的被害人实施诈骗活动,诈骗非法所得 920 余万元。

【主要法律问题】

如何确定该电信网络诈骗案件的管辖法院?

【主要法律依据】

《关于办理电信网络诈骗等刑事案件适用法律若干问题的意见》(2016 年 12 月 19 日发布)

五、依法确定案件管辖

(一)电信网络诈骗犯罪案件一般由犯罪地公安机关立案侦查,如果由犯罪嫌疑人居住地公安机关立案侦查更为适宜的,可以由犯罪嫌疑人居住地公安机关立案侦查。犯罪地包括犯罪行为发生地和犯罪结果发生地。

"犯罪行为发生地"包括用于电信网络诈骗犯罪的网站服务器所在地,网站建立者、管理者所在地,被侵害的计算机信息系统或其管理者所在地,犯罪嫌疑人、被害人使用的计算机信息系统所在地,诈骗电话、短信息、电子邮件等的拨打地、发送地、到达地、接受地,以及诈骗行为持续发生的实施地、预备地、开始地、途经地、结束地。

"犯罪结果发生地"包括被害人被骗时所在地,以及诈骗所得财物的实际取得地、藏匿地、转移地、使用地、销售地等。

（二）电信网络诈骗最初发现地公安机关侦办的案件，诈骗数额当时未达到"数额较大"标准，但后续累计达到"数额较大"标准，可由最初发现地公安机关立案侦查。

（三）具有下列情形之一的，有关公安机关可以在其职责范围内并案侦查：

1. 一人犯数罪的；
2. 共同犯罪的；
3. 共同犯罪的犯罪嫌疑人还实施其他犯罪的；
4. 多个犯罪嫌疑人实施的犯罪存在直接关联，并案处理有利于查明案件事实的。

（四）对因网络交易、技术支持、资金支付结算等关系形成多层级链条、跨区域的电信网络诈骗等犯罪案件，可由共同上级公安机关按照有利于查清犯罪事实、有利于诉讼的原则，指定有关公安机关立案侦查。

（五）多个公安机关都有权立案侦查的电信网络诈骗等犯罪案件，由最初受理的公安机关或者主要犯罪地公安机关立案侦查。有争议的，按照有利于查清犯罪事实、有利于诉讼的原则，协商解决。经协商无法达成一致的，由共同上级公安机关指定有关公安机关立案侦查。

（六）在境外实施的电信网络诈骗等犯罪案件，可由公安部按照有利于查清犯罪事实、有利于诉讼的原则，指定有关公安机关立案侦查。

（七）公安机关立案、并案侦查，或因有争议，由共同上级公安机关指定立案侦查的案件，需要提请批准逮捕、移送审查起诉、提起公诉的，由该公安机关所在地的人民检察院、人民法院受理。

对重大疑难复杂案件和境外案件，公安机关应在指定立案侦查前，向同级人民检察院、人民法院通报。

（八）已确定管辖的电信诈骗共同犯罪案件，在逃的犯罪嫌疑人归案后，一般由原管辖的公安机关、人民检察院、人民法院管辖。

《关于办理电信网络诈骗等刑事案件适用法律若干问题的意见（二）》（2021年6月17日发布）

一、电信网络诈骗犯罪地，除《最高人民法院、最高人民检察院、公安部关于办理电信网络诈骗等刑事案件适用法律若干问题的意见》规定的犯罪行为发生地和结果发生地外，还包括：

（一）用于犯罪活动的手机卡、流量卡、物联网卡的开立地、销售地、转移地、藏匿地；

（二）用于犯罪活动的信用卡的开立地、销售地、转移地、藏匿地、使用地以及资金交易对手资金交付和汇出地；

（三）用于犯罪活动的银行账户、非银行支付账户的开立地、销售地、使用地以及资金交易对手资金交付和汇出地；

（四）用于犯罪活动的即时通讯信息、广告推广信息的发送地、接受地、到达地；

（五）用于犯罪活动的"猫池"（Modem Pool）、GOIP 设备、多卡宝等硬件设备的销售地、入网地、藏匿地；

（六）用于犯罪活动的互联网账号的销售地、登录地。

【理论分析】

近年来，互联网犯罪案件呈高发态势，以电信网络诈骗为首的犯罪类型也呈现多样化趋势，因其只需要借助一定媒介即可完成犯罪，犯罪成本较低，使得同一案件犯罪人数较多，人员分布较为分散，从而对传统刑事管辖制度带来一定冲击。2016 年 12 月和 2021 年 6 月，最高人民法院、最高人民检察院联合公安部发布的《关于办理电信网络诈骗等刑事案件适用法律若干问题的意见》和《关于办理电信网络诈骗等刑事案件适用法律若干问题的意见（二）》（以下分别简称《意见一》和《意见二》）对电信网络诈骗案件的"犯罪地"作了进一步的扩大规定，《意见二》在《意见一》的基础上将各种卡和账户的开立地、使用地、销售地、藏匿地等一并纳入犯罪地，使得立案管辖的范围进一步扩大。

本案中，李某等人组成诈骗集团，设立多个诈骗窝点，组织多人针对全国 31 个省市自治区不特定被害人实施诈骗，这是较为常见的电信网络诈骗形态。从犯罪嫌疑人的角度来看，网络犯罪几乎都是由多个犯罪嫌疑人完成的。例如犯罪嫌疑人甲在 A 地编写程序、搭建平台和招募人员，犯罪嫌疑人乙和丙在 B、C 两地使用软件实施网络诈骗，犯罪嫌疑人丁在 D 地分配犯罪收益，A 地、B 地、C 地、D 地就会出现管辖权争议。从被害人角度来看，犯罪嫌疑人在同一地点实施网络诈骗，可能使 A 地的甲、B 地的乙、C 地的丙、D 地的丁、和 E 地的戊同时被骗，此时，还涉及 A 地、B 地、C 地、D 地、E 地的管辖权争议。从同一被害人的角度来看，可能会出现被害人甲在 A 地网上被骗，泄露个人密码，在 B 地和 C 地进行转账的情况，此时，A 地、B 地和 C 地的管辖权争议也涉及其中。根据"最初受理地或主要犯罪地"的管辖原则，无法提高公安机关对电信网络诈骗案件的侦查效率，甚至会加大侦查难度。对于这种实践中出现的管辖权冲突情形，多由共同上级机关协调，采用指定管辖的方式。虽然指定管辖在一定程度上能解决管辖冲突的问题，但指定管辖成立之初是为确定管辖提供辅助功能，在电信网络犯罪案件中，将指定管辖作为确定案件管辖的最主要方法在一定程度上违背其设立的初衷，也不利于社会监督。因此，有学者提出电信网络诈骗案件管辖法院的确定应当采取"以实际危害地法院管辖优先"[1]，将犯罪对社会造成的危害程度作为管辖权顺位的必要条件，采用此方法的前提是犯罪嫌疑人的行为在该地被明确定性为犯罪，如此便可解决区域犯罪管辖权的确定问题。若在同一法域内确定管辖权，还应同时考虑实际损害程度。如 A、B、C 多地所遭受的社会危害性大小难以区分，则

---

[1] 田圣斌. 互联网刑事案件管辖制度研究 [J]. 政法论坛，2021，39（3）：36-48.

以三地被骗数额总数的多少排序加以确定。这样既有利于侦查机关顺利展开调查取证，也可以避免司法程序上带来的争议；既有利于节省司法资源，又有利于回应被害人以及社会舆论的关注，以实现更好的社会效果。

【思考题】

电信网络诈骗案件的刑事立案管辖能否突破"最初受理地"的管辖原则？

第二节　刑事诉讼管辖权异议制度

刑事诉讼管辖权异议是指司法机关受理案件后，当事人及其法定代理人认为该司法机关违反了刑事诉讼法中关于管辖的规定，或者出现了变更管辖权的法定事由，从而在法定期间内向司法机关提出的将案件交给有管辖权的司法机关的主张。[1] 我国诉讼法学界对刑事管辖权异议制度探讨了多年，但是，我国刑事诉讼法尚未确立该制度。实践中，涉及刑事诉讼管辖权异议的案件越来越多，由于刑事诉讼管辖权异议制度的缺位，导致当事人的诉讼请求很难得到妥善解决，这无疑妨碍了我国的法治进程。

案例二　莫某某放火、盗窃案[2]

【基本案情】

2015 年，莫某某因长期沉迷赌博身负高额债务，其为躲债而外出打工。2016 年 9 月，莫某某经中介介绍，应聘到杭州市上城区朱某、林某夫妇家中做住家保姆工作。期间，莫某某为筹集赌资，多次窃取朱某家中的金器、手表等物品进行典当、抵押。2017 年 6 月 22 日凌晨，莫某某决意采取放火再灭火的方式，骗取朱某的感激，以便再向其借钱。她用打火机点燃书本引燃客厅沙发、窗帘等易燃物品，导致火势迅速蔓延，屋内的朱某及其三个年幼的子女被困火场，最终，四人因吸入一氧化碳中毒死亡。火灾发生后，莫某某逃至室外，报警并向他人求助，后被公安机关带走调查。

在杭州市中级人民法院的一审中，被告人莫某某的原辩护人提出："不是只有杭州市中级人民法院对本案有管辖权，有管辖权的法院还有很多。"他声明已经向最高人民法院申请指定异地管辖，在得到明确答复前，杭州市中级人民法院无权审理本案，要求杭州市中级人民法院停止庭审。审判长先后 4 次明确告知辩护人，根据《刑事诉讼

---

[1] 陈卫东. 刑事诉讼管辖权异议的解决——韩风忠、邵桂兰贩卖毒品一案的思考 [J]. 法学，2008（6）：51-57.

[2] 参见（2018）浙刑终字第 82 号刑事判决书。

法》的规定，一审法院对本案有管辖权，决定继续审理。原辩护人不认同审判长的决定，拒绝为被告人继续辩护，擅自离庭。随后，法庭宣布休庭。之后，杭州市中级人民法院根据被告人莫某某同意接受法律援助的意见，通知杭州市法律援助中心为其指定律师担任辩护人。经审理，一审法院依法判决被告人莫某某构成放火罪、盗窃罪，数罪并罚，决定判处死刑，剥夺政治权利终身。莫某某不服一审判决，提出上诉，浙江省高级人民法院二审审理后，裁定驳回上诉，维持原判。2018年，最高人民法院核准浙江省高级人民法院维持对被告人莫某某判处死刑的判决。

【主要法律问题】

(1) 我国刑事诉讼法对于管辖权异议是否有规定？
(2) 原辩护人提出的管辖权异议的依据是什么？
(3) 杭州市中级人民法院对原辩护人提出的管辖权异议的处理合法吗？

【主要法律依据】

《中华人民共和国刑事诉讼法》（2018年10月26日修正）

第20条　基层人民法院管辖第一审普通刑事案件，但是依照本法由上级人民法院管辖的除外。

第21条　中级人民法院管辖下列第一审刑事案件：

（一）危害国家安全、恐怖活动案件；

（二）可能判处无期徒刑、死刑的案件。

第22条　高级人民法院管辖的第一审刑事案件，是全省（自治区、直辖市）性的重大刑事案件。

第23条　最高人民法院管辖的第一审刑事案件，是全国性的重大刑事案件。

《最高人民法院关于适用〈中华人民共和国刑事诉讼法〉的解释》（自2021年3月1日起施行）

第20条　管辖不明的案件，上级人民法院可以指定下级人民法院审判。

有关案件，由犯罪地、被告人居住地以外的人民法院审判更为适宜的，上级人民法院可以指定下级人民法院管辖。

第228条　庭前会议可以就下列事项向控辩双方了解情况，听取意见：

（一）是否对案件管辖有异议；

（二）是否申请有关人员回避；

（三）是否申请不公开审理；

（四）是否申请排除非法证据；

（五）是否提供新的证据材料；

（六）是否申请重新鉴定或者勘验；

（七）是否申请收集、调取证明被告人无罪或者罪轻的证据材料；

（八）是否申请证人、鉴定人、有专门知识的人、调查人员、侦查人员或者其他人员出庭，是否对出庭人员名单有异议；

（九）是否对涉案财物的权属情况和人民检察院的处理建议有异议；

（十）与审判相关的其他问题。

庭前会议中，人民法院可以开展附带民事调解。

对第一款规定中可能导致庭审中断的程序性事项，人民法院可以在庭前会议后依法作出处理，并在庭审中说明处理决定和理由。控辩双方没有新的理由，在庭审中再次提出有关申请或者异议的，法庭可以在说明庭前会议情况和处理决定理由后，依法予以驳回。

庭前会议情况应当制作笔录，由参会人员核对后签名。

【理论分析】

一、我国刑事诉讼管辖权异议制度的现状

目前，我国刑事诉讼法并没有确立刑事诉讼管辖权异议制度，仅有《最高人民法院关于适用〈中华人民共和国刑事诉讼法〉的解释》第228条将管辖权异议作为庭前会议的一项讨论议程，并没有具体的操作规定。

多数学者均主张在刑事诉讼中建立管辖权异议制度。针对可能导致的诉讼拖延问题，有学者认为，赋予当事人刑事诉讼管辖异议权可以避免当事人由于管辖问题而不能服判，进而不断上诉、申诉等问题，从而提高刑事诉讼的整体效率。陈卫东教授则直接指出我国目前的刑事诉讼法不赋予当事人管辖权异议权实际上是对当事人诉权的不尊重，有违程序公正的理念。[1] 陈瑞华教授也认为："对于案件的管辖问题，被告人即使在管辖发生争议时也不能自行选择他所信任的法院，而只能完全听任有关法院的指定。这种为人们所司空见惯的诉讼现象，其背后所表现出来的就是被告人诉讼主体性的弱化或虚无。"[2]

二、本案人民法院法定管辖权与原辩护人提出的管辖权异议冲突

本案中，杭州市中级人民法院对本案具有管辖权符合管辖的一般原则。我国刑事诉讼法规定了级别管辖的一般规则，在地域管辖方面确立了"以犯罪地管辖为主，居住地管辖为辅"的原则。本案被告人莫某某的纵火、盗窃行为均发生在杭州市辖区内，且本案可能会判处无期徒刑或者死刑，因此，不论是根据地域管辖还是级别管辖的规定，杭州市中级人民法院都对本案享有管辖权。

原辩护人提出的管辖权异议也并非没有法律依据。我国《刑事诉讼法》第21条、

---

[1] 陈卫东. 刑事诉讼管辖权异议的解决——韩风忠、邵桂兰贩卖毒品一案的思考[J]. 法学，2008（6）：51-57.

[2] 陈瑞华. 刑事诉讼的前沿问题[M]. 北京：中国政法大学出版社，2000：159.

第 22 条分别规定，高级人民法院管辖的第一审刑事案件是全省（自治区、直辖市）性的重大刑事案件，最高人民法院管辖的第一审刑事案件是全国性的重大刑事案件。根据原辩护人的意见，本案社会影响巨大，浙江省高级人民法院和最高人民法院对本案也有管辖权。本案发生后，经媒体报道，"杭州保姆纵火案"在网上引发了高度关注，在全省甚至全国都产生了重大影响，由杭州市中级人民法院审判，法官可能会对被告人有偏见或者有审判压力等，进而会影响法官居中裁判，不利于还原案件真相，影响诉讼公正。原辩护人强调的是杭州市中级人民法院固然有管辖权，但由其他法院审理更能排除干扰，因此更为适宜。

三、我国刑事诉讼管辖权异议制度的构建

本案中，原辩护人提出的管辖权异议与人民法院法定管辖权的冲突体现出刑事诉讼立法的不足。原辩护人当庭提出管辖权异议在申请时间上并无不妥。另外，尽管杭州市中级人民法院对本案有管辖权，但是对原辩护人提出的管辖权异议当庭驳回的做法也有不当之处。这些问题均需要通过立法的方式加以解决。

如何构建刑事诉讼管辖权异议制度，很多学者对此进行了探究，也提出不少建议。陈岚教授认为我国刑事诉讼管辖权异议制度的设立应坚持公正与效率相统一的原则。[1]我国民事诉讼和行政诉讼的立法实践能为刑事诉讼管辖权异议制度的建立提供参考。首先，我国民事诉讼法规定管辖权异议的申请时间必须在提交答辩状之前。多数学者认为管辖权异议申请不应当出现在二审程序中。因为在一审程序开始前，有足够的时间提出管辖权异议，对法院来说，也有利于节约司法资源。陈卫东教授主张对审判管辖的异议只能在一审中提出，过了法定期间，就丧失了异议权。其次，在确定审查管辖权异议的机关方面，我国民事诉讼、行政诉讼中规定由正在进行审理的法院作为管辖权异议的审查机关，但是，这样的规定实践效果并不好。正在审理的法院出于利益保护或者其他原因，一般都会驳回申请人的请求。为此，参考其他国家或地区的做法，有学者认为，我国管辖权异议更适合由上一级人民法院审查，原因在于选择上一级人民法院可以避免同级检察院、公安机关的干扰，而且更有利于全面审查管辖权异议是否成立。

【思考题】

如何构建刑事诉讼管辖权异议制度？

---

[1] 陈岚，王媛媛. 刑事被告人的审判管辖异议权初探 [J]. 河北法学，2003（2）：92-94.

CHAPTER 3 第三章

回　　避

本章知识要点

（1）整体回避。整体回避是指在刑事诉讼活动中侦查机关、检察机关、审判机关等若与案件有某种利害关系或者可能有影响判决结果公正性关系的情形必须回避，不得参与诉讼活动的制度。我国刑事诉讼法规定的回避主要指的是个人回避而非整体回避，鉴于法律对此没有明文规定，当事人是否有权申请审判机关整体回避，该问题值得探讨。（2）无因回避。无因回避是指享有回避申请权的诉讼参与人在申请回避时，无须提出回避的理由，即可直接请求相关司法工作人员回避的制度。与之相对应的是有因回避，目前我国普遍实行的是有因回避。

第一节　整体回避

我国刑事诉讼法规定侦查人员、检察人员、审判人员、书记员、翻译人员以及鉴定人为回避的对象，并未明确提及侦查机关、检察机关、审判机关的整体回避制度。这表明我国刑事诉讼法只规定了个人回避，而且针对的是司法机关主要成员的职务行为，而非司法机关本身。在实践中，若出现整体回避情形，一般通过指定管辖来解决，但这主要依靠司法机关的自觉性。被告人作为诉讼活动的弱势一方，如果人权保障不足，也会极大地削弱法院的司法权威。因此，如何合理处理涉及整体回避的案件，增强实操性，需要学界进一步探讨。

案例一　吉林省辽源市整体回避案

【基本案情】

被告人王某是吉林省辽源市中级人民法院民事审判庭第三合议庭原庭长，他在郭某1与郭某2及李某合同纠纷案中担任二审审判长。2017年6月26日，王某对此案作出终审判决，判决驳回郭某1的上诉请求。2017年12月28日，吉林省辽源市西安区人民检察院对王某提起公诉，认为其在该合同纠纷案审判中徇私舞弊，对应当采信的证据不予采信，违反法定程序，枉法裁判，破坏了司法机关的正常工作秩序，因此指控其行为构成民事枉法裁判罪。2018年2月9日，吉林省辽源市西安区人民法院一审对被告人王某以民事枉法裁判罪判处有期徒刑三年。随后，吉林省辽源市西安区人民检察院提出抗诉、王某提起上诉。2018年11月8日，吉林省辽源市中级人民法院公开开庭审理王某涉嫌民事枉法裁判抗诉、上诉案，二审开庭审理时，被告人王某及其辩护人徐某、肖某当庭以王某系吉林省辽源市中级人民法院法官，与本案合议庭的刑庭法官均为同事关系，二审可能会影响公正审判为由，提出吉林省辽源市中级人民法院的法官应当"整体回避"。但是，吉林省辽源市中级人民法院审判长当庭驳回了该申请，并上报至吉林省高级人民法院。吉林省高级人民法院于2018年11月22日作出指定管辖决定书，指定吉林省通化市中级人民法院依据刑事第二审程序对本案进行审判。

【主要法律问题】

我国刑事诉讼法未明文规定整体回避，本案被告人王某能否申请法院"整体回避"？吉林省辽源市中级人民法院审判长当庭驳回整体回避的申请，进而上报至吉林省高级人民法院指定管辖的做法是否合理？是否需要通过立法来确立整体回避制度？

【主要法律依据】

《中华人民共和国刑事诉讼法》（2018年10月26日修正）

第29条　审判人员、检察人员、侦查人员有下列情形之一的，应当自行回避，当事人及其法定代理人也有权要求他们回避：

（一）是本案的当事人或者是当事人的近亲属的；
（二）本人或者他的近亲属和本案有利害关系的；
（三）担任过本案的证人、鉴定人、辩护人、诉讼代理人的；
（四）与本案当事人有其他关系，可能影响公正处理案件的。

第30条　审判人员、检察人员、侦查人员不得接受当事人及其委托的人的请客送礼，不得违反规定会见当事人及其委托的人。

审判人员、检察人员、侦查人员违反前款规定的，应当依法追究法律责任。当事人及其法定代理人有权要求他们回避。

第31条　审判人员、检察人员、侦查人员的回避，应当分别由院长、检察长、公安机关负责人决定；院长的回避，由本院审判委员会决定；检察长和公安机关负责人的回避，由同级人民检察院检察委员会决定。

对侦查人员的回避作出决定前，侦查人员不能停止对案件的侦查。

对驳回申请回避的决定，当事人及其法定代理人可以申请复议一次。

第 32 条　本章关于回避的规定适用于书记员、翻译人员和鉴定人。

辩护人、诉讼代理人可以依照本章的规定要求回避、申请复议。

《最高人民法院关于适用〈中华人民共和国刑事诉讼法〉的解释》（自 2021 年 3 月 1 日起施行）

第 35 条　对当事人及其法定代理人提出的回避申请，人民法院可以口头或者书面作出决定，并将决定告知申请人。

当事人及其法定代理人申请回避被驳回的，可以在接到决定时申请复议一次。不属于刑事诉讼法第 29 条、第 30 条规定情形的回避申请，由法庭当庭驳回，并不得申请复议。

《最高人民法院关于印发〈人民法院办理刑事案件庭前会议规程〉（试行）》（2018 年 1 月 1 日试行）

第 10 条　庭前会议中，主持人可以就下列事项向控辩双方了解情况，听取意见：

（一）是否对案件管辖有异议；

（二）是否申请有关人员回避；

（三）是否申请不公开审理；

（四）是否申请排除非法证据；

（五）是否申请提供新的证据材料；

（六）是否申请重新鉴定或者勘验；

（七）是否申请调取在侦查、审查起诉期间公安机关、人民检察院收集但未随案移送的证明被告人无罪或者罪轻的证据材料；

（八）是否申请向证人或有关单位、个人收集、调取证据材料；

（九）是否申请证人、鉴定人、侦查人员、有专门知识的人出庭，是否对出庭人员名单有异议；

（十）与审判相关的其他问题。

对于前款规定中可能导致庭审中断的事项，人民法院应当依法作出处理，在开庭审理前告知处理决定，并说明理由。控辩双方没有新的理由，在庭审中再次提出有关申请或者异议的，法庭应当依法予以驳回。

第 11 条　被告人及其辩护人对案件管辖提出异议，应当说明理由。人民法院经审查认为异议成立的，应当依法将案件退回人民检察院或者移送有管辖权的人民法院；认为本院不宜行使管辖权的，可以请求上一级人民法院处理。人民法院经审查认为异议不成立的，应当依法驳回异议。

【理论分析】

一、被告人王某申请法院"整体回避"是否合理

关于被告人王某能否申请法院"整体回避",少数学者持反对观点,他们认为我国法律对于整体回避制度并未明文规定,这种做法于法无据。大部分学者认为有一定的合理性。首先,尽管我国刑事诉讼法没有明文规定整体回避制度,但法律赋予当事人在庭前会议阶段有提出管辖权异议的权利,因此,被告人作为本案的当事人有权申请整体回避,即有提出管辖权异议的权利;其次,法律明文规定回避的人员为审判人员、检察人员、侦查人员、书记员、翻译人员以及鉴定人,本案也符合《刑事诉讼法》第29条第4款"与本案当事人有其他关系,可能影响公正处理案件的"回避情形,因此,被告人王某申请法院整体回避具有一定说服力。

二、辽源市中级人民法院审判长当庭驳回回避申请的做法是否合理

显然,本案程序具有一定的漏洞,根据刑事诉讼法的规定,审判人员、检察人员、侦查人员的回避,应当分别由院长、检察长、公安机关负责人决定;王某提出的回避申请应当由院长决定,审判长当庭驳回回避申请的做法显然不合法。结合《最高人民法院关于适用〈中华人民共和国刑事诉讼法〉的解释》的规定,不属于《刑事诉讼法》第29条、第30条所列情形的回避申请,由法庭当庭驳回,并不得申请复议。本案王某的回避申请属于"与本案当事人有其他关系,可能影响公正处理案件的"回避情形,不属于法院当庭驳回并不得申请复议的情形,因此,审判长当庭驳回的做法不符合法律的规定。刑事程序中的回避制度是程序正义的典型体现。若无法保障当事人的程序性权利,实体权利的保障便无从谈起,进而影响案件的公平审判。诚然,我国刑事法律规范目前并未对整体回避制度予以明文规定。❶

三、整体回避制度是否应当明文确立的理论争议

关于是否需要通过立法确立刑事诉讼中的整体回避制度,游伟教授持积极肯定态度,他认为法律明文规定审判人员可以作为回避的适用人员,这里的"审判人员"不仅包括作为自然人的法官,也包括整个合议庭甚至审判机构,因此,应当确立"整体回避"制度。此外,我国刑事诉讼法对再审审判主体进行更换实际也是基于整体回避的理念。尽管上级人民法院通过指定管辖的方式对整体回避作了变通处理,但这种处理方式随机性较大,使当事人对结果处理欠缺确定性期待。❷ 而易延友教授对确立法院整体回避持否定态度,他认为在立法上若法院的所有成员均符合回避条件,法院整体回避自然而然存在。实质上,当事人提出整体回避申请是提出刑事诉讼管辖权异议的

---

❶ 张品泽. 外国刑事回避制度比较研究[J]. 比较法研究, 2004 (3): 98.
❷ 张宏坤. 刑事诉讼中法院整体回避研究[D] 湖南: 湖南师范大学, 2020.

另一种表现形式。[1] 陈瑞华教授的观点与易延友教授观点有异曲同工之处，他认为不可仅仅通过立法规制法院的整体回避，当事人要求法院全体法官整体回避实际上涉及的是变更管辖的问题，须通过确立刑事诉讼管辖异议程序保障当事人的诉讼权利。[2]

【思考题】

（1）我国确立整体回避制度有无合理性与可行性？

（2）整体回避制度实质上是狭义的法官回避形式还是变更管辖问题？如何从立法方面保障当事人的程序性权利？

第二节　无因回避

无因回避中的"无因"是指当事人在申请回避时无须说明理由，无须承担相关举证责任。我国现有的刑事诉讼制度中尚未包括无因回避制度。无因回避制度产生、发展、运用于域外法律体系，主要适用于陪审团审理的案件。该制度在一定程度上保障了当事人的诉讼权利，提高了当事人行使回避权的积极性和主动性，对于保证司法公正，增强司法公信力有重要意义。

我国目前实行的是有因回避制度，当事人依照《刑事诉讼法》第29条的规定提出回避申请的，应当提供有关证明材料。显然，有因回避制度使当事人承担了更重的举证责任，无论是理论上还是实务中可操作性都不强。因此，在当前深化司法体制改革的大背景下，有必要思考我国是否应当建立无因回避制度，以弥补有因回避制度的不足。

案例二　李某1、卢某、李某2等走私普通货物、物品案[3]

【基本案情】

被告人李某1、卢某系俄罗斯全某快递公司负责人。2017年6月至2018年7月期间，李某1、卢某分别受他人的委托，通过被告人王某联系被告人成某、"二姐"（身份不明，其境内代理人为被告人隋某）等人将电子烟弹、烟具等物品以"人肉"方式偷带至国内，走私入境。在整个过程中，被告人李某2主要负责订购电子烟、支付货款、记账等事务。事发后，经温州海关计核，被告人李某1、王某偷逃税款

---

[1] 易延友. 刑事诉讼十大问题研讨[J]. 清华法治论衡，2005（1）：166-191.

[2] 陈瑞华. 无偏私的裁判者——回避与变更管辖制度的反思性考察[J]. 北大法律评论，2004（001）：38-79.

[3] 参见（2019）浙03刑初字第12号刑事判决书。

11 237 905.09 元；被告人卢某偷逃税款 7 691 546.77 元；被告人隋某偷逃税款 6 089 321.43 元；被告人成某偷逃税款 3 991 769.24 元；被告人李某 2 偷逃税款 626 903.51 元。公诉机关认为被告人李某 1、卢某、王某、隋某、成某偷逃应缴税额特别巨大，被告人李某 2 偷逃应缴税额巨大，应以走私普通货物罪追究其刑事责任。在法庭审理过程中，李某 1 的辩护人申请两位出庭公诉人回避。法庭对此作出的回应是：辩护人若提出公诉人回避的，应当提供证明材料，我国刑事诉讼法不承认"无因回避"。最终，浙江省温州市中级人民法院以走私普通货物罪分别判处李某 1、卢某、李某 2、王某、隋某、成某有期徒刑八年、五年、三年二个月、四年六个月、三年、三年二个月。

【主要法律问题】

本案中法院以我国没有无因回避制度为由驳回了当事人的回避申请，我国目前实行的有因回避制度是否存在不足？是否有引入无因回避制度的必要？

【理论分析】

一、我国有因回避制度的不足

首先，我国现行的有关回避的法律规定仅限于有因回避。当事人申请相关人员回避时，须提出法定的回避事由，且须承担申请回避的举证责任，这无形中加重了当事人的举证责任。申请回避门槛的提高大大增加了当事人的诉讼负担，法律赋予当事人申请回避的权利是为了体现程序正义，而不是偏重证明某项事实，因此，不能苛求当事人承担如证明实体法事实一样具体、详尽、明确的责任。其次，有因回避可能会降低司法公信力。当事人行使申请回避权实质上是一种对司法人员监督的权利。当事人通过积极行使其申请回避权，发现诉讼中违反程序正义的事由，可以极大地消除司法不公正现象。如果当事人的此项权利得不到保障，法律规定就形同虚设，司法不公的现象就可能频繁发生。通过查阅相关的裁判文书可以发现，大量案件的上诉理由都涉及回避，有的是因为没有在申请回避时说明理由而被当庭驳回，有的是回避申请没有得到法院的回复等。部分当事人在提出回避申请时可能不知道要说明理由并承担举证责任，当其申请未得到支持时，其往往会通过上诉的方式获得救济，从而增加了诉累，也浪费了司法资源。

二、域外无因回避制度的分析考察

域外无因回避制度以英美法系和大陆法系的主要国家为例。

英美法系国家的无因回避制度以英国和美国为例。英国是无因回避制度的发源地，也是陪审团制度的发源地。在英国，法官和陪审员都适用回避制度。如果当事人及其律师提出要求其回避，只要符合法定理由，则被要求对象必须无条件回避。[1] 但是，英

---

[1] 张品泽. 外国刑事回避制度比较研究 [J]. 比较法研究，2004（3）：98.

国议会最终取消了无因回避的规定，被告人及其辩护律师不再享有无因回避权。美国的无因回避制度移植于英国，美国的回避制度主要是有因回避和无因回避的结合，有因回避制度规定的回避对象只能是法官，陪审团成员可以同时适用有因回避和无因回避。但是，根据案情的不同，无因回避有次数限制，而且通过美国联邦最高法院的判例可知，无因回避制度的运用还需排除当事人对候选陪审员种族、性别等事项的怀疑。❶

大陆法系国家的无因回避制度主要以法、德两国为例。法国、德国都是实行无因回避制度的大陆法系国家，但该制度在两国的适用情况又有所不同。法国无因回避的适用对象仅限于陪审员，对于法官仅适用有因回避。❷ 而德国法典中并没有关于无因回避制度的明确规定，司法实践中主要是通过"法官之拒绝"❸ 得以运用。当事人提出"法官之拒绝"主张时，只要是以合理的方式对法官的中立提出怀疑，即可申请该法官回避，无须提供相应的证据证实其主张。

三、我国引入无因回避制度之学说争议

肯定说。陈卫东教授认为，应借鉴和吸收英美法系国家无因回避制度的有益经验，有条件地引入无因回避制度的规定，以弥补有因回避的僵化和不足。例如，我国法律可以规定在某些案件中，如青少年犯罪、强奸犯罪、交通事故等案件中应当允许当事人申请人民陪审员审理案件，并可对人民陪审员提出有次数限制的无因回避。在其他案件中，如果条件许可，可以像仲裁案件一样允许当事人在一定范围内选择审判法官，以体现最大的司法民主。但同时，为了确保案件的顺利进行，防止当事人滥用无因回避，也应当规定无因回避的适用条件，比如，限定或限制案件性质、申请次数、申请对象，等等。❹ 学者张友好认为无因回避制度无论是在实体层面还是在程序层面都有其优势，但应着重思考在发挥无因回避制度积极作用的同时如何防止权利的滥用。他主张权利的良性规制，如对申请次数、申请时间进行限制，以及基于我国法律的稳定性和连续性的考虑，对"无因"进行"紧缩型"限定，即申请人提出裁判者有"偏颇之虞"，在法院仅作形式审查认为存在后，该法官方退出该案的审理。❺

否定说。林永谋认为，无因回避或许会助长滥用申请回避权。如果滥用申请回避权利，不顾及裁判之公正和裁判之信赖，不仅对他造诉讼关系人（此处诉讼关系人主要指参与刑事诉讼，可能对案件结果产生一定影响的相关人员），甚至对整个国家之利益，均无许其放任之理由。❻ 另有一相似观点认为，无因回避早期是针对陪审员回避而设计的，该制度对于法官是否有适用的空间，是否背离了世界司法改革的方向仍存在疑问。

---

❶ 汪建成，甄贞. 外国刑事诉讼法第一审程序比较研究［M］. 北京：法律出版社，2007：302.
❷ 余叔通，谢朝华. 法国刑事诉讼法典［M］. 北京：中国政法大学出版社，1997：121.
❸ 陈光中. 诉讼法理论与实践（2003年刑事诉讼法卷，上）［C］. 北京：中国政法大学出版社，2004：140.
❹ 陈卫东. 刑事诉讼制度论［M］. 北京：中国法制出版社，2011：92.
❺ 张友好. 论我国申请法官回避的现状及其改革［J］. 清华法学，2012（6）：151-161.
❻ 张友好. 论我国申请法官回避的现状及其改革［J］. 清华法学，2012（6）：151-161.

具体到本案来说，当事人李某1及辩护人申请两位公诉人回避被法院要求提供证明材料，如果按照无因回避的否定性观点，要求当事人提供证明材料并无不妥，这样能有效避免当事人对申请回避权的滥用。再者，针对公诉人是否可以同样适用如法官、陪审员一样的无因回避也是个不确定的问题。若从对无因回避持肯定说的学者的角度，可以对此类案件适用无因回避，但同时应对当事人申请回避的次数予以限制或者对恶意申请规定处罚措施等来维护庭审的严肃性和权威性，从而兼收并蓄、博采众长地适用无因回避。

【思考题】

请结合我国国情和司法现状，思考无因回避制度在我国实行的必要性和可行性。

CHAPTER 4 第四章 刑事辩护

本章知识要点

（1）刑事辩护与庭审实质化改革。要实现庭审实质化，重要的是要让刑事辩护权的行使得到充分的保障，使庭审真正发挥其调查、辩论、裁判的作用。（2）认罪认罚制度中的无罪辩护。认罪认罚案件中的辩护人具有独立辩护的权利，在被追诉人自愿认罪认罚时，仍然有权利依据事实与法律提出无罪或罪轻的辩护意见。（3）值班律师的法律地位。我国的法律暂时没有将值班律师规定为辩护律师，而是规定为当事人及其家属提供临时性法律帮助的"法律帮助者"，与辩护律师的职责与地位相区别。

第一节　刑事辩护与庭审实质化改革

党的十八届四中全会通过的《中共中央关于全面推进依法治国若干重大问题的决定》明确指出，"推进以审判为中心的诉讼制度改革"是我国刑事诉讼制度改革的一项重大任务。这一改革任务的核心精神就是庭审实质化，即要让庭审成为法官裁判的主要阵地，达到事实证据调查在法庭，定罪量刑辩论在法庭，裁判结果形成于法庭，全面落实直接言辞原则，严格执行非法证据排除规则。在这一改革背景下，如何有效保障辩护权的充分行使引起了学界广泛的讨论。

案例一　沈阳市王某受贿案[1]

【基本案情】

被告人王某，男，1968年1月24日出生，某科学研究所党委书记、副所长。

---

[1] 李秀平. 王忠明案改判：舆论监督助力法官兼听则明[J]. 法律与生活，2018（19）：5.

2015年1月5日,沈阳市沈河区人民检察院向沈河区人民法院(以下简称沈河区法院)提起公诉。起诉书指明被告人王某因主管基建工程,先后四次收受王某乙、金某、华某、陈某贿赂款,共计100万元。

2015年8月27日,沈河区法院作为一审法院对王某受贿案进行了开庭审理。王某在法庭上否认了公诉机关的全部指控,称犯罪事实都是不存在的,完全是无中生有,其没有收受过任何人的钱财,其在侦查阶段的供述均是在侦查人员的体罚、精神折磨和疲劳审讯的情形下作出的,应认定其无罪。对于王某及其辩护人所作的无罪辩护,一审法院未予采纳。

本案一审的争议焦点在于,公诉机关诉称的被告人王某先后四次收受王某乙、金某、华某、陈某贿赂款的犯罪事实是否成立。王某的辩护律师在辩护词中提到,证人王某乙称其把钱放到被告人王某办公室的沙发上,而研究所办公室管理人员可证明该所的干部办公室是统一标配,几个所长办公室内均无沙发,可见证人王某乙所述的"将钱放在沙发上"的证言是在说谎。同时,该案的证人王某乙,当庭推翻了公诉机关所提供的其在侦查机关的证言,否认了其向被告人王某行贿的事实。一审法院由此对公诉机关指控的王某乙向王某行贿的事实不予认定。

2016年6月16日,沈河区法院作出一审判决,认定王某受贿80万元,对其判处有期徒刑7年,并处罚金50万元。王某不服,提出上诉。

2016年12月7日,沈阳市中级人民法院二审作出刑事裁定:一审法院认定的受贿事实不清,证据不足,撤销原审判决,发回重新审判。

2018年3月30日,沈河区法院进行第一次开庭重审。在重审中,被告人王某的辩护律师提交了近两万字的辩护词。辩护词中提及检察院违法询问、讯问王某,违法指定居所监视居住,并刑讯逼供,且证人证言等证据存在矛盾,申请法院对非法证据予以排除。该辩护从多方面、多角度进行了无罪辩护。

2018年9月17日,沈河区法院重审宣告王某无罪。判决认为,被告人王某庭前供述存在反复、庭审中否认受贿事实,在案的部分证据存在疑点或瑕疵,贿赂款来源去向不清又无其他证据佐证,被告人王某犯受贿罪的证据未能形成完整的证明体系,未达到确实、充分的证明标准。对公诉机关指控被告人王某收受王某乙、金某、华某、陈某共计100万元的事实不予认定,公诉机关对被告人王某犯受贿罪的指控事实不清、证据不足,不能成立。

【主要法律问题】

本案经历了一审、二审、发回重审多个诉讼程序,在诉讼过程中,被告人王某及其辩护律师坚持进行无罪辩护。在案件的重审庭审过程中,王某的辩护律师更是提交了近两万字的辩护词,对于公诉机关提交的指控王某受贿的证据,从程序违法、证言瑕疵、举报的真实性等多个角度为王某进行无罪辩护,最终促使法院严格遵循证据裁判原则作出了被告人无罪的判决,维护了法律的正义。王某最终的无罪判决与诉讼中其辩护权的充分行使密切相关，保障辩护权是庭审实质化的前提条件。对于如何保障辩护权以适应庭审实质化的改革，学界有广泛的讨论。

【主要法律依据】

《中华人民共和国刑事诉讼法》（2018年10月26日修正）

第37条 辩护人的责任是根据事实和法律，提出犯罪嫌疑人、被告人无罪、罪轻或者减轻、免除其刑事责任的材料和意见，维护犯罪嫌疑人、被告人的诉讼权利和其他合法权益。

第39条 辩护律师可以同在押的犯罪嫌疑人、被告人会见和通信。其他辩护人经人民法院、人民检察院许可，也可以同在押的犯罪嫌疑人、被告人会见和通信。

辩护律师会见在押的犯罪嫌疑人、被告人，可以了解案件有关情况，提供法律咨询等；自案件移送审查起诉之日起，可以向犯罪嫌疑人、被告人核实有关证据。辩护律师会见犯罪嫌疑人、被告人时不被监听。

第40条 辩护律师自人民检察院对案件审查起诉之日起，可以查阅、摘抄、复制本案的案卷材料。其他辩护人经人民法院、人民检察院许可，也可以查阅、摘抄、复制上述材料。

第43条 辩护律师经证人或者其他有关单位和个人同意，可以向他们收集与本案有关的材料，也可以申请人民检察院、人民法院收集、调取证据，或者申请人民法院通知证人出庭作证。

【理论分析】

辩护权是法律赋予犯罪嫌疑人、被告人的一项专属的诉讼权利，即犯罪嫌疑人、被告人针对指控进行辩解，以维护自己合法权益的一种诉讼权。[1] 提出"推进以审判为中心的诉讼制度改革"任务，是由于以往我国诉讼结构三方地位失衡的司法困境严重影响了庭审的实际效果，对于多数案件的审判过程来说，"庭审流于形式"、法官"书面化审判"等问题严重。在以往"非实质化"的庭审中，控辩双方的地位往往是不平等的。控方的强势地位使得法官对控方的证据、观点、建议采纳率较高；辩方在诉讼结构中居于弱势，多数被告人因为不具有专业的法律知识而难以为自己充分辩护，辩护律师在审判过程中发挥的作用有限，辩方出示的证据、辩护意见难以得到法官的采纳，辩护权无法得到充分行使。因此，保障辩护权的充分行使是"以审判为中心"的诉讼制度改革中不可忽视的一点，学界及司法改革实践对此也有不同的意见和尝试：

首先，在进行试点改革的过程中，高度重视被告人及其辩护人的参与并切实保障他们的辩护权利。[2]（1）重视辩护律师的参与程度。律师具有专业的法律知识与职业素

---

[1] 陈光中. 刑事诉讼法：第六版 [M]. 北京：北京大学出版社，2016：142.
[2] 顾永忠. 刑事辩护制度改革实证研究 [J]. 中国刑事法杂志，2019（5）：129-144.

养，辩护律师的积极参与对于构建控辩平等地位的诉讼结构有十分重要的作用。提高辩护律师在刑事诉讼中的参与程度既包括提高刑事律师辩护率，也包括保障辩护律师辩护权利的充分行使。（2）切实保障被告人及辩护人的质证权。质证权的行使与证人、鉴定人出庭作证具有密切的关系，但遗憾的是，我国刑事诉讼中证人、鉴定人出庭作证的比例极低，辩方的质证权往往难以得到有效保障。试点中着重保证证人的出庭率，从而通过庭审质证的方式保障辩护权、推进庭审实质化改革。（3）重视对非法证据的法庭调查和依法排除。在庭审中，控辩双方对于非法证据排除的争议冲突往往占很大比例，这一问题在改革中也得到了重视和改善。这一现象与我国刑事诉讼法中关于证人出庭作证的条件有关，即"人民法院认为证人有必要出庭的"，这一条件赋予了法官较大的自由裁量权，导致实践中证人出庭的情况较少，这一问题在推进"庭审实质化"的改革过程中也得到相应的完善。主要包括将出庭对象扩大至被害人❶，将"对案件定罪量刑有重大影响"作为对法官判断证人出庭作证必要性的标准具体细化❷。并且对举证、质证的程序进行了具体的规定，还规定在必要时允许控辩双方的举证、质证交叉进行并展开辩论，以强化法庭调查与法庭辩论的有机联系和相互作用。❸

对于此次改革，还有学者认为应当注重审前阶段辩护权与侦查权、讯问权的平衡。❹ 辩护权不仅仅存在于审判过程中，法律还明确规定了辩护律师在侦查阶段享有会见权等权利。但目前立法中并未赋予辩护律师阅卷权，对于调查取证权也规定得不够明确，此种状况难以维持审前阶段辩护权与侦查权、讯问权的平衡。辩护律师审前阶段辩护权的立法完善及保障其充分行使，一方面可以使辩护律师充分了解案件事实，有利于庭审中更好地为被告人辩护；另一方面也确保控辩双方平等对抗的诉讼地位贯穿始终。

在改革推进的同时，还有一些学者提出可以引入有效辩护制度。❺ 该观点认为要做到"庭审实质化"，首先要做到"辩护实质化"，即要求辩护律师做到及时、有效、尽职的刑事辩护，避免刑事辩护形式化和"无效辩护"。

我们认为，在庭审实质化的改革中，最核心的目标是保证辩方与控方在诉讼中拥有同等的法律地位，一切改革都需要立足于这一前提。目前，我国的刑事辩护率较低，仅靠法律素养欠缺的被告人，难以与控方专业的控告相抗衡，因此提高刑事诉讼辩护

---

❶《人民法院办理刑事案件第一审普通程序法庭调查规程（试行）》第12条："控辩双方可以申请法庭通知证人、鉴定人、侦查人员和有专门知识的人等出庭。被害人及其法定代理人、诉讼代理人，附带民事诉讼原告人及其诉讼代理人也可以提出上述申请。"

❷《人民法院办理刑事案件第一审普通程序法庭调查规程（试行）》第13条："控辩双方对证人证言、被害人陈述有异议，申请证人、被害人出庭，人民法院经审查认为证人证言、被害人陈述对案件定罪量刑有重大影响的，应当通知证人、被害人出庭。"

❸ 顾永忠. 刑事辩护制度改革实证研究 [J]. 中国刑事法杂志, 2019（5）：129-144.

❹ 卫东, 司楠. 审判中心主义场域下刑事辩护制度的再造 [J]. 浙江工商大学学报, 2018（1）：25-31.

❺ 陈瑞华. 刑事辩护制度四十年来的回顾与展望 [J]. 政法论坛, 2019, 37（6）：3-17.

率是保障控辩双方等力抗衡的前提。此外，由于业务水平薄弱、调查取证困难、害怕打击报复等原因，大部分辩护律师在诉讼中仅对控方证据被动反击，很少主动调查取证。若要真正实现控辩平等抗衡，必须使辩护人与公诉人享有程度相当的诉讼权利。

对于是否需要引入"有效辩护"制度，还需根据我国的司法制度现实状况来具体决定。有效辩护的理论概念是美国的舶来品，❶ 近年来也逐渐被学者引入中国的刑事诉讼领域，具体的借鉴方法还值得进一步思考和研究。

在本案中，历经数次审判程序，最终认定王某不构成犯罪的关键点在于本案中法官在庭审过程中对公诉机关举出的非法证据的排除，这与王某及其辩护律师多角度的辩护密切相关。从王某本人一审中推翻在侦查阶段所作出的有罪供述，到对虚假的证人证言的排除，再到王某辩护律师提出公诉机关所提供证据存在逻辑瑕疵，法院最终在排除非法证据后，认为公诉机关指控的犯罪罪名不能成立。

通过本案可以看出，要实现庭审实质化，重要的是要让刑事辩护权的行使得到充分的保障，使庭审真正发挥其调查、辩论、裁判的作用。可以说，保障辩护权就是保障被告人的人权，辩护权的充分行使对于案件的最终裁判结果有着重要影响。"庭审实质化"改革仍然还有很长的路要走，还需要不断地实践和完善。

【思考题】

（1）实践中辩护律师主动调查取证存在哪些风险？应当如何防范？
（2）被告人是否享有阅卷权？为什么？

第二节　认罪认罚制度中的无罪辩护

在适用认罪认罚制度的案件中，由于被告人自愿接受控方指控其犯罪的罪名及量刑建议，此时控辩双方的对抗性与普通刑事案件有很大的不同，辩护律师的工作重心就从庭审中的对定罪量刑提出辩护意见转移到庭前与被告人及检察官对罪名及量刑建议的沟通、协商上面。在这种特殊的刑事诉讼中，辩护律师该如何行使辩护权，以及能否依据事实与证据作无罪辩护，这一问题值得探讨。

案例二　金某等帮助信息网络犯罪活动罪案❷

【基本案情】

被告人金某，男，1989年11月13日出生于辽宁省凌海市，汉族，大专文化，辽

---

❶ 熊秋红. 有效辩护、无效辩护的国际标准和本土化思考 [J]. 中国刑事法杂志，2014（6）：129-135.
❷ 参见（2021）辽0702刑初字第135号刑事判决书。

宁某传媒有限公司员工。

2020年12月至2021年2月，本案被告人秦某将上游犯罪嫌疑人提供的求职者个人信息、话术提供给杨某、辛某，并安排被告人金某等人采取拨打电话的方式，以介绍工作为由诈骗求职者添加指定QQ，由他人通过该QQ对求职者实施信息网络犯罪活动，期间共非法获利21万余元。

金某在归案后主动坦白犯罪事实，并自愿认罪认罚。在庭审中金某也表示对公诉机关指控的事实和罪名没有意见。

然而被告人金某的辩护人认为金某的行为并未满足帮助信息网络犯罪活动罪的构成要件，检察院对金某的指控不能成立，并在庭审中提出，被告人金某的行为具有一定违法性，但因其主观上并不明知其行为的违法性，且其行为也未达到情节严重程度，故被告人金某不构成帮助信息网络犯罪活动罪。

法庭在查明案件的事实后认定检察院对于金某等人的指控成立，被告人金某等均自愿认罪认罚，依法可以从宽处理。最终判决被告人金某犯帮助信息网络犯罪活动罪，判处拘役四个月，缓刑六个月，并处罚金1万元。

【主要法律问题】

在认罪认罚案件中，对于被告人本人自愿认罪认罚，而辩护人不认可指控的罪名或量刑时，辩护人能否独立发表罪轻或无罪的辩护意见，辩护人的无罪辩护是否会影响被告人认罪认罚的认定？

【主要法律依据】

最高人民法院、最高人民检察院、公安部、国家安全部、司法部《关于适用认罪认罚从宽制度的指导意见》（自2019年10月11日起施行）

12. 值班律师的职责。值班律师应当维护犯罪嫌疑人、被告人的合法权益，确保犯罪嫌疑人、被告人在充分了解认罪认罚性质和法律后果的情况下，自愿认罪认罚。值班律师应当为认罪认罚的犯罪嫌疑人、被告人提供下列法律帮助：

（一）提供法律咨询，包括告知涉嫌或指控的罪名、相关法律规定，认罪认罚的性质和法律后果等；

（二）提出程序适用的建议；

（三）帮助申请变更强制措施；

（四）对人民检察院认定罪名、量刑建议提出意见；

（五）就案件处理，向人民法院、人民检察院、公安机关提出意见；

（六）引导、帮助犯罪嫌疑人、被告人及其近亲属申请法律援助；

（七）法律法规规定的其他事项。

15. 辩护人职责。认罪认罚案件犯罪嫌疑人、被告人委托辩护人或者法律援助机构指派律师为其辩护的，辩护律师在侦查、审查起诉和审判阶段，应当与犯罪嫌疑人、被告人就是否认罪认罚进行沟通，提供法律咨询和帮助，并就定罪量刑、诉讼程序适用等向办案机关提出意见。

【理论分析】

认罪认罚案件中的辩护人，在行使辩护权利过程中具有了一些"新职责"。首先，辩护人需根据案件事实和证据，判断检察院对犯罪嫌疑人、被告人的指控是否正确、合理，然后对犯罪嫌疑人、被告人提出相应的法律建议。辩护人不应当一味地建议犯罪嫌疑人、被告人认罪认罚，因为其不具有专业的法律知识，无法自行判断被指控的罪名及量刑建议是否合法、合理。其次，对于被指控罪名及量刑建议正确、合理，且犯罪嫌疑人、被告人愿意认罪认罚的，辩护人应当向其充分说明认罪认罚制度的性质以及相应的法律后果。再次，对于犯罪嫌疑人、被告人自愿认罪认罚的，辩护人应当积极充分地与办案机关、办案人员沟通、协商。此外，在一些认罪认罚案件中，如果辩护人与犯罪嫌疑人、被告人存在辩护冲突，辩护人对此是否具有发表独立的辩护意见的权利，即认罪认罚案件中的辩护人是否具有独立辩护权的问题，引起了许多思考和讨论。

（1）"具体审查说"。[1] 该观点认为我国辩护人具有独立的辩护权利。在辩护人与犯罪嫌疑人、被告人产生辩护冲突时，应当允许辩护人提出与认罪认罚具结书不同的辩护意见。法官在庭审中应当按照"最有利于委托人"的原则对辩护意见进行具体审查，先讯问犯罪嫌疑人、被告人是否认可其辩护意见，然后根据被告人的态度具体审查辩护人的辩护意见。

（2）"沟通平衡说"。[2] 该观点认为辩护人应当恰当平衡自身专业判断与尊重当事人意愿、利益的内在关系。辩护人在结合案件事实与证据情况提出不同的辩护意见时，应当与犯罪嫌疑人、被告人及时充分地沟通，并且尊重其意见。若辩护人无法与犯罪嫌疑人、被告人意见统一，则应当及时反馈至办案检察官，但应慎重提出与犯罪嫌疑人、被告人立场完全不同的辩护意见。

（3）"独立辩护说"。[3] 该观点认为认罪认罚案件同样适用意见独立原则，在发生辩护冲突时，辩护人可以坚持自己的辩护意见。认罪认罚案件中要求辩护人进行有效辩护，应该是有利于犯罪嫌疑人、被告人的辩护，这可能与犯罪嫌疑人、被告人自身的主观想法有所差异，辩护人应当凭借专业的法律素养，为其提供最有利于其本人的辩护意见。

我们认为，认罪认罚案件的辩护人具有独立辩护的权利，在被追诉人自愿认罪认罚时，仍然有权利依据事实与法律提出无罪或罪轻的辩护意见，主要原因如下。

---

[1] 肖涵云，邱巧红，辛国升. 认罪认罚案件律师拒绝履行见证义务与辩护冲突问题研究 [J]. 人民检察，2020（19）：60-63.

[2] 曹坚. 解构认罪认罚从宽制度中的刑事辩护问题 [J]. 人民检察，2020（10）：37-40.

[3] 闫召华. 辩护冲突中的意见独立原则：以认罪认罚案件为中心 [J]. 法学家，2020（5）：133-147，194-195.

(1) 认罪认罚案件的辩护人具有独立辩护的权利。依据《刑事诉讼法》第 37 条的规定，辩护人的责任是根据事实和法律，提出犯罪嫌疑人、被告人无罪、罪轻或者减轻、免除其刑事责任的材料和意见，维护犯罪嫌疑人、被告人的诉讼权利和其他合法权益。虽然辩护人进行辩护是为了维护犯罪嫌疑人、被告人的权利，但是其自身的主观意见可能与法律规定存在差异，辩护人在尊重犯罪嫌疑人、被告人意愿的同时，更要依据事实和法律提出最有利于犯罪嫌疑人、被告人的辩护意见。《律师办理刑事案件规范》（自 2017 年 8 月 27 日起施行）第 5 条规定："律师担任辩护人，应当依法独立履行辩护职责。辩护人的责任是根据事实和法律，提出犯罪嫌疑人、被告人无罪、罪轻或者减轻、免除其刑事责任的材料和意见，维护犯罪嫌疑人、被告人的诉讼权利和其他合法权益。律师在辩护活动中，应当在法律和事实的基础上尊重当事人意见，按照有利于当事人的原则开展工作，不得违背当事人的意愿提出不利于当事人的辩护意见。"该规定明确指出辩护律师在行使辩护权时，具有独立的辩护人地位，应当独立履行辩护职责。这一独立辩护原则适用于全部的刑事案件，在认罪认罚案件中也同样适用。同时，由于当事人自愿认罪认罚，控辩双方的对抗地位不平等，辩护人更需要独立地提出最有利于当事人的辩护意见。同时也可以看到，我国并不禁止辩护人提出不同于当事人的意见，而是禁止提出不利于当事人的不同意见。

(2) 辩护人不同的辩护意见与犯罪嫌疑人、被告人自愿认罪认罚不冲突。我国认罪认罚从宽制度的核心在于实体上从宽处罚和程序上从简处理，适用上要求当事人自愿如实供述自己的罪行，真诚悔罪，愿意接受处罚。❶ 当事人自愿认罪认罚主要在于对自己犯罪行为的如实供述以及接受处罚的自愿性，对于办案检察官指控的罪名及量刑建议，当事人不具有判断和甄别的能力，仍需辩护人代为判断和协商。辩护人所提出的辩护意见，仅仅是基于独立辩护的地位，结合案件事实与证据，所作出的最有利于当事人的辩护意见，是履行辩护职责的一部分。虽然认罪认罚案件中辩护人行使辩护权利的重心在于与办案人员就指控的罪名和量刑进行充分的沟通与协商，但若因为其他原因导致辩护人没有与办案人员达成共识，那么保障辩护人在庭审中提出不同的辩护意见的权利是十分必要的。

---

❶ 最高人民法院、最高人民检察院、公安部、国家安全部、司法部《关于适用认罪认罚从宽制度的指导意见》：

6. "认罪"的把握。认罪认罚从宽制度中的"认罪"，是指犯罪嫌疑人、被告人自愿如实供述自己的罪行，对指控的犯罪事实没有异议。承认指控的主要犯罪事实，仅对个别事实情节提出异议，或者虽然对行为性质提出辩解但表示接受司法机关认定意见的，不影响"认罪"的认定。犯罪嫌疑人、被告人犯数罪，仅如实供述其中一罪或部分罪名事实的，全案不作"认罪"的认定，不适用认罪认罚从宽制度，但对如实供述的部分，人民检察院可以提出从宽处罚的建议，人民法院可以从宽处罚。

7. "认罚"的把握。认罪认罚从宽制度中的"认罚"，是指犯罪嫌疑人、被告人真诚悔罪，愿意接受处罚。"认罚"，在侦查阶段表现为表示愿意接受处罚；在审查起诉阶段表现为接受人民检察院拟作出的起诉或不起诉决定，认可人民检察院的量刑建议，签署认罪认罚具结书；在审判阶段表现为当庭确认自愿签署具结书，愿意接受刑罚处罚。

8. "从宽"的理解。从宽处理既包括实体上从宽处罚，也包括程序上从简处理。

(3) 辩护人进行独立辩护是庭审实质化的需要。适用认罪认罚从宽制度并不意味着庭审的形式化,也并不意味着法官对控方指控的罪名及量刑建议不加审查全部采纳。法官要具体审理案件事实,在审查指控罪名及量刑建议的准确性与合理性后,再作出最终判决。在遇到辩护人对控方指控罪名及量刑建议有异议的时候,法官可以分别听取控辩双方的意见,辩护人与控方观点的碰撞,可以保证控辩双方在案件审理过程中相对平衡的地位,有利于法官对案件的实质审理。

为了使认罪认罚案件中的辩护权得到有效行使,有学者认为应当在认罪认罚案件中引入有效辩护。由于认罪认罚案件中控辩双方的沟通、协商结果具有"终局性",辩护律师水平参差不齐导致法律帮助的差异性,❶ 因此,对于认罪认罚案件中辩护的效果要有一定的要求,要保证犯罪嫌疑人、被告人得到的是有效辩护,即从内部考察律师的专业能力和履职情况,从外部考察辩护效果和辩护质量。

本案中被告人金某本人对于指控的罪名与量刑均没有异议,自愿认罪认罚,而其辩护人则对此不认同,在被告人与辩护人的辩护意见存在冲突的情况下,双方在庭审中各自表达了自己的观点。辩护人在金某认罪认罚的情况下坚持作无罪辩护,这是辩护人独立行使辩护权的体现。虽然最终法庭没有采纳辩护人的辩护意见,但尊重了辩护律师的独立辩护权,也考虑了被告人自身的认罪认罚的态度,作出了合理的判决。总而言之,保障辩护权的充分行使对完善和发展认罪认罚制度十分重要,其中仍有许多问题值得思考和完善。

【思考题】

(1) 若被告人在值班律师的见证下签署了认罪认罚具结书,后辩护人在庭审中坚持作无罪辩护,对被告人是否还继续适用认罪认罚制度?

(2) 若被告人自愿认罪,但对量刑建议有异议,是否能适用认罪认罚制度?应当如何适用?

第三节 值班律师的法律地位

法律援助制度在我国司法制度运行的各个环节都有体现,旨在为群众提供免费的法律帮助,保障司法公正和公民基本权利,促进法治社会建设。我国目前有"12348"免费法律咨询热线、值班律师、法律援助律师等多种类、多阶段的法律援助形式。特别是在认罪认罚制度设立以来,值班律师还承担起作为没有辩护人的犯罪嫌疑人、被告人在认罪认罚时的见证人的身份。值班律师在刑事诉讼中是否具有辩护人地位以及

---

❶ 蔡艺. 认罪认罚案件中的有效辩护——以辩诉交易中有效辩护的标准为借鉴 [J]. 河南财经政法大学学报, 2021, 36 (1): 128-136.

具有哪些辩护权利，引起了广泛的关注与讨论。

案例三　上海市邢某某涉嫌非法猎捕、杀害珍贵、濒危野生动物罪案[1]

【基本案情】

2019年8月6日，邢某某在未取得捕捞许可证的情况下，驾驶自购渔船行至上海市崇明区佘山岛北面水域，捕获一条疑似中华鲟活体，次日凌晨被崇明区渔政执法人员查获，并移交公安机关侦查。经权威部门鉴定，确认上述渔获物为中华鲟，系国家一级野生保护动物。

事发当日，邢某某被上海市公安局崇明分局刑事拘留，2019年9月10日被执行逮捕。同年12月9日，案件移送上海铁路运输检察院审查起诉。上海铁路运输检察院依法通知静安区法律援助中心为邢某某提供值班律师法律帮助，法律援助中心指派陈律师承办此案。

值班律师接受指派后，前往崇明区看守所会见了受援人邢某某，向其了解案件事实，告知其权利义务，为其提供法律咨询。邢某某表示自愿认罪认罚，承担法律后果。

值班律师随后向上海铁路运输检察院提出法律意见：邢某某系文盲，法律意识淡薄，主观恶性较小，对捕获中华鲟并不具有预谋性，到案后如实供述犯罪事实，认罪态度好，建议检察机关对其从轻量刑。

检察机关采纳了值班律师的意见，对邢某某提出一年以上、一年零三个月以下有期徒刑，并处罚金的量刑建议。邢某某对此认可，并在值班律师见证下签署了认罪认罚具结书。

2020年5月19日，崇明区法律援助中心收到崇明区人民法院的通知后，指派姚律师担任邢某某的刑事辩护人。同时，因该案另涉及民事公益诉讼，邢某某又经济困难，故崇明区法律援助中心依法受理其申请，继续指派姚律师担任其民事诉讼代理人。

最终，崇明区人民法院判决被告人邢某某犯非法猎捕、杀害珍贵、濒危野生动物罪，判处其有期徒刑一年，并处罚金5000元，赔偿国家野生动物资源损失4万元。

【主要法律问题】

对于没有辩护人的犯罪嫌疑人、被告人，在适用认罪认罚程序的时候，值班律师不仅仅是见证人的角色，同时也需要为其释明相关规定、分析法律后果，并且与检察官就罪名及量刑建议进行沟通，以保障犯罪嫌疑人、被告人的合法权益。值班律师的法律地位问题值得探讨。

---

[1] 参见（2020）沪0151刑初字第144号刑事附带民事判决书。

【主要法律依据】

《中华人民共和国刑事诉讼法》（2018年10月26日修正）

第36条　法律援助机构可以在人民法院、看守所等场所派驻值班律师。犯罪嫌疑人、被告人没有委托辩护人，法律援助机构没有指派律师为其提供辩护的，由值班律师为犯罪嫌疑人、被告人提供法律咨询、程序选择建议、申请变更强制措施、对案件处理提出意见等法律帮助。

人民法院、人民检察院、看守所应当告知犯罪嫌疑人、被告人有权约见值班律师，并为犯罪嫌疑人、被告人约见值班律师提供便利。

《法律援助值班律师工作办法》（自2020年8月20日起施行）

第6条　值班律师依法提供以下法律帮助：

（一）提供法律咨询；

（二）提供程序选择建议；

（三）帮助犯罪嫌疑人、被告人申请变更强制措施；

（四）对案件处理提出意见；

（五）帮助犯罪嫌疑人、被告人及其近亲属申请法律援助；

（六）法律法规规定的其他事项。

值班律师在认罪认罚案件中，还应当提供以下法律帮助：

（一）向犯罪嫌疑人、被告人释明认罪认罚的性质和法律规定；

（二）对人民检察院指控罪名、量刑建议、诉讼程序适用等事项提出意见；

（三）犯罪嫌疑人签署认罪认罚具结书时在场。

值班律师办理案件时，可以应犯罪嫌疑人、被告人的约见进行会见，也可以经办案机关允许主动会见；自人民检察院对案件审查起诉之日起可以查阅案卷材料、了解案情。

第7条　值班律师提供法律咨询时，应当告知犯罪嫌疑人、被告人有关法律帮助的相关规定，结合案件所在的诉讼阶段解释相关诉讼权利和程序规定，解答犯罪嫌疑人、被告人咨询的法律问题。

犯罪嫌疑人、被告人认罪认罚的，值班律师应当了解犯罪嫌疑人、被告人对被指控的犯罪事实和罪名是否有异议，告知被指控罪名的法定量刑幅度，释明从宽从重处罚的情节以及认罪认罚的从宽幅度，并结合案件情况提供程序选择建议。

值班律师提供法律咨询的，应当记录犯罪嫌疑人、被告人涉嫌的罪名、咨询的法律问题、提供的法律解答。

【理论分析】

我国刑事法律援助制度的发展主要得益于我国值班律师制度的设立与实施，值班律师提供的法律援助服务具有广泛的覆盖性，包括提供法律帮助内容种类的多样性以及值班律师派驻岗位的全面性。值班律师的工作职责包括提供法律咨询服务、提供法律建议、帮助变更强制措施、帮助申请其他法律援助。对于认罪认罚案件的当事人，值班律师还应当向其释明认罪认罚的性质及法律后果，对指控罪名及量刑等提出法律意见，见证签署认罪认罚具结书。目前，法院和看守所都设有专门的法律援助值班律师值班点，犯罪嫌疑人、被告人及其家属都可以向其寻求法律帮助。对于值班律师是否具有辩护人地位，学界对此有不同的观点。

（1）认为值班律师是法律帮助的提供者，不具有辩护人地位。主张该观点的学者认为，值班律师不具有辩护人的法律地位，因为值班律师不能出庭发表辩护意见，无法参与庭审的过程。[1] 根据我国目前法律对于值班律师规定的工作职责，值班律师的主要作用是以其便捷性和应急性的特点来弥补空缺，在犯罪嫌疑人、被告人缺少辩护律师时，为其提供阶段性法律帮助，后续若有需要，还需另行委托辩护律师。同时一些学者认为，我国值班律师不仅是法律帮助的提供者，也是独立的法律援助工作者。[2] 此观点认为值班律师的工作职能是我国法律援助制度的一部分，设立的本意是填补传统的法律援助律师不能覆盖到的部分。有学者认为应当称值班律师为"法律援助值班律师"，与传统的"法律援助辩护律师"相区分，[3] 两者都是我国法律援助制度不可缺少的部分。

（2）认为值班律师具有辩护人地位。赞成该观点的学者认为值班律师的工作职责，已然是辩护人的职责。[4] 从立法上看，值班律师与辩护律师在侦查阶段、审查起诉阶段所履行的工作职责并无本质区别，可以认为值班律师所从事的工作就是辩护律师的工作，因此可以理所当然地将值班律师视为辩护律师，以更好地保证值班律师的工作权益。

目前，我国法律暂时没有将值班律师规定为辩护律师，而是规定其是为当事人及其家属提供临时性法律帮助的"法律帮助者"，与辩护律师的职责与地位相区别。辩护人的主要职责是根据事实和法律，提出被告人、犯罪嫌疑人无罪、罪轻的法律意见，最主要的行使职权的方式包括在法庭审理过程中发表独立的辩护意见。虽然值班律师也有根据案件情况向检察院就指控罪名和量刑提出建议的权利，但值班律师所作出的建议与辩护律师发表的辩护意见有很大区别。值班律师的工作行为都是基于提供法律帮助的目的，而非作为犯罪嫌疑人、被告人的辩护人行使辩护权，这是值班律师不具有辩护人地位的主要原因。

本案中邢某某在尚未委托辩护律师时，接受了值班律师为其提供的法律帮助，在

---

[1] 蔡艺. 认罪认罚案件中的有效辩护——以辩诉交易中有效辩护的标准为借鉴 [J]. 河南财经政法大学学报, 2021, 36（1）：128-136.

[2] 孟军. 刑事司法改革视域下的值班律师制度：定位、性质、模式及救济 [J]. 中国司法, 2021（4）：106-111.

[3] 朱玉玲. 刑事诉讼值班律师职责模式的二元化思考 [J]. 黑龙江社会科学, 2021（5）：52-58.

[4] 顾永忠. 刑事辩护制度改革实证研究 [J]. 中国刑事法杂志, 2019（5）：129-144.

值班律师的见证下签署了认罪认罚具结书,并且邢某某的值班律师还根据案件的具体情况对检察院提出了法律意见,以维护邢某某的合法权益。在后续的诉讼过程中,邢某某又接受了法律援助中心为其指派的法律援助辩护律师为其辩护。可以看出,虽然邢某某接受了值班律师的法律帮助,但这不能替代辩护律师所行使的辩护职能,作为法律帮助者的值班律师不具有辩护人地位。

【思考题】

(1)实践中值班律师的值班时间多为一天或半天制,这样的安排是否会导致一个犯罪嫌疑人或被告人需要向多个值班律师寻求法律帮助?怎样避免值班律师提供法律帮助碎片化?

(2)值班律师对于见证认罪认罚具结书的签署需负有怎样的责任和义务?

CHAPTER 5 第五章

证 据

本章知识要点

（1）刑事证据的概念与种类辨析。我国刑事诉讼法明确将证据定义为"能够证明案件事实的材料"，并规定了八大证据种类，但是结合实践中的问题，仍需对证据的概念予以明晰。专家意见书在刑事诉讼中是否具有证据效力应当分类讨论：专家对于案件的法律适用等问题所出具的法律意见书，不属于刑事诉讼中的证据，只可作为法官办案的一个参考意见；专家对于案件中有关事实认定等专业技术问题所出具的意见书，对案件事实具有证明作用的，应当承认其可以作为证据使用。（2）刑事诉讼中的私人取证问题。在司法实践中，当事人及其近亲属等私人取证现象多有发生，对此如何处理，目前我国相关的法律法规并没有明确规定。赋予私人取证权有利于查清案件事实，节约司法资源，具有一定的合理性，但是保障私人取证的规范性、合法性需要法律的约束。（3）非法证据排除规则的适用。近几年，我国立法在不断细化、完善非法证据排除规则，司法实践中对该规则的适用也越来越规范，但仍存在一些争议问题尚需进一步探讨。

第一节 刑事证据的概念与种类辨析

我国《刑事诉讼法》第50条对于刑事证据的概念已有明确定义，并且采用列举的方式规定了八大证据种类。但是近年来在司法实践中出现了多种新形式的材料，例如专家出具的意见书等，对于此类材料是否属于我国刑事诉讼法规定的证据，以及属于何种证据种类等存在争议，对此问题应当予以明确。

案例一　刘某组织、领导黑社会性质组织案[1]

【基本案情】

被告人刘某，男，1960年11月30日生，辽宁省沈阳市人，原系沈阳嘉阳某有限责任公司董事长。

辽宁省铁岭市人民检察院于2001年8月10日向铁岭市中级人民法院提起公诉，指控被告人刘某犯组织、领导黑社会性质组织罪，故意伤害罪，抢劫罪，敲诈勒索罪，私藏枪支、弹药罪，妨害公务罪，非法经营罪，偷税罪，行贿罪。铁岭市中级人民法院于2002年4月17日作出（2001）铁中刑初字第68号刑事附带民事判决，认定被告人刘某犯故意伤害罪，判处死刑，剥夺政治权利终身；犯组织、领导黑社会性质组织罪，判处有期徒刑十年；犯故意毁坏财物罪，判处有期徒刑五年；犯非法经营罪，判处有期徒刑五年，并处罚金1500万元；犯行贿罪，判处有期徒刑五年；犯非法持有枪支罪，判处有期徒刑三年；犯妨害公务罪，判处有期徒刑三年。决定执行死刑，剥夺政治权利终身，并处罚金1500万元。判决宣告后，刘某不服，提出上诉。

该案的辩护律师田某某在北京组织了14名国内知名的刑法学、刑事诉讼法学和法医学专家进行论证，最终形成了对刘某有利的《沈阳刘某涉黑案专家意见书》。田某某将此论证意见书提交给了辽宁省高级人民法院，该意见书中说："与会专家听取了律师的介绍并查阅了公诉人提交的证据，一致认为：本案的证据方面存在严重问题，可能存在刑讯逼供。"

辽宁省高级人民法院于2003年8月11日作出（2002）辽刑一终字第152号刑事附带民事判决，以"不能从根本上排除公安机关在侦查过程中存在刑讯逼供情况"和"鉴于其犯罪的事实、犯罪的性质、情节和对社会的危害程度以及本案的具体情况"为由，撤销原一审判决中对刘某故意伤害罪的量刑部分，认定刘某犯故意伤害罪，判处死刑，缓期二年执行，剥夺政治权利终身；对刘某所犯其他各罪，维持一审判决。

二审判决生效后，最高人民法院于2003年10月8日作出（2003）刑监字第155号再审决定，以原二审判决对刘某的判决不当为由，依照审判监督程序提审本案。2003年12月22日，经再审后作出判决：以故意伤害罪判处刘某死刑，剥夺政治权利终身，并处罚金1500万元。

【主要法律问题】

目前在司法实践中，聘请专家对案件进行论证的情形时有出现，那么专家可以对案件的哪些问题进行论证？专家意见书在诉讼中具有何种效力？专家意见书是否属于

---

[1] 参见（2003）最高人民法院刑提字第5号刑事判决书。

刑事诉讼法定义的证据？如果属于，应属于何种证据种类？

【主要法律依据】

《中华人民共和国刑事诉讼法》（2018年10月26日修正）

第50条 可以用于证明案件事实的材料，都是证据。证据包括：

（一）物证；

（二）书证；

（三）证人证言；

（四）被害人陈述；

（五）犯罪嫌疑人、被告人供述和辩解；

（六）鉴定意见；

（七）勘验、检查、辨认、侦查实验等笔录；

（八）视听资料、电子数据。

证据必须经过查证属实，才能作为定案的根据。

第197条 法庭审理过程中，当事人和辩护人、诉讼代理人有权申请通知新的证人到庭，调取新的物证，申请重新鉴定或者勘验。

公诉人、当事人和辩护人、诉讼代理人可以申请法庭通知有专门知识的人出庭，就鉴定人作出的鉴定意见提出意见。

法庭对于上述申请，应当作出是否同意的决定。

第二款规定的有专门知识的人出庭，适用鉴定人的有关规定。

《最高人民法院关于适用〈中华人民共和国刑事诉讼法〉的解释》（自2021年3月1日起施行）

第69条 认定案件事实，必须以证据为根据。

第100条 因无鉴定机构，或者根据法律、司法解释的规定，指派、聘请有专门知识的人就案件的专门性问题出具的报告，可以作为证据使用。

对前款规定的报告的审查与认定，参照适用本节的有关规定。

经人民法院通知，出具报告的人拒不出庭作证的，有关报告不得作为定案的根据。

【理论分析】

在我国的司法实践中，由专家出具意见书或论证书来对案件的相关争议问题进行讨论的情况屡见不鲜，但是在立法上对于专家意见书的概念、性质、效力等问题却未有任何明确的规定，该问题在理论和实践中都存有争议。通说认为，刑事诉讼中的专家意见书是指专家就案件中的专门性问题进行论证，提出自己的意见而制作的文书。首先，在制作主体上，专家应当是指在某一方面具有专门技能、知识，或者在某些专业技术领域有丰富经验的人。其次，在内容上，专家意见书既可以对事实认定问题提出意见,也可以对法律适用的疑难问题进行论证。最后,专家意见书既可能是由司法机关邀请的法律专家对所审理的重大疑难案件进行论证,以使案件能够得到正确处理;也可能是由当事人一方(包括委托的律师)邀请的专家对案件进行论证并出具意见书,递交给司法机关,以支持自己的主张。❶ 目前,对于疑难复杂案件,司法机关组织各行业专家通过召开专家咨询论证会的形式来对案件进行讨论已成为司法机关处理疑难案件的一种常见方式。司法机关组织专家论证所形成意见既不属于证据,也不具有强制拘束力,只是作为一种咨询意见供法官在处理案件时予以参考。并且,司法机关组织的专家论证不同于当事人一方组织专家论证时所具有的倾向性,其组织的专家论证更加客观中立,目的是正确处理案件而非支持自己的诉讼主张。所以,目前对于司法机关组织专家论证的争议并不大,而对于当事人一方组织专家论证中所存在的争议问题需要我们予以重点关注。

根据我国《刑事诉讼法》第 50 条的规定,证据是指可以用于证明案件事实的材料。当事人委托专家论证所形成的意见书,既有可能是对案件的事实认定等专业性、技术性问题所形成的意见,也有可能是对案件的法律适用问题,包括实体法问题、程序法问题、证据法问题等所形成的结论,所以,我们可以将其分为专家事实意见书与专家法律意见书。例如,在本案中,专家意见书所得出的结论认为"本案的证据方面存在严重问题,可能存在刑讯逼供"等应属于法律意见,因为其针对的是涉案证据的证据资格相关的证据法问题。❷ 对于当事人组织专家出具的法律意见书,毫无疑问不属于证据的范畴,当事人可以提交法庭以支持自己的主张,但其不具有任何拘束力,最终仍由法官对法律适用问题作出客观独立的判断。对于当事人组织专家对案件的事实认定问题所作出的论证意见,属于"能够证明案件事实的材料",符合刑事诉讼法对于证据的定义。例如,当事人组织专家对于伤残等级、涉案物品价值等事实问题所作出的认定,应当属于能够证明案件事实的材料。但是其应当划归何种证据种类?首先,其不属于鉴定意见。刑事诉讼中的鉴定意见是指受公安和司法机关指派或聘请的鉴定人,对案件中的专门性问题进行鉴定后作出的书面意见。当事人组织的专家并不具有法定的鉴定人身份,所以其在主体上就不符合法律对于鉴定意见的规定。其次,专家意见书不属于证人证言。证人要求具有亲历性,凡没有亲身经历或闻知案件情况的人,都不具有证人资格;并且,证人证言要求是对案件事实的客观陈述,而专家的论证意见必然包含着个人主观的价值判断,所以其也不可归入证人证言范畴。最后,关于刑事诉讼法及司法解释规定的有专门知识的人可以出庭对鉴定意见提出意见,但是"有专门知识的人的意见"并不属于前述八大法定证据种类规定的证据。此外,还有部分学者支持将其纳入书证范畴,但是持反对意见的学者认为,书证是指在案件发生时形

---

❶ 何志,何晓航. 为法律专家意见书"把脉" [J]. 北京航空航天大学学报(社会科学版),2012(1):45-46.

❷ 刘玉民. 刑事证据收集、审查、排除 [M]. 北京:中国民主法制出版社,2014:3.

成的能够证明案件事实的书面材料或其他物质材料。并且，书证是客观存在的文字或者符号，而专家意见书中有专家的主观判断，因此不宜认定为书证。

综上所述，专家出具的法律意见书不属于刑事诉讼中的证据，当事人可以向法庭提交，是否参考最终仍由法官决定。最高人民法院在（2019）最高法民申 1361 号案件中也明确提出了"《专家法律意见书》不属于民事诉讼法规定的证据种类，不能作为认定本案客观事实的依据，不予采信"。然而，当事人组织专家对于事实认定问题出具的意见书属于"能够证明案件事实的材料"，符合刑事诉讼法对于证据的定义，但是根据以上分析，目前对于其应当归属于八大法定证据的哪一种类存在争议，仍需作进一步的探讨。

【思考题】

（1）在刑事诉讼中专家可以对案件的哪些问题进行论证？对于论证形成的专家意见书应当如何定性？其效力如何？

（2）专家意见书是否属于刑事诉讼法定义的证据？如果属于，应属于八大法定证据种类中的哪一种？

第二节　刑事诉讼中的私人取证问题

我国《刑事诉讼法》第 43 条、第 52 条规定了审判人员、检察人员、侦查人员以及辩护律师在刑事诉讼中享有调查取证的权利，但是在司法实践中，被告人、被害人及其近亲属等私人自行取证的情况经常发生。对于他们所获取的证据该如何处理的问题，由于目前立法上没有明确的规定，所以司法实践中的做法各不相同，主要有不予采纳、权衡之下的采纳、证据转化这三种处理方式，学者们对此也有各自不同的见解。

案例二　焦某受贿案

【基本案情】

被告人焦某，男，1975 年 12 月生，四川省巴中市人，巴中市某局原副局长。

辩护人张某某，四川某律师事务所律师。

辩护人焦某1，男，1966 年 8 月 23 日出生，住四川省巴中市巴州区。系焦某之兄。

四川省巴中市中级人民法院一审认定，被告人焦某于 2007 年 9 月至 2015 年 3 月期间，利用其职务便利，为他人在承揽工程、拨付工程款等方面谋取利益，三次向他人索要现金共计 5 万元，非法收受他人所送的现金共计 163.3 万元，合计 168.3 万元。四川省巴中市中级人民法院于 2016 年 6 月 29 日作出一审判决。一审判决认为，被告人焦某的行为已构成受贿罪，数额巨大，并且对焦某索贿 5 万元部分依法从重处罚。判处被告人焦某有期徒刑六年六个月，并处罚金40万元；扣押在案用于抵缴焦某受贿所得的财物，依法上缴国库，对未追缴到案的部分继续追缴。一审判决宣告后，被告人焦某不服提起上诉。

焦某上诉提出，是行贿人报复其编造了送钱给其的事实，其有罪供述也是在纪委办案人员威胁诱骗下作出的。二审审理过程中，证人张某丙等五人向四川省高级人民法院提交了新的证言。证人张某丙、余某、赵某、张某甲、向某五人分别向四川省高级人民法院邮寄了信件或者情况说明，证实原判认定其给予焦某财物的情况不属实。二审庭审中，合议庭宣读了上述情况说明或者信件的内容。经询问，焦某称是他叫上述人员如实向本院提交的。

检察机关在二审中向四川省高级人民法院提交了对证人余某、赵某、张某甲、张某丙、向某五人的补充询问笔录，证明五人在侦查阶段所做证言真实，二审中改变证言是受焦某1指使。

四川省高级人民法院认为，证人张某丙、余某、赵某、张某甲、向某五人在二审中提交的信件或情况说明取证主体不合法，且内容与证人在侦查阶段的证言和检察机关补充询问的证言相互矛盾，故对上述信件或情况说明不予采信。❶

【主要法律问题】

在司法实践中，经常会出现刑事案件的当事人及其近亲属等私人取证的情况，那么刑事诉讼中有取证权的主体有哪些？私人取证应当如何认定？私人所获取的证据是否可以使用？

【主要法律依据】

《中华人民共和国刑事诉讼法》（2018年10月26日修正）

第43条　辩护律师经证人或者其他有关单位和个人同意，可以向他们收集与本案有关的材料，也可以申请人民检察院、人民法院收集、调取证据，或者申请人民法院通知证人出庭作证。

辩护律师经人民检察院或者人民法院许可，并且经被害人或者其近亲属、被害人提供的证人同意，可以向他们收集与本案有关的材料。

第44条　辩护人或者其他任何人，不得帮助犯罪嫌疑人、被告人隐匿、毁灭、伪造证据或者串供，不得威胁、引诱证人作伪证以及进行其他干扰司法机关诉讼活动的行为。

第54条　人民法院、人民检察院和公安机关有权向有关单位和个人收集、调取证据。有关单位和个人应当如实提供证据。

行政机关在行政执法和查办案件过程中收集的物证、书证、视听资料、电子数据等证据材料，在刑事诉讼中可以作为证据使用。

---

❶ 四川省高级人民法院（2016）川刑终字第529号刑事判决书。

对涉及国家秘密、商业秘密、个人隐私的证据，应当保密。

凡是伪造证据、隐匿证据或者毁灭证据的，无论属于何方，必须受法律追究。

【理论分析】

首先，关于刑事诉讼有取证权的主体的问题，目前我国立法明确规定享有取证权的主体包括审判人员、检察人员、侦查人员以及辩护律师，对于被告人、被害人及其近亲属是否享有取证权尚属空白，既没有授权性的规定，也没有禁止性的规定。但是在司法实践中，当事人及其近亲属取得的证据常常以取证主体不合法为由而不被采纳。对此学术界有不同的看法：（1）证据的合法性包括取证主体合法、形式合法与程序合法，只有这三方面都具备，证据才能被采纳，因此私人取证因取证主体不合法而不应被采纳。❶（2）对于社会公众而言，根据"法不禁止即自由"的精神，应当允许私人自行取证。❷ 我们认为，目前法律没有明确赋予刑事案件的当事人及其近亲属调查取证的权利，所以司法实践中多数法官持谨慎态度，对于私人取得的证据不予采纳的做法也是合法的，但是，赋予刑事案件当事人及其近亲属等私人调查取证的权利具有必要性与合理性。第一，赋予当事人及其近亲属取证权更有利于刑事诉讼"惩罚犯罪，保障人权"目标的实现。被害人是犯罪行为直接侵害的对象，其收集的证据有利于帮助侦查机关证明犯罪，发现案件真相。赋予被告人一方取证权，不仅有利于避免冤假错案的发生，也是刑事诉讼法"尊重和保障人权"的体现。第二，赋予当事人及其近亲属调查取证的权利有利于节约司法资源。随着社会的发展，犯罪的手段和方式也越来越多样化、复杂化和隐蔽化，案多人少的矛盾在公安和司法机关日益突出，所以赋予私人取证权也有利于减轻公安和司法机关的办案压力。第三，赋予私人取证权有利于法律适用上的统一。在刑事诉讼中，证明被告人的行为构成犯罪的责任由检察机关承担；在刑事附带民事诉讼中，由该民事诉讼的原告证明被告人的行为给其造成损害的事实。因此司法实践中，就出现了在附带民事诉讼中，法官认可被告人亲属收集的证据能够证明损害后果并非全部由被告人所致，判决其无须承担全部医疗费用；但是在刑事诉讼中，法官以取证主体不合法为由，拒绝采纳该证据，最终认定被告人的行为构成故意伤害罪。❸ 所以，赋予私人取证权有利于避免法律适用上的混乱。

其次，关于私人取证如何认定的问题。私人取证是相对于公权力机关取证而言的，是指除公权力机关外的无调查取证权的个人自行调查收集证据的情形。在我国刑事司法实践中，私人取证主要表现为，被害人、被告人及其近亲属自行调查取证的行为；辩护律师相对于公安和司法机关而言虽然也属于"私人"，但法律明确规定了其享有合法的调查取证权，故不属于此处界定的"私人取证"的范畴。对于私人侦探取证，《公

---

❶ 潘金贵. 证据法学 [M]. 北京：法律出版社，2016：58-59.
❷ 王彪. 论刑事诉讼中私人违法取得证据之证据能力 [J]. 河北法学，2016（2）：66-67.
❸ 参见（2018）新 01 刑终字第 132 号刑事判决书。

安部关于禁止开设"私人侦探所"性质的民间机构的通知》中已明确禁止任何单位和个人开办各种形式"私人侦探所"性质的民间机构,故本书不再重点探讨。实践中争议较大的主要是证据转化时如何认定取证主体的问题,例如被告人或其近亲属收集证据后交由辩护律师提交时应当如认定取证主体?被害人或其近亲属取证后提交侦查机关时如何认定取证主体?我们认为,从本质上看,在上述两种情形中证据收集的过程都是由私人完成的,其取证过程没有受到法律规范或行业规范的约束,故此类情形应当认定为私人取证。

最后,关于私人收集的证据能否使用以及如何使用的问题,我国法律目前并无明确的规定,实践中的通常做法主要有:以取证主体不合法为由拒绝采纳,这是最常见的做法;进行证据转化之后予以采纳;直接予以采纳。我们认为,赋予私人取证权具有合理性,但是缺乏规范化的私人取证确实会存在当事人伪造、篡改、销毁证据,侵害他人合法权益,破坏司法秩序的风险,因此我们在提倡赋予私人取证权的同时,也应对私人取证予以规范。大陆法系的代表国家德国对于证据采纳与否并不以取证主体为标准,而是衡量其对公民权益的侵害及程度,无论是公权力机关还是私人,只要取证的过程和方式违反了证据禁止理论的就应予以排除,没有违反的予以采纳。[1] 英美法系的代表国家美国则有所不同,美国对于公权力机关调查取证的行为确立了非法证据排除规则;而对于私人调查收集的证据一律采纳,如果私人的取证行为侵害了他人合法权益,则可以通过民事法律途径予以救济。[2] 借鉴域外有益经验,并结合我国司法实际,对于私人取证行为可以构建起完善的制度体系予以规范。一是在立法上明确私人取证应当遵循的程序、规则,对私人取证行为起到规范指引作用;二是在私人取证过程中,对其取证行为引入监督机制,规范取证过程;三是明确私人违法取证的不利后果与制裁措施,既包括程序性制裁措施,也包括追究民事侵权责任、严重者追究刑事责任等实体性制裁措施,通过多种方式引导私人规范取证。

综上所述,对于私人取证一律禁止既不符合司法规律,也有违刑事诉讼"惩罚犯罪,保障人权"的目的,赋予私人取证权具有必要性与合理性。但是,在给予私人取证权的同时,为了防止私人取证过程中伪造和篡改证据、侵害他人合法权益等不法行为的出现,我们可以借鉴域外有益经验,对于私人取证的行为设置一定的程序性规范,如引入非法证据排除规则等,以对于私人取证行为予以约束。

【思考题】

(1) 您认为对于目前司法实践中普遍存在的私人取证行为应当如何处理?

(2) 您是否赞同赋予当事人及其近亲属等私人取证权?如果赞同,请您谈谈如何

---

[1] 岳礼玲. 德、美证据排除规则的比较——我国确立刑事证据规则之经验借鉴 [J]. 政法论坛, 2003 (3): 181-188.

[2] 秦宗文. 论刑事诉讼中私人获取的证据——兼对证据合法性的批评 [J]. 人民检察, 2003 (7): 17.

避免私人取证过程中的不法行为。

第三节 非法证据排除规则的适用

非法证据排除规则不仅关乎人权的法治保障，而且是发现案件真相、避免发生冤假错案的重要手段，是我们在刑事诉讼中必须严格遵守的一项重要规则。近年来，我国关于非法证据排除规则的法律法规在不断地细化、完善，非法证据排除规则在司法实践中的适用也越来越规范、严格，但是仍存在一些争议问题值得我们讨论和研究。

案例三 郭某甲贩卖毒品、脱逃、容留他人吸毒案

【基本案情】

被告人郭某甲，男，湖南省衡阳市常宁市人，高中文化，无业。

辩护人金某，湖南某律师事务所律师。

常宁市人民法院于2015年12月7日以被告人郭某甲涉嫌贩卖毒品罪、脱逃罪、容留他人吸毒罪作出一审判决，被告人郭某甲不服提起上诉，衡阳市中级人民法院以原判部分事实不清，适用法律错误，裁定撤销原判，发回重审。常宁市人民法院重新组成合议庭开庭审理。庭审中，被告人郭某甲的辩护人金某辩称：侦查机关收集的郭某甲讯问笔录证据是以刑讯逼供等非法方法取得的，应当依法适用非法证据排除规则。申请的理由如下：（1）侦查机关对被告人郭某甲讯问过程中，采取吊、铐、体罚等方法刑讯逼供，郭某甲右手腕被吊骨折。（2）被告人郭某甲的三份供述材料，第一、三次讯问笔录是采取复制粘贴的方式形成，不符合证据收集办法。（3）侦查机关提供的录像不是同步录像。

常宁市人民法院认为：被告人郭某甲的辩护人提出非法证据排除申请没有事实依据和充分证据予以证明侦查机关在被告人郭某甲的讯问过程中采取了刑讯逼供的行为，更没有证据证明被告人郭某甲的右手腕被吊、铐骨折的这一事实。侦查机关提供的录音录像，虽然有些瑕疵，但经常宁市人民检察院委托湖南省公安厅物证鉴定中心鉴定没有发现剪辑修改痕迹。侦查机关对被告人郭某甲的三次讯问笔录，从形式和内容上基本雷同，但都是经被告人阅读后签名并捺手印。祁东县人民法院向郭某甲送达起诉书副本时其明确回答，公安机关没有对他进行刑讯逼供，不申请非法证据排除。综上所述，对被告人郭某甲的辩护人金某提出的非法证据排除申请予以驳回。❶

被告人郭某甲不服判决，提起上诉，衡阳市中级人民法院以原判违反上诉不加刑的原则，程序违法，裁定撤销原判，再次发回常宁市人民法院重审。被告人郭某甲申

---

❶ 参见（2016）湘0482刑初字第55号刑事判决书。

请非法证据排除，其认为，（1）被告人郭某甲在2014年4月15日被祁东县公安局抓获当天遭到刑讯逼供，侦查人员（姓王、姓刘）采取体罚方式，造成了其右手受伤，并提供被告人郭某甲2014年9月1日右手腕骨折的照片。（2）被告人郭某甲的口供有三份，其中时间为4月15日的第一份笔录系侦查人员刑讯逼供获得，笔录来源不合法；第二份笔录是4月17日凌晨5点，违反了操作规则，是对被告人的变相处罚，虽记录内容比较全面，但应该是事先准备好的，是第一次笔录的复制；第三份笔录是5月23日，内容是手写的，但与打印的内容基本一致，应是摘录前面的笔录。（3）录音录像并非同步进行，公安干警中途叫郭某甲出去一段时间，录像过程中没有进行询问，而是将民警提前准备的笔录直接拿给被告人签字。三份讯问笔录都是不可采信的。

公诉机关认为，（1）被告人郭某甲辩解右手手腕骨折的事实可以排除。公诉机关提交了2014年4月16日入所健康检查表及报告单证明郭某甲入所体检是正常的，没有骨折。且有同监犯邹某某的询问笔录证实郭某甲没有明显的外伤，管教干部也证实郭某甲没有反映其遭受过刑讯逼供；监控记录同步录像显示郭某甲生理健康，手腕没有异常，签字的笔迹也是稳定的，郭某甲在讯问中被干警叫出审讯室的时间只有几十秒，回来时的表情也比较轻松；郭某甲原审辩护人提供的9月1日的照片没有诊断报告，不能反映受伤时间和受伤原因，郭某甲于8月5日在逃脱过程中有摔伤，不排除郭某甲的手腕受伤是在逃脱过程中造成的。（2）讯问笔录的问题。第一次及第三次不能否认是复制粘贴造成的，但不能认为是非法证据，郭某甲的口供一直是稳定的，因此笔录相似也是正常的；郭某甲原审辩护人称凌晨五点讯问属于变相体罚，刑诉法对讯问时间没有规定。（3）同步录音录像的时长不一致是存在的，时段上有重叠，但录音录像经省公安厅鉴定没有剪辑的痕迹，同步录像是重要证据但不是唯一证据。祁东县公安局作出情况说明：祁东县公安局侦查员刘某丁、邹某甲在局执法办案区讯问室讯问郭某甲，因视频系统出故障，导致拷贝视频不完整及时间错误，新楼搬迁，视频存根无法查找。

常宁市人民法院认为，被告人郭某甲审判前的三次供述取得的合法性存在以下疑问：（1）郭某甲三次有罪供述的顺序、口气、措辞及内容高度一致，改动很少，打印和手写笔录均存在此情形，且讯问人员与提解证办案人员不同；（2）第一次讯问为侦查员刘某丁、王某某，而祁东县公安局2015年3月9日的情况说明，证明第一次讯问侦查员为刘某丁、邹某甲；（3）郭某甲2014年4月16日入所健康检查为肢体活动正常，但同监犯邹某某证明郭某甲右手腕有点肿，带血丝破皮，郭某甲9月1日的右手腕照片有陈旧伤；（4）湖南省公安厅物证检验报告按检验要求作出鉴定意见为：2014年4月15日15：25：38至15：42：19未剪辑修改，而郭某甲在2014年4月15日的讯问时间是2014年4月15日15：20分至18：08分，非全程录音录像进行检验鉴定。公诉机关提供的证据并未排除上述疑问，证据不确实充分，依法认定郭某甲审判前的三次供述为非法证据，应予排除。❶

---

❶ 参见（2016）湘0482刑初字第283号刑事判决书。

【主要法律问题】

非法证据排除事关人权保障。近年来，有关刑事诉讼的法律法规以及司法解释在不断地细化、完善非法证据排除规则，但不可否认的是，非法证据排除规则在司法实践的应用中尚存在一些疑难问题，例如上述案例中所体现的：被告人申请非法证据排除的证明标准问题、检察院证明取证合法性的证明标准问题，以及对言辞证据的排除标准问题等。这些也是学术界一直关注讨论的热点问题。

【主要法律依据】

《中华人民共和国刑事诉讼法》（2018年10月26日修正）

第59条　在对证据收集的合法性进行法庭调查的过程中，人民检察院应当对证据收集的合法性加以证明。

现有证据材料不能证明证据收集的合法性的，人民检察院可以提请人民法院通知有关侦查人员或者其他人员出庭说明情况；人民法院可以通知有关侦查人员或者其他人员出庭说明情况。有关侦查人员或者其他人员也可以要求出庭说明情况。经人民法院通知，有关人员应当出庭。

《最高人民法院关于适用〈中华人民共和国刑事诉讼法〉的解释》（自2021年3月1日起施行）

第123条　采用下列非法方法收集的被告人供述，应当予以排除：

（一）采用殴打、违法使用戒具等暴力方法或者变相肉刑的恶劣手段，使被告人遭受难以忍受的痛苦而违背意愿作出的供述；

（二）采用以暴力或者严重损害本人及其近亲属合法权益等相威胁的方法，使被告人遭受难以忍受的痛苦而违背意愿作出的供述；

（三）采用非法拘禁等非法限制人身自由的方法收集的被告人供述。

第124条　采用刑讯逼供方法使被告人作出供述，之后被告人受该刑讯逼供行为影响而作出的与该供述相同的重复性供述，应当一并排除，但下列情形除外：

（一）调查、侦查期间，监察机关、侦查机关根据控告、举报或者自己发现等，确认或者不能排除以非法方法收集证据而更换调查、侦查人员，其他调查、侦查人员再次讯问时告知有关权利和认罪的法律后果，被告人自愿供述的；

（二）审查逮捕、审查起诉和审判期间，检察人员、审判人员讯问时告知诉讼权利和认罪的法律后果，被告人自愿供述的。

第125条　采用暴力、威胁以及非法限制人身自由等非法方法收集的证人证言、被害人陈述，应当予以排除。

第126条　收集物证、书证不符合法定程序，可能严重影响司法公正的，应当予以补正或者作出合理解释；不能补正或者作出合理解释的，对该证据应当予以排除。

认定"可能严重影响司法公正",应当综合考虑收集证据违反法定程序以及所造成后果的严重程度等情况。

第 127 条 当事人及其辩护人、诉讼代理人申请人民法院排除以非法方法收集的证据的,应当提供涉嫌非法取证的人员、时间、地点、方式、内容等相关线索或者材料。

第 137 条 法庭对证据收集的合法性进行调查后,确认或者不能排除存在刑事诉讼法第 56 条规定的以非法方法收集证据情形的,对有关证据应当排除。

【理论分析】

一方面,关于辩方申请排除非法证据的证明问题,并非只要被告方向法院提出排除非法证据申请,法庭就要启动证据收集合法性调查程序,我国刑事诉讼法的相关司法解释规定了被告人应提交涉嫌非法取证的相关线索或材料,其中"线索"可以是涉及被告人被刑讯逼供的时间、地点、侦查人员等基本情况的说明,"材料"一般可以是被告人被刑讯逼供后的伤痕、照片、医疗记录等,❶ 而不是泛泛辩称自己受到了刑讯逼供。然后,由法院对被告人的申请及其提供的相关线索或者材料进行审查。经审查认为,被告人提供的相关线索或者材料有据可查,进而对证据收集的合法性产生疑问的,应当进行调查;经审查认为,被告人提供的相关线索或者材料明显不成立,对证据收集的合法性没有疑问的,则应当驳回被告人的申请。例如,在上述案例中,第一次发回重审时,辩护人申请排除非法证据,声称被告人受到了刑讯逼供并造成骨折,但法院认为辩方未提供依据或证据证明被告人受到了刑讯逼供,所以对证据不予排除。我们认为,辩方申请排除非法证据,只要提交的初步线索或材料达到能使法官对证据收集的合法性产生疑问的标准即可,即只需承担争点形成责任,被告人不承担证明侦查人员刑讯逼供的证明责任,人民检察院应当对证据收集的合法性加以证明。

另一方面,关于人民检察院对于证据收集合法性的证明标准问题。我国刑事诉讼法以及其司法解释规定,"确认存在"和"不能排除存在"以非法方法收集证据的情形的,对于该证据应当予以排除,学理上称其为"二重性"标准。对此,理论界较为统一的观点是,此规定将证据合法性的证明标准等同于实体事实要达到"证据确实充分"的标准,但对此设置学术界仍有争议。有学者认为,证据收集合法性的证明属于程序性事实,为提高司法效率,节约司法资源,减轻检察机关的证明难度,应当适当降低公诉方的证明标准。我们认为,在以后的司法实践中,可以探索根据证据的不同种类来确立不同的证据收集合法性的证明标准。例如,对于实物证据,由于其客观性较强,排除后难以再次获取,并且收集实物证据的程序违法对于被告人权利的侵害相较于刑讯逼供要轻微一些,所以对于实物证据收集合法性的证明标准可以适当放宽。但是,对于言辞证据而言,由于其主观性很强,所以很容易在刑讯逼供下"屈打成招",刑讯逼供是对被告人基本人权的侵害,并且在目前的技术条件下,侦查机关有十

---

❶ 郎胜. 中华人民共和国刑事诉讼法释义 [M]. 北京:法律出版社,2012:122-123.

分便利的条件,可以通过播放录音录像、保留医疗检查记录等多种方法来证明取证的合法性,❶ 所以对于言辞证据的合法性必须坚持严格的证明标准。

在本案例中,两次发回重审的审理对于是否排除非法证据的结论完全不同,也反映了司法实践中在对证据收集合法性的证明过程中法官的心证和自由裁量标准不一,导致结论也存在偏差的问题。我国目前刑事诉讼法律法规对于"非法"证据虽然有明确清晰的界定,但是在实践中对证据"非法"的认定,仍是通过控辩双方的举证质证,法官根据控方对证据收集合法性证明程度,依据内心确信最终作出的主观判断,所以难以避免认定标准不一的问题。因此法官在适用非法证据排除规则时也应该客观、规范,恪守证据裁判原则,严格按照法律规定的证明标准认定证据,在行使自由裁量权时应尽量保持统一、谨慎,充分考虑立法精神与目的,在客观公正的基础上作出合理裁量。

【思考题】

(1) 被告人申请排除非法证据,应当提供相关线索或证据,如何理解被告人的提供证据责任?

(2) 被告人提供的相关线索或证据达到何种标准,法院才能启动证据收集合法性的调查程序?

(3) 对于被告人提出排除非法证据申请的情形,如何把握证据收集合法性的证明责任?

---

❶ 陈瑞华. 程序性裁判中的证据规则 [J]. 法学家, 2011, (3): 130-140, 179.

CHAPTER 6 第六章
强制措施

本章知识要点

（1）监检衔接中的先行拘留问题。监检衔接中的先行拘留程序的设定具有程序性转换的过渡价值，同时兼具权力制约、程序衔接合法化的法律效能，但其不是传统意义上的刑事强制措施。（2）取保候审期间逃匿人的自首情节认定问题。对于初次到案时为主动投案且如实供述自己犯罪行为的取保人，在逃匿后又主动归案的，构成自首。（3）监视居住的指定居所问题。指定居所的选择标准，应当具备居住生活条件、监控管理条件、办案安全条件，无论是临时选择的指定居所，还是建立集中统一的指定场所，都应当满足这三方面的要求。（4）逮捕证据条件的审查。在审查批准逮捕的程序中，对于证据要件的审查应当严格坚持非法证据排除规则对案件证据进行严格审查，对于确有必要采取逮捕措施的犯罪嫌疑人，决定批准逮捕。

第一节 监检衔接中的先行拘留问题

随着监察委员会的设立，监察机关也参与到刑事诉讼的流程之中。在2018年《刑事诉讼法》的修改中，增加了新的先行拘留的程序，即对于监察机关移送起诉的已采取留置措施的案件，由检察院对犯罪嫌疑人先行拘留。对于新增的先行拘留的程序设定，学者们对其性质和法律效力进行了广泛的讨论。

案例一 达某挪用公款罪一案[1]

【基本案情】

被告人达某，原系某村党支部书记、村委会主任兼原某村扶贫互助社副理事长。

---

[1] 参见（2021）甘3024刑初字第4号刑事判决书。

2015年12月9日，被告人达某在协助某站管理、经手扶贫互助资金期间，利用职务上的便利，假借村民名义，编造借款材料，从尕某等12户村民名下借贷互助社扶贫款22万元，其中21万元转账给索某，其余资金为个人使用。至2016年8月7日，达某将挪用的22万元扶贫互助资金以12户村民的名义陆续还回村扶贫互助社账户。此外，2015年1月19日，被告人达某利用担任村委会主任的职务便利，伙同他人将本村委会村民的集体财物10万元非法占为己有，案发后达某已将非法所得主动退赔。

2020年9月17日，因涉嫌挪用公款罪，达某被迭部县监察委员会依法留置调查，后移送至迭部县人民检察院审查起诉。

2020年12月14日，迭部县人民检察院对达某刑事拘留，同时解除其留置措施。

2020年12月22日，迭部县人民检察院决定对达某取保候审，并于2021年1月13日向迭部县人民法院提起公诉，指控被告人达某犯挪用公款罪、职务侵占罪。2021年1月18日迭部县人民法院对达某取保候审。

达某对于其犯罪事实供认不讳，自愿认罪认罚。迭部县人民法院经开庭审理后，决定采纳公诉机关的量刑建议，判决被告人达某犯挪用公款罪，判处有期徒刑一年；犯职务侵占罪，判处拘役四个月；决定执行有期徒刑一年，缓刑二年。

【主要法律问题】

根据我国现有的法律规定，对于被采取留置措施的犯罪嫌疑人，在移送起诉前一律先行拘留，由检察院决定是否对其采取相应的强制措施，该先行拘留程序的设置是否具备合理性？

【主要法律依据】

《中华人民共和国刑事诉讼法》（2018年10月26日修正）

第170条 人民检察院对于监察机关移送起诉的案件，依照本法和监察法的有关规定进行审查。人民检察院经审查，认为需要补充核实的，应当退回监察机关补充调查，必要时可以自行补充侦查。

对于监察机关移送起诉的已采取留置措施的案件，人民检察院应当对犯罪嫌疑人先行拘留，留置措施自动解除。人民检察院应当在拘留后的十日以内作出是否逮捕、取保候审或者监视居住的决定。在特殊情况下，决定的时间可以延长一日至四日。人民检察院决定采取强制措施的期间不计入审查起诉期限。

【理论分析】

自《中华人民共和国监察法》生效之后，监察机关成为有资格向人民检察院移送审查起诉的主体之一，监察机关所独有的留置权也给刑事诉讼程序带来了一个新难题，即如何处理留置措施与刑事强制措施的衔接问题。这一问题在2018年《刑事诉讼法》的修改中得到了解决，对于已被监察机关采取留置措施的犯罪嫌疑人，检察院应当对其先行拘留，与此同时留置措施自动解除。这一"先行拘留"与以往刑事诉讼中的对于严重违反取保候审、监视居住规定的犯罪嫌疑人先行拘留的情形有所不同，这是采取留置措施案件监检衔接的必经程序，检察院在先行拘留期间需作出是否逮捕、取保候审或者监视居住的决定。对于这一先行拘留规定的法律性质及法律效力，学界有不同的思考和看法：

（1）认为检察机关在审查起诉前对被留置犯罪嫌疑人的先行拘留与刑事诉讼程序中一般情况下的拘留有所差异，与"一般拘留权"相比属于"径行拘留权"，具有适用条件特殊性、适用阶段专门性、适用程序独立性的特点。❶（2）认为先行拘留是一种法定的临时性、过渡性强制措施，用于将犯罪嫌疑人从监察程序转入刑事诉讼程序，既不会占用留置期间，也不会影响审查起诉的期间。另外，在先行拘留的同时自动解除留置措施，避免了手续审批的流程，从而提高了诉讼效率。❷（3）认为是检察机关审查逮捕的替换程序，为案件从监察调查程序转入刑事审查起诉程序提供了前提条件。❸（4）认为起到与监察机关的调查程序相互制约的作用，经过先行拘留这一转入程序，将犯罪事实清楚、证据确实充分的案件转入审查起诉程序。❹（5）也有一些持批判态度的观点，有学者认为该先行拘留的规定混淆了拘留的概念和任务，与刑事诉讼法条文存在逻辑冲突，不利于人权保障；❺还有学者认为这一程序有浪费司法资源之嫌❻。

我们认为，监检衔接中的先行拘留程序的设定具有程序转换的过渡价值，同时兼具权力制约、程序衔接合法化的法律效能，但其不是传统意义上的刑事强制措施，主要理由如下。

首先，先行拘留程序衔接了监察机关的调查程序和检察院的审查起诉程序，具有程序转换的过渡价值。在监察机关调查期间，被采取留置措施的多为案情重大或有妨碍调查可能的案件，在监察机关移送检察院审查起诉之前，对犯罪嫌疑人先行拘留，避免了犯罪嫌疑人在程序空档期逃匿或干扰诉讼的风险，检察院在拘留期间审查决定是否对其进行逮捕、监视居住或取保候审，使案件由监察调查程序转入刑事诉讼程序。此外，检察院在先行拘留的同时自动解除留置措施并作出是否采取相应的刑事强制措施的决定，既不会占用调查留置的期间，也不会影响审查起诉的期间，使程序转换无缝衔接、平稳过渡。

---

❶ 薛向楠. 中国刑事拘留制度的发展轨迹与完善路径（1954—2018）[J]. 中国政法大学学报，2019（3）：170-182，209.

❷ 付威杰. 如何理解关于纪检监察机关对涉嫌职务犯罪案件移送审查起诉，移送后对审查调查部门的工作要求，以及审理工作完成后对其他问题线索处置的规定 [J]. 中国纪检监察，2019（5）：56-57.

❸ 卞建林. 配合与制约：监察调查与刑事诉讼的衔接 [J]. 法商研究，2019，36（1）：15-22.

❹ 顾永忠. 公职人员职务犯罪追诉程序的重大变革、创新与完善——以《监察法》和《刑事诉讼法》的有关规定为背景 [J]. 法治研究，2019（1）：17-25.

❺ 孟祥金. 监察留置与刑事强制措施的衔接与完善——兼评新《刑事诉讼法》第一百七十条 [J]. 重庆理工大学学报（社会科学），2020，34（9）：123-132.

❻ 左卫民. 一种新程序：审思检监衔接中的强制措施决定机制 [J]. 当代法学，2019，33（3）：59-65.

其次，先行拘留程序有利于对监察机关的权力制约，也使案件程序转变合法化。由于监察机关调查案件的特殊性质，被调查人被留置调查期间的人身自由受到了很大的限制，且无法委托律师。先行拘留程序则有益于检察院对监察权的监督制约。通过审查证据及案情，作出是否需要采取刑事强制措施的决定，对于没有达到逮捕条件的犯罪嫌疑人及时决定监视居住或取保候审，以保障犯罪嫌疑人的权利，对监察机关进行监督制约。此外，在刑事诉讼法中规定先行拘留的程序，使得监察调查程序转变至刑事诉讼程序有据可循，保障了转换程序的合法性。

另外，此先行拘留程序不同于传统意义上的刑事强制措施。在刑事诉讼法的范畴内，适用刑事强制措施的目的是保障刑事诉讼的顺利进行，避免犯罪嫌疑人对诉讼程序的干扰。而适用先行拘留程序的目的是解决留置措施与刑事强制措施的衔接问题，保障案件程序转换顺利。

对于前述部分学者所持的批判观点，我们认为监检衔接中的先行拘留目前属于一个过渡性的转换程序，对于监察程序衔接问题的解决具有重要意义。检察院在该期间审查案情及证据，作出是否采取相应刑事强制措施的决定，这一程序保证了调查留置期间和审查起诉期间的完整性，更有益于监察机关和检察院充分有效地行使职权，查明案件事实情况，保障被调查人、犯罪嫌疑人的合法权益。

不可否认的是，我国监检衔接中先行拘留的相关规定，还有待于完善之处，例如，国家赔偿的范围暂时没有包含先行拘留的阶段，缺少对于一些生活不能自理、怀孕、哺乳期等不宜适用拘留措施的特殊被调查人、犯罪嫌疑人的相关规定。

参考本案例，犯罪嫌疑人达某在被检察院先行拘留后，考虑到其案件情节较为轻微，且有认罪认罚、退回赃款等情节，检察院和法院都决定对其取保候审。针对此种案件情节轻微、被调查人配合案件调查的情况，监察机关可以在移送检察院审查起诉之时提交相应的情况说明或程序适用建议书，对于此类有可能不适用逮捕措施的犯罪嫌疑人，向检察院建议对其先行监视居住，检察院在一定期限内再根据案情和证据决定采取何种强制措施。此种可由监察机关根据调查情况分类建议，采取先行拘留或先行监视居住的措施，使过渡程序与案情具有相当性，更有利于保障被调查人、犯罪嫌疑人的人身权利。对于监检衔接程序的完善，仍需在理论与实践中不断探索。

【思考题】

（1）先行拘留期间犯罪嫌疑人能否委托辩护律师？如果可以委托辩护律师，其能否在先行拘留期间会见犯罪嫌疑人、提出法律建议？

（2）先行拘留的期间是否可以折抵刑期？

第二节　取保候审期间逃匿人的自首情节认定问题

对于每一位被取保候审的犯罪嫌疑人、被告人，在取保候审期间都应当遵守相关的规定，以保证被取保候审的人不离开所居住的市县，在传讯的时候可以及时到案。但在司法实践中难免会出现被取保候审的人违反规定逃匿躲避的情况，那么在其逃跑后又主动归案的情形能否构成自首情节，在理论和实践中存在一些争议。

案例二　付某等拐卖儿童一案[1]

【基本案情】

2006年春天，郭某红告诉被告人付某，其怀有身孕，但因其自身疾病无法抚养孩子，希望付某在孩子出生后帮忙联系买主将孩子卖掉。经被告人付某、刘某、姜某（已中止审理）、柏某、赵某介绍，2006年秋天，赵某1以3万元的价格将郭某红所生男婴收买，后将该男婴交给其子赵某2抚养。被告人刘某、柏某、赵某各自获得好处费1000元。2012年3月13日，被告人付某在其家属的规劝下到济阳县公安局投案，并如实供述其犯罪事实。付某在被取保候审期间逃跑，后又在家属规劝下投案。

山东省济阳县（现为济阳区）人民检察院指控被告人付某等人犯拐卖儿童罪，提请法院依法判处。

因被告人付某在犯罪过程中起主要作用，系该案件的主犯，且付某有犯罪前科，考虑到其主动投案，并如实供述其犯罪事实，系自首，对其减轻处罚；被告人刘某、柏某、赵某系从犯，对三被告人均减轻处罚。山东省济阳县人民法院以拐卖儿童罪，判处被告人付某有期徒刑三年，缓刑五年，并处罚金1万元；判处被告人刘某、柏某、赵某各有期徒刑三年，缓刑三年，并处罚金1万元。

一审宣判后，四被告人均没有上诉。公诉机关以原判认定付某自首不当提出抗诉，认为对付某量刑畸轻，不应适用缓刑。

山东省济南市中级人民法院经审判认为：被告人付某因涉嫌拐卖儿童犯罪被取保候审后逃跑，后又在家属规劝下投案，并如实供述犯罪事实，符合自首的构成要件。原审判决鉴于付某有自首情节，依法对其减轻处罚并适用缓刑并无不当。抗诉机关以付某系主犯且有前科，认为原判对付某量刑畸轻，不应适用缓刑的意见，不予采纳。原判认定事实清楚，证据确实、充分，定罪准确，量刑适当，审判程序合法，裁定驳回抗诉，维持原判。

---

[1] 参见（2012）济刑一终字第95号刑事判决书。

【主要法律问题】

付某首次归案时是自动投案，且如实供述犯罪事实，符合自首的认定条件。然而付某在取保候审期间违反规定逃匿，最终再次在亲友劝说下主动投案。对于两次主动投案、一次违规逃匿的付某，其能否构成自首？

【主要法律依据】

《中华人民共和国刑事诉讼法》（2018年10月26日修正）

第71条　被取保候审的犯罪嫌疑人、被告人应当遵守以下规定：

（一）未经执行机关批准不得离开所居住的市、县；

（二）住址、工作单位和联系方式发生变动的，在二十四小时以内向执行机关报告；

（三）在传讯的时候及时到案；

（四）不得以任何形式干扰证人作证；

（五）不得毁灭、伪造证据或者串供。

人民法院、人民检察院和公安机关可以根据案件情况，责令被取保候审的犯罪嫌疑人、被告人遵守以下一项或者多项规定：

（一）不得进入特定的场所；

（二）不得与特定的人员会见或者通信；

（三）不得从事特定的活动；

（四）将护照等出入境证件、驾驶证件交执行机关保存。

被取保候审的犯罪嫌疑人、被告人违反前两款规定，已交纳保证金的，没收部分或者全部保证金，并且区别情形，责令犯罪嫌疑人、被告人具结悔过，重新交纳保证金、提出保证人，或者监视居住、予以逮捕。

对违反取保候审规定，需要予以逮捕的，可以对犯罪嫌疑人、被告人先行拘留。

《中华人民共和国刑法》（2020年12月26日修正）

第67条　犯罪以后自动投案，如实供述自己的罪行的，是自首。对于自首的犯罪分子，可以从轻或者减轻处罚。其中，犯罪较轻的，可以免除处罚。

被采取强制措施的犯罪嫌疑人、被告人和正在服刑的罪犯，如实供述司法机关还未掌握的本人其他罪行的，以自首论。

犯罪嫌疑人虽不具有前两款规定的自首情节，但是如实供述自己罪行的，可以从轻处罚；因其如实供述自己罪行，避免特别严重后果发生的，可以减轻处罚。

【理论分析】

根据我国法律规定，犯罪以后自动投案且如实供述自己的罪行的，可以认定为自首。在实践中有犯罪嫌疑人在取保候审期间逃匿，后又主动归案的，对于此种情况是否符合自首的认定情节，学术界有不同的观点。（1）认为不构成自首。该观点认为，被取保候审的犯罪嫌疑人是已被侦查机关查悉案件情节且已被公安机关抓获的，此时已经不存在"犯罪后归案前"这一时间条件。出逃行为违反了取保候审的规定，在逃匿后自动归案也只是对于违反规定行为的补救措施，不能构成自首。如果认定此种逃逸后又自动归案的行为是自首，在量刑时可以对其从轻或减轻处罚，这与遵守取保候审规定正常量刑的情况相矛盾，还有可能导致被取保人故意制造逃匿后再归案的情节，以获取量刑上的从轻或减轻，产生不公平的司法结果。（2）认为构成自首。该观点认为从自首制度的历史起源与演变过程看，设立自首制度的价值目标是鼓励犯罪人主动到案，配合审判，真诚悔过，且对于自首的认定标准是一个逐渐放宽的过程。如果认定取保人逃匿后归案不构成自首，相当于不给其悔过的机会，不利于诉讼程序的进行。被取保人逃匿后，司法机关对其丧失了约束力，相当于未采取强制措施，因此再自动投案符合"被采取强制措施之前"的条件，可以构成自首。（3）认为有条件的构成自首。[1]该观点认为应当全面把握和评价犯罪嫌疑人的归案行为，不能片面的以某一阶段的行为评价最终结果。对于最终以自动投案的方式归案的犯罪嫌疑人，应当根据其最初的归案方式分别评价是否构成自首。对于初次归案时被侦查机关抓获而被动到案的，不应当认定为自首；对于初次归案时自动投案的，在取保期候审间逃匿后又主动归案的，应当视为是其主观的波动、反复，仍然可以认定构成自首。

我们认为，初次到案时为主动投案且如实供述自己犯罪行为的被取保人，在逃匿后又主动归案的，构成自首。首先，初次与最终归案的方式为自动投案的，属于自首的认定条件中"自动投案"的范围。我国认定自首的构成要件为自动投案且如实供述自己的罪行，即归案方式上应当是基于犯罪嫌疑人内心的主动性，且自动投案的时间条件为"未被司法机关发觉，或者虽被发觉，但犯罪嫌疑人尚未受到讯问、未被采取强制措施时"，由于被取保人在初次归案时已经符合自动投案的认定条件，即使在取保期间有逃匿行为，该行为仅仅是在被采取强制措施时违反取保候审相关规定的行为，是因为被取保人内心的波动与反复导致的暂时性违规行为，对此应予理解，其再次自动投案的行为是其对自身违规行为的主动修正，短暂性的逃匿行为不影响其自动投案的成立。其次，该认定结果符合自首制度的立法原意。我国自首制度的设立，是为了鼓励犯罪嫌疑人主动配合审判，真诚反省悔过，以降低社会危险性。与此有相同立意的规定还有"犯罪嫌疑人自动投案并如实供述自己的罪行后又翻供的，不能认定为自首；但在一审判决前又能如实供述的，应当认定为自首"。此外，在最终审判时，应当考虑到犯罪嫌疑人曾经违规逃匿的情节，在量刑上与正常自首情节有所区别，以此实现真正的司法公正。

---

[1] 潘庸鲁. 取保候审期间逃逸又自动投案的行为认定问题研究——以自首构成要件中的"自动投案"为视角 [J]. 法律适用, 2015 (3)：73-76.

对于认为被取保人逃匿后由于侦查机关对其丧失约束力而认为相当于未被采取强制措施的观点，显然是不正确的。取保候审本身属于刑事强制措施，被取保人逃匿属于违反取保候审规定的行为，其取保候审的强制措施并未解除，并没有产生新的"尚未采取强制措施"的时间条件。

在本案例中，付某最终被认为构成自首情节的原因是，其初次到案是在亲友劝说下，主动到济阳县公安局投案，并如实供述其犯罪事实。法院认为其取保候审期间的逃匿行为已经被主动纠正，不影响付某自首情节的成立，并非因其第二次以自动投案的方式归案。我国对于有自首情节的犯罪嫌疑人，在量刑时可以从轻或减轻处罚。对于付某这种在自首情节中有"瑕疵"的情况，法院在量刑时应当考虑到这一点，具体把握从轻或减轻的程度。

【思考题】

近些年我国刑事犯罪中轻刑犯罪的比例增加，是否应当适当扩大取保候审的适用范围？

第三节 监视居住的指定居所问题

在监视居住这一强制措施的适用过程中，部分特殊的被监视居住人需要在指定居所内完成强制措施的执行，而对于选择指定居所的标准、条件，在理论和实践中有很大的争议。为了使这一强制措施更好地适用，明确指定居所的选择标准十分有必要。

案例三 龙某故意伤害罪一案[1]

【基本案情】

2014年1月28日8时许，被告人龙某在乐清市某出租房内与其母亲徐某发生争执，龙某持水果刀欲伤害徐某，其父亲龙某1见此情况上前制止，争执期间龙某持水果刀捅刺龙某1腹部两刀，致其受伤。经鉴定，龙某1的伤势程度为重伤二级。龙某在案发时处于精神分裂症发病期（残留期），为限制刑事责任能力人。龙某于同年2月14日被乐清市公安局采取监视居住措施，监视居住的地点为其住处。同日，龙某被公安机关送至乐清市凤凰医院（精神疾病医院）接受治疗。

乐清市人民法院认为，被告人龙某持刀故意伤害他人身体，导致一人重伤，其行为已构成故意伤害罪，并判处龙某有期徒刑二年二个月。鉴于龙某在监视居住当日即

---

[1] 参见（2014）浙温刑终字第1135号刑事判决书。

由公安人员送至乐清市凤凰医院住院治疗，该医院可视为指定居所，故龙某住院治疗期间应予以折抵刑期。

一审宣判后，乐清市人民检察院提出抗诉，认为龙某在医院住院治疗期间不具备适用指定居所执行监视居住的条件，不应认定龙某的住院治疗期间是在指定居所执行监视居住，其治疗期间不应折抵刑期。

温州市中级人民法院认为，案发后，事实上龙某已无固定住处，龙某具有在指定居所执行监视居住的条件。龙某在乐清市凤凰医院治疗期间有专人监管，其出入、与外界联系的自由等人身自由均受到严格限制。在强制医疗期间，精神病医院可认定为指定居所，故龙某在乐清市凤凰医院执行监视居住期间应予折抵刑期。原判决认定龙某在指定居所执行监视居住，对监视居住期限予以折抵刑期并无不当，且原判定罪准确，量刑适当，审判程序合法。据此，依照《中华人民共和国刑法》和《中华人民共和国刑事诉讼法》的相关规定，裁定驳回抗诉，维持原判。

【主要法律问题】

本案中龙某在被监视居住之时已经没有固定居所，符合适用在指定居所监视居住的条件，由于强制医疗的特殊性，其住院治疗期间人身自由受到严格限制，该处所是否符合指定居所的条件？

【主要法律依据】

《中华人民共和国刑事诉讼法》（2018年10月26日修正）

第75条　监视居住应当在犯罪嫌疑人、被告人的住处执行；无固定住处的，可以在指定的居所执行。对于涉嫌危害国家安全犯罪、恐怖活动犯罪，在住处执行可能有碍侦查的，经上一级公安机关批准，也可以在指定的居所执行。但是，不得在羁押场所、专门的办案场所执行。

指定居所监视居住的，除无法通知的以外，应当在执行监视居住后二十四小时以内，通知被监视居住人的家属。

被监视居住的犯罪嫌疑人、被告人委托辩护人，适用本法第34条的规定。

人民检察院对指定居所监视居住的决定和执行是否合法实行监督。

第76条　指定居所监视居住的期限应当折抵刑期。被判处管制的，监视居住一日折抵刑期一日；被判处拘役、有期徒刑的，监视居住二日折抵刑期一日。

【理论分析】

监视居住作为逮捕的替代性措施，其设立的目的是减少刑事诉讼中对于犯罪嫌疑人的羁押。对于没有固定居所的犯罪嫌疑人，可以在指定居所执行监视居住，在实践中对于指定居所的选择标准并没有统一规范，这就容易导致在执行的过程中对于指定居所的场地选用适用标准参差不齐。指定居所是否合规直接影响了监视居住能否执行，对于这一问题，学术界有不同的观点：（1）认为指定居所应满足适宜居住、便于监管、保障安全的条件。❶ 该观点赞成对指定居所集中化设置，在地市一级建立统一的"指定居所"便于管理，并且认为应尽快出台相关司法解释以完善对于指定居所的统一标准。还建议有关部门建立一个指定居所的"样板间"，为公安机关统一参考。（2）认为应当灵活处理符合指定居所条件的案件，例如对于父母、子女有可居住处所的，不应认定其无固定居所。❷ 该观点建议由省级司法机关统一标准，建立专门的执行监视居住的"指定居所"，该集中处所供各个办案机关使用，并引入派驻监察，由国家统一划拨经费设立专门机构进行管理。（3）认为适用监视居住的指定居所应当满足办案需求和生活需求，不得将指定居所设置在专门办案、办公场所或羁押场所，建议建立固定统一的场所以避免执行中标准不统一的混乱现象。❸ 该观点强调在指定居所的选择方面，要保障被监视居住人的日常生活，应当具备生活居住的条件，同时也应避免出现名为"法制学校"的变相羁押场所。

我们认为，对于指定居所的选择标准，应当具备居住生活条件、监控管理条件、办案安全条件，无论是临时选择的指定居所，还是建立集中统一的指定场所，都应当满足这三方面的要求。这三方面的要求也在最高人民检察院发布的相关适用规定中有所体现，❹ 该标准符合监视居住作为羁押替代性措施的价值目的。首先，指定居所要具有基本的生活居住条件，这是执行监视居住的基本要求。在实践中，有部分执行机关将办公室、村委会、车库等场所作为指定居所，这些不具有生活居住功能的场所无法保障被监视居住人的正常生活，不符合监视居住的非羁押性的价值目的。其次，指定居所要具有被监控、监管的条件，这是执行监视居住的必要条件。相比于逮捕，监视居住对犯罪嫌疑人人身自由的限制程度较轻，但强于取保候审。犯罪嫌疑人在监视居住期间应当遵守不得私自通信、出行、干扰办案等相关规定，执行机关可以采取电子监控、通信监控、不定期检查等方式进行监管。因此，指定居所必须满足执行机关的监控需要，例如可以安装电子监控、可以随时检查被监视居住人出行和会见记录等。再次，为了保障各机关办案的顺利进行，指定居所处应当具有保障办案安全的条件，这是执行监视居住的重要保障。既要保障办案机关的正常办案，也要避免由于疏忽导致被监视居住人自伤、自残、逃跑的情况发生。例如要完善居所内门窗的密封措施，移除居所内的锋利、尖锐的设施，对于高层的居所要增设防盗窗等。以上三方面是对于指定居所的基本要求，也是对于执行监视居住的住所的基本要求，由此可见，选择一个符合标准的居所是监视居住顺利执行的前提。

---

❶ 张忠柱. 论指定居所监视居住的执行 [J]. 山东警察学院学报, 2017, 29 (6)：78-84.
❷ 汪伟忠, 刘军兰. 指定居所监视居住执行监督难题与对策 [J]. 人民检察, 2016 (24)：31-34.
❸ 谢小剑, 朱春吉. 公安机关适用指定居所监视居住的实证研究——以5955个大数据样本为对象 [J]. 中国法律评论, 2019 (6)：74-87.
❹ 参见《人民检察院对指定居所监视居住实行监督的规定》第4条：指定的居所应当具备正常的生活、休息条件，与审讯场所分离；安装监控设备，便于监视、管理；具有安全防范措施，保证办案安全。

对于有观点建议将固定居所的范围扩大,对于犯罪嫌疑人父母子女有房产的,也可以认定为有固定居所,这一建议值得商榷。现实中有些案件就发生在犯罪嫌疑人及其亲属之间,正如本案例中龙某与其父母发生矛盾,造成父亲受伤的情况,显然不能因其父母子女有房产而认定犯罪嫌疑人本人有固定居所。对于父母子女关系紧张或离异后子女未一起生活的情况,也不适宜认定其有固定居所。

本案中检察院抗诉的原因在于,其认为被告人龙某在医院住院治疗期间,不符合在指定居所执行监视居住的情况,因此不应将该期间折抵刑期。根据二审法院的意见,龙某在强制医疗期间,其住院环境具备正常的生活起居条件,且进出都受到严格的限制,也无法私自与外界进行联系,其住院的场所具备指定居所的条件,因此应当认定其住院期间属于执行监视居住,不能因其是否在医院接受治疗而判断能否执行监视居住措施。

【思考题】

(1) 分散型监视居住和集中型监视居住各有利弊,是否有必要建立集中场所代替分散型指定居所来执行监视居住?

(2) 怎样避免将指定居所监视居住沦为变相羁押?

第四节 逮捕证据条件的审查

纵观我国刑事司法改革的历程,对于是否对犯罪嫌疑人适用逮捕的问题,我国在数次法律修改时试图不断完善细化审查批准逮捕的要件,减少不必要的逮捕措施的适用,以降低我国刑事诉讼中的逮捕批准率。至今,对于案件证据的审查及对非法证据的排除仍然是审查批准逮捕阶段的重要审查内容。

案例四 王某不批准逮捕案[1]

【基本案情】

王某,男,1968年3月生,河北省顺平县人。

2014年2月18日22时许,王某向顺平县公安局报案称:当日22时许,其在回家路上发现一名男子躺在地上,旁边有血迹。次日,顺平县公安局对此案立案侦查。经排查,顺平县公安局认为报案人王某有重大嫌疑,遂于2014年3月8日以涉嫌故意杀人罪对王某予以刑事拘留。

---

[1] 参见最高人民检察院指导案例第27号案例。

2014年3月15日，顺平县公安局提请顺平县人民检察院批准逮捕王某。顺平县人民检察院办案人员在审查案件时，发现该案事实证据存在许多疑点和矛盾。在提讯过程中，王某推翻了在公安局所作的全部有罪供述，称有罪供述系被公安机关对其采取非法取证手段后作出。顺平县人民检察院认为，该案事实不清，证据不足，不符合批准逮捕条件。鉴于案情重大，顺平县人民检察院向保定市人民检察院进行了汇报。保定市人民检察院同意顺平县人民检察院的意见。

2014年3月22日，顺平县人民检察院对王某作出不批准逮捕决定。后公安机关依法解除对王某的强制措施，予以释放。

顺平县人民检察院对此案进行跟踪监督，依法引导公安机关调查取证并抓获犯罪嫌疑人王某2。2014年7月14日，顺平县人民检察院以涉嫌故意杀人罪对王某2批准逮捕。2015年1月17日，保定市中级人民法院以故意杀人罪判处被告人王某2死刑，缓期二年执行，剥夺政治权利终身。被告人王某2未上诉，一审判决生效。

【主要法律问题】

在审查批准逮捕时，应当如何把握逮捕的证据条件。

【主要法律依据】

《中华人民共和国刑事诉讼法》（2018年10月26日修正）

第56条 采用刑讯逼供等非法方法收集的犯罪嫌疑人、被告人供述和采用暴力、威胁等非法方法收集的证人证言、被害人陈述，应当予以排除。收集物证、书证不符合法定程序，可能严重影响司法公正的，应当予以补正或者作出合理解释；不能补正或者作出合理解释的，对该证据应当予以排除。

在侦查、审查起诉、审判时发现有应当排除的证据的，应当依法予以排除，不得作为起诉意见、起诉决定和判决的依据。

第81条 对有证据证明有犯罪事实，可能判处徒刑以上刑罚的犯罪嫌疑人、被告人，采取取保候审尚不足以防止发生下列社会危险性的，应当予以逮捕：

（一）可能实施新的犯罪的；

（二）有危害国家安全、公共安全或者社会秩序的现实危险的；

（三）可能毁灭、伪造证据，干扰证人作证或者串供的；

（四）可能对被害人、举报人、控告人实施打击报复的；

（五）企图自杀或者逃跑的。

批准或者决定逮捕，应当将犯罪嫌疑人、被告人涉嫌犯罪的性质、情节、认罪认罚等情况，作为是否可能发生社会危险性的考虑因素。

对有证据证明有犯罪事实，可能判处十年有期徒刑以上刑罚的，或者有证据证明有犯罪事实，可能判处徒刑以上刑罚，曾经故意犯罪或者身份不明的，应当予以逮捕。

被取保候审、监视居住的犯罪嫌疑人、被告人违反取保候审、监视居住的规定，情节严重的，可以予以逮捕。

第 90 条　人民检察院对于公安机关提请批准逮捕的案件进行审查后，应当根据情况分别作出批准逮捕或者不批准逮捕的决定。对于批准逮捕的决定，公安机关应当立即执行，并且将执行情况及时通知人民检察院。对于不批准逮捕的，人民检察院应当说明理由，需要补充侦查的，应当同时通知公安机关。

【理论分析】

逮捕的条件问题一直是司法改革和法律修改中不可忽视的一个重要问题，从 1979 年《刑事诉讼法》第 40 条规定的适用逮捕的三要件（证据要件、刑罚要件和社会危险性要件）❶，到 1996 年将"犯罪事实已经查清"改为"有证据证明有犯罪事实"❷，到 2012 年对社会危险性条件进行细化规定❸，再到 2018 年对于审查社会危险性条件的补充和完善❹，都在不断地限制和明确批准逮捕的审查条件。自始至终，在审查批准逮捕的程序中，证据要件都有着至关重要的地位。在我国"捕诉一体"的诉讼结构中，如何更好地完善审查逮捕的证据要件以规范逮捕措施的适用，值得进一步讨论。

对于审查逮捕的证据条件，应当严格坚持非法证据排除规则，对案件证据进行严格审查，对于确有必要采取逮捕措施的犯罪嫌疑人，决定批准逮捕。

首先，对于证据要件来说，需要达到有证据证明有犯罪事实的标准，这一标准无须等同于刑事审判阶段的定罪标准，只需要案件已有的合法证据，足以使审查逮捕人员相信犯罪嫌疑人实施了犯罪行为即可。在审查批准逮捕的阶段，案件的证据还没有完全确定下来，至正式审查起诉时往往会增加若干新证据，只要现有证据可以简单形成证明犯罪嫌疑人实施了犯罪的证据链，即可认为达到批捕标准。

其次，在审查证据条件时需要严格坚持非法证据排除规则。在审查案件证据是否达到"有证据证明有犯罪事实"的程度时，必须依据合法的证据。对于以非法方式取得的证据，例如通过刑讯逼供或是以其他非法方式获取的证据，应当在审查逮捕时及时排除，这样既可以保障犯罪嫌疑人的合法权益，也有益于后续案件起诉、审判的顺利进行。

---

❶ 参见《中华人民共和国刑事诉讼法》（1979 年）第 40 条："对主要犯罪事实已经查清，可能判处徒刑以上刑罚的人犯，采取取保候审、监视居住等方法，尚不足以防止发生社会危险性，而有逮捕必要的，应即依法逮捕。"

❷ 参见《中华人民共和国刑事诉讼法》（1996 年）第 60 条："对有证据证明有犯罪事实，可能判处徒刑以上刑罚的犯罪嫌疑人、被告人，采取取保候审、监视居住等方法，尚不足以防止发生社会危险性，而有逮捕必要的，应即依法逮捕。"

❸ 参见《中华人民共和国刑事诉讼法》（2012 年）第 79 条："对有证据证明有犯罪事实，可能判处徒刑以上刑罚的犯罪嫌疑人、被告人，采取取保候审尚不足以防止发生下列社会危险性的，应当予以逮捕：（一）可能实施新的犯罪的；（二）有危害国家安全、公共安全或者社会秩序的现实危险的；（三）可能毁灭、伪造证据，干扰证人作证或者串供的；（四）可能对被害人、举报人、控告人实施打击报复的；（五）企图自杀或者逃跑的。"

❹ 参见《中华人民共和国刑事诉讼法》（2018 年）第 80 条："批准或者决定逮捕，应当将犯罪嫌疑人、被告人涉嫌犯罪的性质、情节，认罪认罚等情况，作为是否可能发生社会危险性的考虑因素。"

此外，在审查证据要件时应严格把握作出批准逮捕决定的条件。对于案件事实的认定严格围绕客观证据进行；对于存在相互矛盾的但又无法排除的证据应当高度重视；对于在结合对比全案证据后仍不能排除合理怀疑的情况，应谨慎判断犯罪嫌疑人与犯罪事实的具体情况；对于不能证明犯罪嫌疑人实施了犯罪行为的，应当依法作出不批准逮捕的决定。

本案中顺平县人民检察院决定不批准逮捕王某，是因为在审查逮捕过程中，王某一案的侦查机关所提供的证据缺少能证明犯罪事实的关键证据，且存在矛盾，并且存在非法取证的情形，在排除非法证据后，现有证据无法证明王某的犯罪事实，不满足批准逮捕的证据要件。检察院通过对案情事实证据的梳理，对于侦查机关非法取证且申请逮捕的行为不予认可，且引导其合法办案，最终查出真凶。可见，审查逮捕的意义不仅仅是能够保障犯罪嫌疑人的人身权利，同时还具有促进司法公正的作用。

【思考题】

（1）如何正确理解"有证据证明有犯罪事实"这一逮捕条件？

（2）将赔偿谅解情况作为审查逮捕的因素是否合理？这一因素对于因经济困难无法通过赔偿取得谅解的犯罪嫌疑人是否公平？

CHAPTER 7 第七章

刑事附带民事诉讼

本章知识要点

（1）刑事附带民事诉讼中的精神损失赔偿问题。刑事附带民事诉讼中的精神损失赔偿问题一直是公众关注的热点问题，支持精神损失赔偿请求可以更好地保障被害人的合法权益。（2）知识产权刑事案件中能否提起附带民事诉讼问题。随着国家对知识产权的重视程度不断提高，刑事案件中的知识产权保护成为新兴问题，如何依法对其进行保护值得探讨。（3）刑事附带民事诉讼中的死亡赔偿金、残疾赔偿金问题。刑事附带民事诉讼中提起的损害赔偿主要针对物质损失，明确死亡赔偿金、残疾赔偿金是否属于物质损失范畴至关重要。

第一节 刑事附带民事诉讼中的精神损失赔偿问题

在刑事案件中，侵害人对被害人的人身权利造成非法侵害，致使被害人的人格权益等受到损失或精神遭受极大痛苦，被害人有权以此要求侵害人赔偿损失。我国《刑事诉讼法》对被害人能否提出精神损失赔偿请求未予明确规定，自2021年起施行的《最高人民法院关于适用〈中华人民共和国刑事诉讼法〉的解释》（以下简称《刑诉司法解释》）第175条第2款规定："因受到犯罪侵犯，提起附带民事诉讼或者单独提起民事诉讼要求赔偿精神损失的，人民法院一般不予受理。"该司法解释增加"一般"二字，被认为是最高人民法院在刑事附带民事诉讼精神损失赔偿问题上"开了半扇窗"。

案例一 牛某某侵害少女案[1]

【基本案情】

被告人牛某某明知被害人小红（化名）系智障少女，2020年，其趁小红到其住处

---

[1] 王春霞. 未成年遭性侵 首次获赔精神抚慰金 [N]. 中国妇女报，2021.

玩耍之机，采用锁门、脱衣、按压双手等方式，多次对小红实施强奸。当时，被告人希望被害人先出具谅解书再赔偿被害人损失，以期获得从轻处理。被害人父母不同意谅解，要求严惩，同时有强烈要求赔偿的意愿。2021年3月1日，小红的父亲代小红向上海市静安区人民法院提起刑事附带民事诉讼，请求法院判处被告人牛某某赔偿被害人精神损失5万元，且向宝山区人民检察院申请支持起诉，宝山区人民检察院受理了该申请，并向静安区人民法院送达支持起诉文书。2021年3月10日，静安区人民法院作出一审判决，该法院根据被告人犯罪行为的严重程度以及对被害人造成的影响等因素，对民事部分判决被告人牛某某自判决生效之日起三十日内一次性赔偿小红精神抚慰金5万元。牛某某认为量刑过重，提出上诉。二审法院作出驳回上诉，维持原判的裁定。

【主要法律问题】

关于刑事附带民事诉讼中精神损失是否应该赔偿的问题学术界存在不同的观点。本案中，《刑诉司法解释》第175条第2款为保障小红的合法权益提供了法律依据。该案例作为未成年人刑事附带民事案件中可以请求精神损失赔偿的先例，其是否可以扩展适用到其他刑事附带民事案件中，值得进一步探讨。

【主要法律依据】

《中华人民共和国刑事诉讼法》（2018年10月26日修正）

第101条　被害人由于被告人的犯罪行为而遭受物质损失的，在刑事诉讼过程中，有权提起附带民事诉讼。被害人死亡或者丧失行为能力的，被害人的法定代理人、近亲属有权提起附带民事诉讼。

如果是国家财产、集体财产遭受损失的，人民检察院在提起公诉的时候，可以提起附带民事诉讼。

第103条　人民法院审理附带民事诉讼案件，可以进行调解，或者根据物质损失情况作出判决、裁定。

《中华人民共和国刑法》（2020年12月26日修正）

第36条　由于犯罪行为而使被害人遭受经济损失的，对犯罪分子除依法给予刑事处罚外，并应根据情况判处赔偿经济损失。

承担民事赔偿责任的犯罪分子，同时被判处罚金，其财产不足以全部支付的，或者被判处没收财产的，应当先承担对被害人的民事赔偿责任。

《最高人民法院关于适用〈中华人民共和国刑事诉讼法〉的解释》（自2021年3月1日起施行）

第175条　被害人因人身权利受到犯罪侵犯或者财物被犯罪分子毁坏而遭受物质

损失的，有权在刑事诉讼过程中提起附带民事诉讼；被害人死亡或者丧失行为能力的，其法定代理人、近亲属有权提起附带民事诉讼。

因受到犯罪侵犯，提起附带民事诉讼或者单独提起民事诉讼要求赔偿精神损失的，人民法院一般不予受理。

【理论分析】

学术界对于刑事附带民事案件中精神损失赔偿问题长期存在不同观点，主要分为否定说和肯定说。

否定说认为：（1）被害人主张精神损失赔偿没有明确的法律依据。我国刑事诉讼法规定，对于刑事附带民事诉讼中的精神损失赔偿，人民法院不予受理，反之，则违反法律规定。但是，根据《刑诉司法解释》的规定，人民法院可以酌情受理精神损失赔偿案件。（2）刑罚的安抚功能足以使被害人在心理上得到抚慰，故没有提起精神损失的必要。国家追诉主义主张，应由国家代替个人对违法犯罪事实进行惩罚，因为违法犯罪活动不仅侵犯了公民个人的权利，而且破坏了社会和谐、国家稳定等，侵犯了整体利益。对于侵害人来说，国家机器的力量远超过个人，由国家机器对个人进行惩罚足以弥补被害人遭受的损失。对被害人来说，侵害人受到惩罚，被害人已经得到了安慰，没有必要再对其予以精神损失赔偿。如果被害人仍然可以就犯罪行为要求精神损失赔偿，那么侵害人就因同一犯罪行为承担了双重责任。（3）精神损失是一种无形的损失，难以确定，在司法实践中难以操作，因此不如不认可。精神损失相对于物质损失来说更加难以把握，法官如何认定是个难题。而且不同的人对于精神损失有不同的认识，认定标准难以统一，容易造成同案不同判的结果。（4）从执行的角度来看，被害人的物质损失赔偿请求尚且难以执行，何谈精神损失赔偿。目前，受我国经济发展水平影响，许多案件的物质损失当事人尚无法获得赔偿，枉谈对其进行精神损失赔偿。且在实务中，侵害人往往没有民事赔偿的能力，如果不顾实际情况，仍然在形式上判决侵害人承担民事赔偿责任，导致判决无法被执行，这会损害司法机关的公信力。

肯定说认为：（1）确定精神损失赔偿制度有利于维护被害人的合法权益。一方面，被害人所遭受的精神损失是可以看得见的，是一种确实存在的损失。被害人有损失，就应该赋予其救济的权利，精神损失赔偿责任与刑事责任并无必然的因果关系。刑事责任是国家公权力对于行为人（侵害人）实施的犯罪行为，为保护公共利益和公民权利进行的处罚，而精神损失赔偿是对公民私权利的救济。另一方面，不打"司法白条"之类的说法混淆了两类不同性质的问题。行为人没有能力赔偿与行为人是否应当赔偿是两个层面的问题，不能因为侵害人没有赔偿能力就限制被害人寻求救济的权利。❶（2）确定精神损失赔偿制度符合该制度的立法本意。❷ 刑事附带民事诉讼本质上属于民

---

❶ 薛军.《民法典》对精神损失赔偿制度的发展［J］.厦门大学学报（哲学社会科学版），2021（3）：91-100.
❷ 徐桂兰，莫晓斌.刑事附带民事诉讼精神损失赔偿之必要性分析［J］.长沙大学学报，2007（6）：67-68.

事诉讼，但是它具有二元的特点，侵害行为在性质上系刑事犯罪行为和民事侵权行为，出于诉讼效率以及便利的考虑，才将两种性质不同的责任统一由同一审判组织进行裁判，民事诉讼在程序上依附于刑事诉讼，而刑事责任中的实体问题和程序问题等优先适用刑事法律。对于附带民事诉讼，按照民事法律进行审理，原告方可以与被告方进行调解、和解，也可以放弃、变更诉讼请求。但在单纯的刑事诉讼程序中，调解原则是绝对不可以适用的，对实体权利的处分也是绝对不允许的。因此，本质上属于民事诉讼的刑事附带民事诉讼理应按照民事法律审理并裁判赔偿问题，精神损失赔偿也是应有之义。(3) 健全精神损失赔偿制度是维护我国法律体系统一的必然要求。❶ 民事侵权行为造成的物质损失可以请求赔偿，刑事犯罪行为造成的物质损失却不能请求赔偿，逻辑不通，难以对其进行合理解释。而且这一方面割裂了法律适用的统一性和确定性，另一方面忽视了附带民事诉讼救济的独特性。不仅会导致诉讼程序之间的冲突，很多情况下还会产生法律救济的真空。❷ 在民事领域，我国主流观点认为，1986 年《中华人民共和国民法通则》是在立法层面确立精神损失赔偿制度的标志，姓名权、肖像权、健康权等人身权利受到侵害的被侵权人可以主张精神损失赔偿。在国家赔偿领域，1994 年《中华人民共和国国家赔偿法》（以下简称《国家赔偿法》）并没有对精神损失赔偿进行规定，受害人仅可获得行政赔偿或司法赔偿，赔偿的范围仅限于物质损失。之后，我国对《国家赔偿法》进行两次修正，其对于精神损失赔偿也呈现出支持的态度。2012 年修正的《国家赔偿法》第 35 条明确规定，对于国家工作人员违法行使职权造成公民精神权益受损的，应当支付精神损害抚慰金。民事法律与刑事法律本应是相互统一的法律体系，而在精神损失赔偿问题上，民事法律与刑事法律、行政法律与刑事法律以及刑事法律内部却存在着一定的冲突，造成我国法律体系不协调统一和相互矛盾的现象，不仅影响了司法裁判，也降低了司法公信力。(4) 符合世界主流观点与立法例。❸ 仅从刑事政策的角度看，促使被害人谅解会否定被害人寻求救济的权利，难免有损被害人的权利，且与世界主流观点相背离。事实上，世界上许多国家基于侵害人犯罪行为具有较大的社会危害性，赋予被害人提起精神损失赔偿的权利，因为大多数刑事犯罪行为都会给被害人造成精神损失，所以给予被害人精神损失赔偿具有正当性。因此，我国《刑事诉讼法》对刑事被害人精神损失赔偿不予支持的规定已经难以解决司法实践中日益激化的矛盾。

本案中，虽然被害人是轻度精神发育迟滞的未成年人，但其应与正常人享有同等的人格权。案发后，被害人出现脾气暴躁、害怕与陌生人接触及不敢一人睡觉等现象，显然其精神已受到严重侵害。根据《民法典》的规定，民事主体因同一行为应当承担民事责任、行政责任和刑事责任的，承担行政责任或者刑事责任不影响承担民事责任。

---

❶ 梅文娟. 论刑事被害人精神损失赔偿制度之构建 [J]. 温州大学学报（社会科学版），2010, 23（2）：100-105.

❷ 肖建华. 刑事附带民事诉讼制度的内在冲突与协调 [J]. 法学研究，2001（06）：55-66.

❸ 王存柱. 论刑事附带民事诉讼中的精神损失赔偿 [J]. 现代商贸工业，2011, 23（18）：222-224.

同时，侵害自然人人身权益造成严重精神损失的，被侵权人有权请求精神损失赔偿。《民法典》是调整民事法律关系、保护民事主体合法权益的基本法，在刑事附带民事诉讼中，应依法适用民事法律的规定。牛某某的犯罪行为使得被害人遭受身体和心理的双重侵害，牛某某应对被害人承担民事法律责任，以弥补被害人遭受的精神损失。综上，本案中的未成年被害人遭受多次性侵，而其性防卫能力、自我修复能力和调节能力较弱，因此被害人所受身体和精神伤害比一般同类被害人更大，该案属于可要求牛某某附带承担精神损失赔偿责任的特殊情形，符合《刑诉司法解释》第175条第2款的规定。因此，本案中给予被害人一定的精神损失赔偿，更能体现对未成年人优先、特殊保护的原则。

【思考题】

（1）刑事附带民事案件中精神损失赔偿请求是否应该支持？

（2）某一个刑事附带民事案件中的精神损失赔偿可否扩大适用到其他案件？

第二节　知识产权刑事案件中能否提起附带民事诉讼问题

近年来，国家对于知识产权的重视程度越来越高。刑事附带民事案件中，依法认定被害人所受损失的性质并予以保护，特别是对知识产权的认定，是对国家相关政策要求的积极回应。

案例二　林某某侵犯著作权案[1]

【基本案情】

2002年左右，被告人林某某从字画商人邓某某处购买了四幅无款无章的仿齐白石画风格的画作，之后，林某某在位于北京市朝阳区阳光广场出租房内，通过徒手书写的方式，在一幅内容为"菊花鸽子"的画作上，按照齐白石的风格书写了"壬辰九十二岁白石画客京华""夏衍老弟正"，并加盖了"白石""悔乌堂""大匠之门""寄萍堂"和"人长寿"五枚仿制的齐白石印章，在装裱师周某某处将画作装裱并自行保管，后该幅字画被杨某某看中购买。杨某某购得此画后，于2009年12月将该画送拍至上海天衡拍卖公司，并将该画卖出。案发后，公安机关从买受人郑某某处扣押了该幅"菊花鸽子"画作，经鉴定系赝品。一审法院认为被告人林某某构成侵犯著作权罪，公诉机关指控的事实清楚，证据确实充分，罪名成立，遂作出判处林某某有期徒刑四年、

---

[1] 参见（2020）黔刑终字第299号刑事判决书。

并处罚金634万元、禁止其从事与书画交易相关的职业五年以及责令其退赔郑某某（该画的购买人）1268万元的判决。被告人林某某不服一审判决提起上诉，二审法院审理查明的事实与一审一致，但是二审法院认为一审判决存在不当之处，遂作出维持贵州省遵义市中级人民法院（2019）黔03刑初122号刑事判决第二项、第五项，撤销第一项、第三项、第四项，判处林某某有期徒刑三年九个月，并处罚金634万元，扣押在案的字画"菊花鸽子"予以没收、由扣押机关依法销毁的判决。其中二审法院认为一审法院责令被告人林某某退赔郑某某1268万元的判决错误，因为刑事案件中退赔的对象系刑事犯罪的被害人，而假字画的购买人不属于侵犯著作权罪的受害人，一审法院责令向购买假字画的人退赔于法无据，遂撤销一审法院的该项判决。

【主要法律问题】

本案中，根据二审法院的判决可知，因为郑某某非本刑事案件（侵犯著作权罪）中的受害人，所以林某某无须向其进行退赔，那么更进一步来看，针对知识产权刑事案件中的民事损失，公诉机关能否提起附带民事诉讼呢？法律规定刑事附带民事案件中提起的损失赔偿主要指物质损失，在侵犯知识产权的刑事案件中能否提起附带民事诉讼，关键在于被害人所遭受的损失是否属于物质损失。

【主要法律依据】

<u>《中华人民共和国刑事诉讼法》</u>（2018年10月26日修正）

第101条　被害人由于被告人的犯罪行为而遭受物质损失的，在刑事诉讼过程中，有权提起附带民事诉讼。被害人死亡或者丧失行为能力的，被害人的法定代理人、近亲属有权提起附带民事诉讼。

如果是国家财产、集体财产遭受损失的，人民检察院在提起公诉的时候，可以提起附带民事诉讼。

<u>《中华人民共和国刑法》</u>（2020年12月26日修正）

第64条　犯罪分子违法所得的一切财物，应当予以追缴或者责令退赔；对被害人的合法财产，应当及时返还；违禁品和供犯罪所用的本人财物，应当予以没收。没收的财物和罚金，一律上缴国库，不得挪用和自行处理。

《最高人民法院关于适用刑法第六十四条有关问题的批复》（2013年10月21日发布）

根据刑法第64条和《最高人民法院关于适用〈中华人民共和国刑事诉讼法〉的解释》第138条、第139条的规定，被告人非法占有、处置被害人财产的，应当依法予以追缴或者责令退赔。据此追缴或者责令退赔的具体内容，应当在判决主文中写明；其中，判决前已经发还被害人的财产，应当注明。被害人提起附带民事诉讼，或者另行提起民事诉讼请求返还被非法占有、处置的财产的，人民法院不予受理。

《最高人民法院关于适用〈中华人民共和国刑事诉讼法〉的解释》（自 2021 年 3 月 1 日起施行）

第 175 条　被害人因人身权利受到犯罪侵犯或者财物被犯罪分子毁坏而遭受物质损失的，有权在刑事诉讼过程中提起附带民事诉讼；被害人死亡或者丧失行为能力的，其法定代理人、近亲属有权提起附带民事诉讼。

因受到犯罪侵犯，提起附带民事诉讼或者单独提起民事诉讼要求赔偿精神损失的，人民法院一般不予受理。

第 176 条　被告人非法占有、处置被害人财产的，应当依法予以追缴或者责令退赔。被害人提起附带民事诉讼的，人民法院不予受理。追缴、退赔的情况，可以作为量刑情节考虑。

【理论分析】

对于知识产权刑事案件能否提起附带民事诉讼，我国理论及实务界有两种不同观点。一种观点认为，被害人不能对知识产权刑事案件提起附带民事诉讼。根据我国目前的立法规定，当事人提起刑事附带民事诉讼限于两种情形：一种是被害人因人身权利受到侵犯而遭受物质损失的；另一种则是财物被犯罪分子毁坏而遭受物质损失的。这两种情形都是被害人因行为人的犯罪行为而遭受直接损失。在知识产权刑事案件中，被害人所遭受的损失并非这两种情形。另一种观点认为，应当肯定被害人有权对知识产权刑事案件提起附带民事诉讼。我国刑事诉讼法并未将附带民事诉讼的赔偿范围限定为直接物质损失，而是《刑诉司法解释》限制了附带民事诉讼的赔偿范围。因此，针对刑事附带民事诉讼的赔偿范围，应当适用刑事诉讼法的规定。

对于知识产权刑事案件中被害人所遭受的损失属于哪一种损失，学者们有不同的认识。有学者认为，被害人所遭受的损失包括物质损失和人身损失。知识产权刑事案件中的被害人所遭受的损失显然不是人身损失，所以，应当将该损失归入物质损失范畴。[1] 还有学者进一步分析，民法上的"物"包括有体物和无体物，知识产权刑事案件中的被害人所遭受的正是无体物的损失，所以，该损失亦是物质损失。但也有学者认为，物质损失应具有物理性破坏，知识产权涉及的对象是无体物，损失一般都是可期待利益，不可能消失或形成物理性破坏，所以，其认为知识产权刑事案件中的损失并非法律所规定的直接物质损失。通过对比分析上述不同的观点，可以看出知识产权刑事案件被害人所遭受的损失有自身的特殊性。就知识产权本身来看，其是对权利人智力成果的保护，是对创作者的尊重。因此，这个法律关系中的客体为创作者的智力成果，创作者所遭受的损失本身并非传统意义上的物质损失。[2]

---

[1] 鲍伊帆. 知识产权刑事案件刑事附带民事程序研究 [J]. 安徽警官职业学院学报, 2020, 19 (106)：69-71.

[2] 龚红卫. 知识产权犯罪刑事附带民事的困境与出路 [J]. 湖南公安高等专科学校学报, 2010, 22 (02)：77-79.

对于知识产权刑事案件能否提起附带民事诉讼的问题，理论界和司法实务界都有不同的看法。上海交通大学教授林喜芬认为，刑法规定的经济损失以及刑诉法规定的物质损失可以扩张解释为物理毁损或者是价值贬损。知识产权侵权应以民事诉讼为主，如果国家或集体财产遭受损失，被害单位没提起诉讼的，可由检察院代为提起。华东政法大学副教授侍孝祥认为，知识产权是私权，侵权和损失赔偿额计算需要当事人举证，权利人不能过分依赖刑事手段，在考虑加强知识产权保护的同时，应考虑平衡公共利益。对于司法实践中出现的大量知识产权刑事附带民事诉讼案件，上海市人民检察院第三分院检察官孙秀丽认为，鉴于知识产权较强的私权属性以及权利救济途径的多元化，建议谨慎探索知识产权刑事附带民事诉讼赔偿问题。上海市第三中级人民法院法官高卫萍认为，知识产权刑事案件中提起附带民事诉讼需要慎重，部分知识产权刑事案件涉及危害食药品安全的可以作为知识产权刑事附带民事公益诉讼案件的试点。❶ 通过对比分析不同学者专家的观点可知，对于知识产权刑事案件附带民事诉讼的提起，主流观点仍然是需要保持审慎的态度。知识产权刑事案件较一般案件案情较为复杂，为保证案件事实的查明及案件审理的公正性，根据我国目前的法律规定，应针对知识产权刑事案件的损失赔偿另行提起民事诉讼。

【思考题】

（1）知识产权刑事案件中能否提起附带民事诉讼？

（2）知识产权刑事案件中被害人所遭受的损失是哪一种损失？

第三节　刑事附带民事诉讼中的死亡赔偿金、残疾赔偿金问题

在刑事附带民事诉讼中，许多律师为了维护当事人的合法权益提出死亡赔偿金、残疾赔偿金的诉讼请求，但是法院往往以法律无明文规定为由予以驳回，对此学术界也有不同的看法。如何明确相关规定，保障当事人的合法权益值得我们探讨。

案例三　杨某某故意伤害案❷

【基本案情】

2020年3月30日晚，被告人杨某某与盛某因口角发生撕扯，后杨某某持随身携带的砍柴刀将盛某头部砍伤，致盛某左侧顶骨骨折、左侧顶部硬膜下血肿，损伤程度为

---

❶ 陈健淋. 附带民事诉讼中的物质损失应该如何理解 [N]. 人民法院报，2020，9（24）.

❷ 参见（2020）渝03刑终字第214号刑事判决书.

轻伤一级。一审法院认为，杨某某持刀故意伤害他人身体，致一人轻伤，其行为构成故意伤害罪。杨某某故意伤害的犯罪行为给盛某造成的直接经济损失依法应当赔偿。杨某某应赔偿盛某的医疗费、购买物品所产生的费用、护理费、住院伙食补助费、营养费和交通费用。对盛某主张的其余医疗费，未举证证明该费用是由杨某某的犯罪行为所造成的，不予支持；残疾赔偿金及精神损失费不属于刑事附带民事赔偿范围，不予支持。

【主要法律问题】

盛某所主张的残疾赔偿金刑事附带民事诉讼的相关法律中并无明文规定。刑事附带民事诉讼中的刑事诉讼主要在于惩罚犯罪，民事诉讼主要在于保障当事人的人身权利和财产权利。那么在刑事附带民事诉讼中我们应侧重于追求刑事效果还是民事效果？抑或是两者并重？

【主要法律依据】

《最高人民法院关于适用〈中华人民共和国刑事诉讼法〉的解释》（自2021年3月1日起施行）

第175条 被害人因人身权利受到犯罪侵犯或者财物被犯罪分子毁坏而遭受物质损失的，有权在刑事诉讼过程中提起附带民事诉讼；被害人死亡或者丧失行为能力的，其法定代理人、近亲属有权提起附带民事诉讼。

因受到犯罪侵犯，提起附带民事诉讼或者单独提起民事诉讼要求赔偿精神损失的，人民法院一般不予受理。

第192条 对附带民事诉讼作出判决，应当根据犯罪行为造成的物质损失，结合案件具体情况，确定被告人应当赔偿的数额。

犯罪行为造成被害人人身损失的，应当赔偿医疗费、护理费、交通费等为治疗和康复支付的合理费用，以及因误工减少的收入。造成被害人残疾的，还应当赔偿残疾生活辅助器具费等费用；造成被害人死亡的，还应当赔偿丧葬费等费用。

驾驶机动车致人伤亡或者造成公私财产重大损失，构成犯罪的，依照《中华人民共和国道路交通安全法》第76条的规定确定赔偿责任。

附带民事诉讼当事人就民事赔偿问题达成调解、和解协议的，赔偿范围、数额不受第2款、第3款规定的限制。

《中华人民共和国刑事诉讼法》（2018年10月26日修正）

第101条 被害人由于被告人的犯罪行为而遭受物质损失的，在刑事诉讼过程中，有权提起附带民事诉讼。被害人死亡或者丧失行为能力的，被害人的法定代理人、近亲属有权提起附带民事诉讼。

如果是国家财产、集体财产遭受损失的，人民检察院在提起公诉的时候，可以提起附带民事诉讼。

《中华人民共和国刑法》（2020年12月26日修正）

第36条 由于犯罪行为而使被害人遭受经济损失的，对犯罪分子除依法给予刑事处罚外，并应根据情况判处赔偿经济损失。

承担民事赔偿责任的犯罪分子，同时被判处罚金，其财产不足以全部支付的，或者被判处没收财产的，应当先承担对被害人的民事赔偿责任。

《最高人民法院〈关于确定民事侵权精神损失赔偿责任若干问题的解释〉》（自2021年1月1日起施行）

第1条 因人身权益或者具有人身意义的特定物受到侵害，自然人或者其近亲属向人民法院提起诉讼请求精神损失赔偿的，人民法院应当依法予以受理。

《中华人民共和国民法典》（自2021年1月1日起施行）

第1179条 侵害他人造成人身损失的，应当赔偿医疗费、护理费、交通费、营养费、住院伙食补助费等为治疗和康复支出的合理费用，以及因误工减少的收入。造成残疾的，还应当赔偿辅助器具费和残疾赔偿金；造成死亡的，还应当赔偿丧葬费和死亡赔偿金。

第1183条 侵害自然人人身权益造成严重精神损失的，被侵权人有权请求精神损失赔偿。

因故意或者重大过失侵害自然人具有人身意义的特定物造成严重精神损失的，被侵权人有权请求精神损失赔偿。

【理论分析】

刑事附带民事诉讼中的死亡赔偿金、残疾赔偿金是否属于物质损失范畴并应当进行赔偿一直存在争议。

否定说认为：（1）根据《刑事诉讼法》第101条和《刑法》第36条第1款的规定，"物质损失"和"经济损失"仅指物质财产损失。[1] 同时，刑事犯罪造成的财产损失与单纯民事侵权造成的损失法理上存在明显不同。（2）司法实践中，刑事案件的被告人如果被判处高额赔偿金，必定要打法律"白条"。判决无法得到实际执行，既影响司法的权威，又引发被害人上访、闹访等问题，法律与社会效果均无法保障。（3）巨额赔偿金常常使被害人抱有不切实际的期待，一旦被告人不能足额赔偿，就会被认为其没有悔罪诚意和表现，导致民事调解根本无法进行，进而在刑罚诉求方面坚决要求对被告人判处重刑乃至死刑，甚至以缠诉、闹访相威胁，严重影响宽严相济刑事政策

---

[1] 陈娜. 刑事附带民事诉讼中死亡赔偿金司法适用研究[J]. 现代商贸工业, 2019, 40 (36): 124-126.

和"保留死刑，严格控制和慎重适用死刑"政策的贯彻落实，以及社会矛盾的有效化解。（4）高额赔偿金从表面上看似乎有利于保护被害人的合法权益，这是基于附带民事与单纯民事赔偿执行统一标准进行考虑，但刑事案件中被告人的实际赔偿能力往往很低，甚至没有。被害人"要价"又太高，导致实践中许多被告人亲属认为，即使举全家之力对被害人进行民事赔偿，也难以获得其谅解，从轻处罚的目的也难以实现，于是便放弃对被害人进行赔偿。命案中的这种情况尤为普遍，直接的结果是被害人的境遇更加悲惨。这样既不利于被害人权益的切实维护，也不利于社会关系的及时修复。

肯定说认为：（1）从立法体系的角度考虑，统一法律体系中的适用标准。《民法典》第七编第二章中涉及损害赔偿的相关规定，刑事附带民事诉讼中就民事部分可以主张死亡赔偿金以及残疾赔偿金。审理刑事附带民事诉讼应该将民事和刑事区分开来，民事的归民事，刑事的归刑事。民事案件的赔偿有法律规定的，就应该遵守相关规定。（2）"应赔"和"能赔"是两个概念。被告人的是否具有赔偿能力不能等同于其是否应当承担的赔偿责任，任何一个人不具有赔偿能力不能成为其不承担赔偿责任的有效抗辩。应赔是责任，能赔是态度，被告人的违法行为给被害人造成了损失，赔偿是其应尽的责任，并且通过赔偿可以表达被告人的歉意。（3）如果因为高额赔偿金的判决无法执行将有损司法权威，便不作出该判决，那么就会存在向不法行为妥协之嫌。闹访和缠诉是扰乱行政机关、司法机关秩序的不法行为，现行法律规定了相应的惩戒措施，因顾忌闹访和缠诉而改变裁判观点，才是真正的有损司法权威。

【思考题】

（1）刑事附带民事诉讼中的死亡赔偿金与残疾赔偿金请求是否应该得到支持？

（2）被告人如果无法支付足额的死亡赔偿金或残疾赔偿金，被害人应该如何得到救济？

CHAPTER 8 第八章
立案与侦查

本章知识要点

（1）不应当立案而立案的检察监督问题。我国刑事司法实践中，不但存在应当立案而不立案的情况，不应当立案而立案的情况也频频出现，且危害或许更为严重，因此如何加强对不应当立案而立案的法律监督值得深入探讨。（2）公安机关行政权与侦查权的交叉。《中华人民共和国人民警察法》（以下简称《警察法》）和《刑事诉讼法》对公安机关的定位是违法/犯罪二元一体的追究模式，即公安机关肩负侦查权与行政权的双重权能。在实践中，一定程度上存在公安侦查权与行政权交错适用的现象，既有公安行政权替代侦查权的现象，也有侦查权替代公安行政权的现象。（3）公安机关撤案随意性的探讨。公安机关在侦查阶段撤案缺乏监督和制约，存在着撤案权滥用和撤案程序异化的严重问题，检察机关在证据不足情形下作出的退回公安机关决定的问题，都应当予以重视。

第一节 不应当立案而立案的检察监督问题

立案监督是刑事诉讼法赋予检察机关的一项重要刑事监督职能，其对促进规范执法、公正执法具有重要作用。我国刑事诉讼法虽把刑事立案活动纳入了监督范围，但其主要针对的是公安机关应当立案而未立案的情况，而公安机关不应当立案而立案的行为同样关乎公民、法人的重大合法权益，会对相关当事人产生相当大的负面影响，甚至会让无辜之人受到刑事追究，因此也是我们坚决要杜绝的。

案例一 温某某合同诈骗立案监督案[1]

【基本案情】

犯罪嫌疑人温某某，男，1975年10月出生，广西壮族自治区钦州市甲水务有限公司（以下简称甲公司）负责人。

2010年4月至5月间，甲公司分别与乙公司、丙公司签订钦州市钦北区引水供水工程建设工程施工合同。根据合同约定，乙公司和丙公司分别向甲公司支付70万元和110万元的施工合同履约保证金。工程报建审批手续完成后，甲公司和乙公司、丙公司因工程款支付问题发生纠纷。2011年8月31日，丙公司广西分公司经理王某某到南宁市公安局良庆分局报案，该局于2011年10月14日对甲公司负责人温某某以涉嫌合同诈骗罪刑事立案。此后，公安机关未传唤温某某，也未采取刑事强制措施，直至2019年8月13日，温某某被公安机关采取刑事拘留措施，并被延长刑事拘留期限至9月12日。

2019年9月16日，良庆区人民检察院向良庆分局发出《要求说明立案理由通知书》。良庆分局回复，温某某以不具备实际履行建设工程能力的公司与其他公司签订合同，并且该项目的建设环评等未获得政府相关部门批准，其行为涉嫌合同诈骗。良庆区人民检察院审查认为，本案不足以认定温某某在签订合同时具有虚构事实或者隐瞒真相的行为和非法占有对方财物的目的，公安机关以合同诈骗罪予以刑事立案的理由不能成立。2019年9月27日，良庆区人民检察院向良庆分局发出《通知撤销案件书》。良庆分局接受监督意见，于2019年9月30日作出《撤销案件决定书》，决定撤销温某某合同诈骗案。

【主要法律问题】

该如何加强对不应当立案而立案问题的法律监督？

【主要法律依据】

《中华人民共和国刑事诉讼法》（2018年10月26日修正）

第113条 人民检察院认为公安机关对应当立案侦查的案件而不立案侦查的，或者被害人认为公安机关对应当立案侦查的案件而不立案侦查，向人民检察院提出的，人民检察院应当要求公安机关说明不立案的理由。人民检察院认为公安机关不立案理由不能成立的，应当通知公安机关立案，公安机关接到通知后应当立案。

---

[1] 参见最高人民检察院第二十四批指导性案例：温某某合同诈骗立案监督案（检例第91号）。

《人民检察院刑事诉讼规则》（自 2019 年 12 月 30 日起施行）

第 557 条　被害人及其法定代理人、近亲属或者行政执法机关，认为公安机关对其控告或者移送的案件应当立案侦查而不立案侦查，或者当事人认为公安机关不应当立案而立案，向人民检察院提出的，人民检察院应当受理并进行审查。

人民检察院发现公安机关可能存在应当立案侦查而不立案侦查情形的，应当依法进行审查。

人民检察院接到控告、举报或者发现行政执法机关不移送涉嫌犯罪案件的，经检察长批准，应当向行政执法机关提出检察意见，要求其按照管辖规定向公安机关移送涉嫌犯罪案件。

第 558 条　人民检察院负责控告申诉检察的部门受理对公安机关应当立案而不立案或者不应当立案而立案的控告、申诉，应当根据事实、法律进行审查。认为需要公安机关说明不立案或者立案理由的，应当及时将案件移送负责捕诉的部门办理；认为公安机关立案或者不立案决定正确的，应当制作相关法律文书，答复控告人、申诉人。

第 559 条　人民检察院经审查，认为需要公安机关说明不立案理由的，应当要求公安机关书面说明不立案的理由。

对于有证据证明公安机关可能存在违法动用刑事手段插手民事、经济纠纷，或者利用立案实施报复陷害、敲诈勒索以及谋取其他非法利益等违法立案情形，尚未提请批准逮捕或者移送起诉的，人民检察院应当要求公安机关书面说明立案理由。

《最高人民检察院、公安部关于刑事立案监督有关问题的规定（试行）》（2010 年 10 月 1 日试行）

第 6 条　人民检察院对于不服公安机关立案决定的投诉，可以移送立案的公安机关处理。

人民检察院经审查，有证据证明公安机关可能存在违法动用刑事手段插手民事、经济纠纷，或者办案人员利用立案实施报复陷害、敲诈勒索以及谋取其他非法利益等违法立案情形，且已采取刑事拘留等强制措施或者搜查、扣押、冻结等强制性侦查措施，尚未提请批准逮捕或者移送审查起诉的，经检察长批准，应当要求公安机关书面说明立案理由。

第 8 条　人民检察院经调查核实，认为公安机关不立案或者立案理由不成立的，经检察长或者检察委员会决定，应当通知公安机关立案或者撤销案件。

人民检察院开展调查核实，可以询问办案人员和有关当事人，查阅、复印公安机关刑事受案、立案、破案等登记表册和立案、不立案、撤销案件、治安处罚、劳动教养等相关法律文书及案卷材料，公安机关应当配合。

【理论分析】

我国刑事诉讼法明确赋予了检察机关立案监督职能。立案监督主要是从程序上防止相关机关滥用权力,随意采取侦查行为或强制性手段,从而侵犯公民的合法权益。相比较于对应当立案而不立案的监督,我们应更加重视对于不应立案而立案的监督。司法实践中,公安机关可能存在违法动用刑事手段插手民事、经济纠纷,或者利用立案实施报复陷害、敲诈勒索以及谋取其他非法利益等违法立案情形,这往往使得无罪之人涉诉,无故增加了其被刑事追究的风险,社会影响极其恶劣。如何加强对不应当立案而立案情形的监督也是我们探讨的主要问题所在。

在立法方面,目前我国刑事诉讼法并未对不应当立案而立案问题的检察监督权进行明确规定,仅在《人民检察院刑事诉讼规则》及《最高人民检察院、公安部关于刑事立案监督有关问题的规定(试行)》等法律法规中予以简要规定。该种违法行为的危害性极大,目前我国亟待提高检察机关对于此类问题立案监督权的立法层级,以此提升检察机关监督的刚性及权威性。检察机关对于相关问题的举报应当给予足够重视,做到有举必查并及时书面回复举报人。公安机关答复的立案理由不成立时,检察机关应责令公安机关限期撤销案件,公安机关未限期撤案的,应承担相应的法律责任。只有设定一定的罚则,才能有效保障检察机关立案监督权的实现。同时,检察机关也要积极协调与公安机关的关系,降低因立案监督导致公安机关办案人员绩效受到的影响,争取在案件处理过程中获得公安机关的积极配合。

在本案中,公安机关将本属于经济纠纷的案件当作合同诈骗罪进行立案,并将案件进行长期搁置,数年后又对温某某予以刑事拘留,后温某某的辩护律师向当地检察机关提出监督申请,请求检察机关监督公安机关撤销案件。本案中,检察机关积极正确履行法律监督职责,公安机关也最终接受了检察机关的监督意见。也许正是因为检察机关对本案的立案监督,才使得温某某避免了一场牢狱之灾,本案充分体现了检察机关积极正确行使立案监督权的重要意义。

【思考题】

针对不应当立案而立案的问题,还可以采取哪些措施有效应对?

第二节 公安机关行政权与侦查权的交叉

我国公安机关肩负侦查权与行政权的双重权能。在实践中,一定程度上存在公安侦查权与行政权交错适用的现象,既有公安行政权替代侦查权的现象,也有侦查权替代公安行政权的现象。这种现象不仅在我国存在,也在其他国家存在。违法和犯罪二元一体的追究模式,治安案件与刑事案件的划分方式,行政程序与刑事诉讼程序宽松严苛的差异,导致了公安侦查权与行政权的交错。正确区分公安侦查权与行政权,不仅是二者衔接的前提,而且是打击犯罪、保障人权、完善公安机关执法权力运行机制和管理监督制约体系的需要。

案例二 延安"黄碟案"[1]

【基本案情】

警方的说法：2002年8月18日晚，延安万花山派出所民警接到举报，称辖区内一居民家中正在播放黄色录像。于是派出4名民警前去调查。民警们来到该居民家后窗户外，从窗户看进去发现电视机正在播放淫秽录像。几名民警找借口进入该居民家中，并径直来到放录像的房间。民警进门后发现，房间内有张某夫妻二人，此时电视机已关闭。几名民警表明身份，并要两人拿出"黄碟"，但该夫妻拒绝警方的要求，拿起床上的碟片砸向民警。民警尚某某正弯腰取出碟机中的碟片，张某突然操起身旁一根木棍朝尚某某头部抡去，尚某某用手去挡木棍砸了下来，尚某某的左手立刻肿起来。张某的妻子李某也上前撕扯，一民警的衣服被撕烂、手被抓破。

看到场面难以控制，民警将张某摁倒在床上，然后以妨碍警方执行公务为由将其带回派出所，警方将从现场搜到的3张淫秽光碟，连同电视机、影碟机作为证据带回派出所。

张某的说法：当晚11点多，他的房间内突然闯进4名男子，虽然来人穿着警服，但却没有佩戴警徽和警帽，所以并不知道来人是民警。看到他们要从碟机中拿光碟，自己一时性急，便操起棍子抡了过去。在争执过程中，感觉似乎被人从后面打了几下，被带回派出所后，感到腹部非常难受并发生了呕吐。

10月21日，即事发两个月以后，宝塔公安分局以涉嫌"妨碍公务"为由刑事拘留了张某。10月28日，警方向检察院提请逮捕张某；11月4日，检察院以事实不清、证据不足为由退回补充侦查；11月5日，张某被取保候审；11月6日，张某在医院被诊断为"多处软组织挫伤（头、颈、两肩、胸壁、双膝），并伴有精神障碍"；12月5日，宝塔公安分局决定撤销此案；12月31日，张某夫妇及其律师与宝塔公安分局达成补偿协议，协议规定：宝塔公安分局一次性补偿张某29 137元；宝塔公安分局有关领导向张某夫妇赔礼道歉；处分有关责任人。

【主要法律问题】

造成公安机关行政权与侦查权交叉的主要原因是什么？应当如何避免公安机关行政权与侦查权交叉的情况发生？

【主要法律依据】

《中华人民共和国刑法》（2020年12月26日修正）

第277条 以暴力、威胁方法阻碍国家机关工作人员依法执行职务的，处三年以

---

[1] 延安"黄碟案"引发的法学思考[J]. 法学家，2003（3）：10-11.

下有期徒刑、拘役、管制或者罚金。

第364条　传播淫秽的书刊、影片、音像、图片或者其他淫秽物品,情节严重的,处二年以下有期徒刑、拘役或者管制。

组织播放淫秽的电影、录像等音像制品的,处三年以下有期徒刑、拘役或者管制,并处罚金;情节严重的,处三年以上十年以下有期徒刑,并处罚金。

《中华人民共和国刑事诉讼法》(2018年10月26日修正)

第3条　对刑事案件的侦查、拘留、执行逮捕、预审,由公安机关负责。检察、批准逮捕、检察机关直接受理的案件的侦查、提起公诉,由人民检察院负责。审判由人民法院负责。除法律特别规定的以外,其他任何机关、团体和个人都无权行使这些权力。

第66条　人民法院、人民检察院和公安机关根据案件情况,对犯罪嫌疑人、被告人可以拘传、取保候审或者监视居住。

【理论分析】

公安机关行政权与侦查权交叉的主要原因是,我国公安机关既可以行使维护治安管理的行政权力,又可以在刑事诉讼环节中行使侦查权力,因此在侦查过程中不可避免地存在两种权力的混淆。"《警察法》和《刑事诉讼法》对公安机关的定位是违法/犯罪二元一体的追究模式,即公安机关肩负刑事侦查权与行政权的双重权能"❶。在公安机关的执法过程中,经常出现侦查权与行政权交叉的情况,部分公安机关在行使行政职权不便时,则以侦查权为由行使权力;在行使侦查权不便时,以行政权来代替侦查权来行使权力。对于同时肩负两种职能的公权力机关,两者界限尤其模糊,这也是我们应当进行探讨的地方。

"公安机关将行政违法行为作为刑事案件予以立案,会导致大量行政违法行为被犯罪化处理、虚置《赔偿法》规定、剥夺行政相对人提起行政诉讼的权利、致使公安机关违规侵犯非公企业的合法财产权,也会滋生个别公安人员的司法腐败"❷。针对公安机关行政权与侦查权的交叉问题,可以从以下角度采取措施进行解决。第一,充分发挥检察机关对公安机关的立案监督职能。对于公安机关受理的刑事案件,检察机关和公安机关之间可以建立刑事案件信息共享平台,定期相互通报刑事案件的程序进展,尤其是重大刑事案件必须要即时通报。第二,面对难以确定性质的案件,要求公安机关优先以行政案件进行立案。强制公安机关优先以行政案件进行立案,可以避免公安机关为了减轻自身责任、避免陷入行政诉讼或者进行国家赔偿而将行政案件定性为刑事案件,从而侵害行政相对人的诉讼权利或者获得国家赔偿的权利。第三,行政执法

---

❶ 张泽涛. 论公安侦查权与行政权的衔接 [J]. 中国社会科学, 2019 (10): 160-183, 207.

❷ 张泽涛. 行政违法行为被犯罪化处理的程序控制 [J]. 中国法学, 2018, (05): 198-215.

证据转化而来的刑事证据也应受刑事非法证据排除规则的约束。对于其中控辩双方存有争议而且对定罪量刑有重大影响的证据，法院应当要求相关行政执法人员出庭作证并在该证据合法性存疑时予以排除。通过上述第一、第二条建议，可以有效避免公安机关以侦查权替代行政权，但也可能带来行政执法权的滥用，第三条建议则可以在一定程度上限制行政执法证据的使用，适当缓解前两条建议带来的问题，同时也对行政机关在以行政权替代侦查权时的行为起到一定的约束作用。

在本案中，公安机关原本以行政违法案件进行立案，但当得知当事人想要提起行政诉讼后，又将行政案件转换为刑事案件，体现出了公安机关案件转换的随意性，也导致公安机关行政权与侦查权的交叉使用，使得相对人无法对原本属于行政案件范畴的案件提起行政诉讼，阻塞了相对人的权利救济途径，严重侵害了相对人的合法权益。因此在实践中，应当规范公安机关行政权和侦查权的使用，严格限制两者交叉使用的情形，并加强检察机关对公安机关权力行使的法律监督。

【思考题】

公安机关将行政案件刑事化或刑事案件行政化时，相关权利人可以通过哪些渠道获得救济？

第三节 公安机关撤案随意性的探讨

撤案，是指侦查机关在侦查过程中，依照刑事诉讼法的规定，对经过侦查后发现不应对犯罪嫌疑人追究刑事责任的案件，所作出的一种终止诉讼的程序处理决定。撤案的实质是解决程序纠纷，平衡撤案程序参与主体之间的利益冲突。公安机关在侦查阶段撤案缺乏监督和制约，存在着撤案权滥用和撤案程序异化的严重问题。

案例三 彭水诗案[1]

【基本案情】

2006年8月15日，重庆市彭水县干部秦某，一时兴起便写了一首针砭时弊的短信诗词："马儿跑远，伟哥滋阴，华仔脓包。看今日彭水，满眼瘴气，官民冲突，不可开交。城建打人，公安辱尸，竟向百姓放空炮。更哪堪，痛移民难移，徒增苦恼。官场月黑风高，抓人权财权有绝招。叹白云中学，空中楼阁，生源痛失，老师外跑。虎口

---

[1] 马长山. 公共议题下的权力"抵抗"逻辑——"彭水诗案"中舆论监督与公权力之间的博弈分析[J]. 法律科学（西北政法大学学报），2014，32（1）：21-29.

宾馆,竟落虎口,留得沙沱彩虹桥。俱往矣,当痛定思痛,不要骚搞。"诗词填完之后,秦某"觉得有点好耍",便通过手机短信将其"发给了10~15个朋友";兴头上,又通过QQ"传给了4~6名网友"。应当说,这首涂鸦之作并非空穴来风,而是影射了当时彭水县一些民众意见较大的公共事件。不过,"惹祸"的关键还是前三句:"马儿跑远,伟哥滋阴,华仔脓包"。"马儿"意指前任彭水县某领导马某,"伟哥""华仔"分别意指某领导周某和蓝某。8月31日,彭水县民警发现了秦某所写《沁园春·彭水》短信诗词,因内容涉及县领导,便报告给局领导,局领导又报告给县委领导。县委某领导周某获悉此短信内容后,随即要求公安部门介入调查,很快警方就确定了编写短信者是秦某。

8月31日下午5时许,两名警察以涉嫌"诽谤"将秦某从办公室带走,并没收了他的两个QQ号码、手机和电脑。经过一天的审讯,9月1日,县公安局将秦某刑事拘留。9月7日,县公安局以涉嫌诽谤罪上报县检察院。9月11日,县检察院认为秦某捏造了一首引起群众公愤、严重破坏社会秩序和诽谤县领导名誉的诗词,已构成诽谤罪,批准逮捕秦某。从警方介入到批准逮捕,还不到12天。与此同时,有40余人也牵连其中。秦某被关押后,其妻陈某几经辗转找到了他的高中同学,某报社记者李某。9月19日,李某在其博客上发表了题为《现代文字狱惊现重庆彭水》的文章。该文顿时引起了网友的强烈关注。一时间,"彭水诗案"昭然天下,全国哗然,数以百万的网友纷纷跟帖发表评论,声援秦某。至此,"彭水诗案"也就由一个原本"无声无息"的案件变成了公共领域的"议题设置"。这一"议题设置"便把"小人物"秦某因言获罪的命运带进了公众视野,"彭水诗案"也不再是一个可以随意处置、暗箱操作的"刑事案件",而是一个随时接受公众监督和检视的司法过程。更为重要的是,在这一"议题设置"背景下,形成了捍卫言论自由的公众诉求与维护权力威严的官场规则之间的搏击。

随着"彭水诗案"的不断发酵,重庆市有关部门也随即组成调查组展开调查,并认定"这是一起政法部门不依法办案、党政领导非法干预司法的案件"。"彭水诗案"由检察机关在审查起诉阶段退回公安机关后,由公安机关作出相应撤案决定。10月24日,秦某被无罪释放。次日,秦某获得了相应的国家赔偿金。

【主要法律问题】

本案中,检察机关为何不直接作出不起诉决定,而是将案件退回公安机关,由公安机关作出撤案处理?如何防止此种现象的发生?

【主要法律依据】

《中华人民共和国刑法》(2020年12月26日修正)

第246条 【侮辱罪】【诽谤罪】以暴力或者其他方法公然侮辱他人或者捏造事实诽谤他人,情节严重的,处三年以下有期徒刑、拘役、管制或者剥夺政治权利。

前款罪,告诉的才处理,但是严重危害社会秩序和国家利益的除外。

通过信息网络实施第一款规定的行为，被害人向人民法院告诉，但提供证据确有困难的，人民法院可以要求公安机关提供协助。

《中华人民共和国刑事诉讼法》（2018年10月26日修正）

第16条　有下列情形之一的，不追究刑事责任，已经追究的，应当撤销案件，或者不起诉，或者终止审理，或者宣告无罪：

（一）情节显著轻微、危害不大，不认为是犯罪的；

（二）犯罪已过追诉时效期限的；

（三）经特赦令免除刑罚的；

（四）依照刑法告诉才处理的犯罪，没有告诉或者撤回告诉的；

（五）犯罪嫌疑人、被告人死亡的；

（六）其他法律规定免予追究刑事责任的。

第163条　在侦查过程中，发现不应对犯罪嫌疑人追究刑事责任的，应当撤销案件；犯罪嫌疑人已被逮捕的，应当立即释放，发给释放证明，并且通知原批准逮捕的人民检察院。

《公安机关办理刑事案件程序规定》（2020年7月20日修正）

第296条　对人民检察院退回补充侦查的案件，根据不同情况，报县级以上公安机关负责人批准，分别作如下处理：

（一）原认定犯罪事实不清或者证据不够充分的，应当在查清事实、补充证据后，制作补充侦查报告书，移送人民检察院审查；对确实无法查明的事项或者无法补充的证据，应当书面向人民检察院说明情况；

（二）在补充侦查过程中，发现新的同案犯或者新的罪行，需要追究刑事责任的，应当重新制作起诉意见书，移送人民检察院审查；

（三）发现原认定的犯罪事实有重大变化，不应当追究刑事责任的，应当撤销案件或者对犯罪嫌疑人终止侦查，并将有关情况通知退查的人民检察院；

（四）原认定犯罪事实清楚，证据确实、充分，人民检察院退回补充侦查不当的，应当说明理由，移送人民检察院审查。

【理论分析】

刑事案件进展到审查起诉阶段以后，如果检察机关认为犯罪嫌疑人不构成犯罪或者案件存在其他问题需要终止诉讼，应当作出不起诉的决定。而某些检察机关不主动作为，反而是将案件重新退回到公安机关，由公安机关作出撤案的决定，这显然不符合撤销案件的流程，是一种诉讼程序的"倒流"，属于撤案程序的异化。

撤案程序的异化主要原因在于检察机关的内部绩效考核制度。检察机关的不起诉率作为一项重要的内部考核指标，促使检察机关与公安机关之间形成一种"法律之外"

的程序，即利用撤案来规避不起诉程序。一些公安机关愿意积极地配合检察机关将案件退回，主要是基于对其自身利益的考量。公安机关也同样有着诸多的内部绩效考核指标，这些绩效考核指标也往往需要检察机关的配合。因此，为了从根本上解决撤案程序异化问题，必须从公安机关以及检察机关的内部绩效考核机制入手。

此外也可以考虑赋予侦查机关对疑案的撤案权。目前我国对于经过充分侦查过后仍事实不清、证据不足的案件通常由检察机关作出不起诉决定，而这不可避免的造成了司法资源的浪费，也在一定程度上影响到检察机关以及公安机关的绩效考核。对此有学者提出应规定对侦查阶段出现的疑案可作无罪处理，即对经过再三侦查仍然认为事实不清、证据不足应撤销案件。但必须要把握好两个标准：一是主观标准，即公安机关申请作疑案处理的案件由检察机关法律监督部门审查决定；二是客观标准，即只有案件侦查超过一定的期限仍事实不清、证据不足的才能作为疑案予以撤销。[1]

在本案中，公安机关滥用撤案权以及撤案程序异化的情况，严重损害了司法的权威。因此在司法实践中，公安机关和检察机关应当严格按照法律规定的职权范围履行职责，合理规范行使撤案权和审查起诉权，以维护司法的公正。

【思考题】

检察机关审查起诉之后建议公安机关撤案是否有法律依据？

---

[1] 王立德，李旺城. 对北京市顺义区近三年公诉阶段公安机关撤回案件的实证研究［J］. 中国刑事法杂志，2005（06）：102-107.

CHAPTER 9 第九章

审查起诉

本章知识要点

（1）认罪认罚从宽制度下的相对不起诉。认罪认罚从宽意为对于犯罪嫌疑人、被告人自愿认罪认罚的案件，可以对其依法从宽处理。从宽处理包括程序从宽和实体从宽，"程序从宽"在审查起诉阶段包括适用不起诉决定。（2）犯罪事实不清时不起诉方式的选择。当犯罪事实不清时，检察机关应当坚定作不起诉处理，而选择何种不起诉的方式值得商榷。（3）二次退回补充侦查后的提起公诉问题。我国刑诉法中提起公诉方面，检察机关在被二次退回补充侦查后，无新证据的情形下应当作何处理？是否可以继续提起公诉？

第一节　认罪认罚从宽制度下的相对不起诉

认罪认罚从宽是指对于犯罪嫌疑人、被告人自愿认罪认罚的案件，可以对其依法从宽处理。"从宽处理"可以说是对被追诉人选择认罪的一项重要激励措施，并且从宽不应仅限于实体法上的量刑从宽，还应当包括程序法上的从宽。"程序从宽"主要存在于侦查和审查起诉阶段，在审查起诉阶段的从宽主要包括适用不起诉及向法院提出从宽的量刑建议。

案例一　贾某认罪认罚不起诉案[1]

【基本案情】

2020年8月31日上午11时许，贾某在郑州高新技术产业开发区沟赵卫生院一楼

---

[1] 参见郑开检一部刑不诉（2020）181号。

的男卫生间上厕所时，在侧边挂钩上发现一串钥匙，遂将该钥匙拿走，并使用该串钥匙将被害人狄某某停放在该卫生院门口的一辆绿佳牌枣红色踏板式电动车盗走。经鉴定，该被盗电动车价值2210元。

因本次盗窃，贾某于2020年9月1日被郑州市公安局高新技术产业开发区分局（以下简称高新区分局）决定行政拘留十四日。因涉嫌盗窃，贾某于2020年9月15日被高新区分局刑事拘留；因涉嫌盗窃犯罪，贾某于2020年9月22日被高新区分局取保候审。本案由高新区分局侦查终结，以贾某涉嫌盗窃罪，于2020年10月29日向检察院移送审查起诉。

检察院认为，贾某虽实施了我国刑法规定的犯罪行为，但犯罪后如实供述自己的罪行，真诚认罪悔罪，并认罪认罚，犯罪情节较轻，可以免除处罚，根据刑法的相关规定，不需要判处刑罚。依据刑事诉讼法的规定，决定对贾某不起诉。

【主要法律问题】

认罪认罚制度下如何适用相对不起诉制度？

【主要法律依据】

《中华人民共和国刑法》（2020年12月26日修正）

第37条 对于犯罪情节轻微不需要判处刑罚的，可以免予刑事处罚，但是可以根据案件的不同情况，予以训诫或者责令具结悔过、赔礼道歉、赔偿损失，或者由主管部门予以行政处罚或者行政处分。

第264条 盗窃公私财物，数额较大的，或者多次盗窃、入户盗窃、携带凶器盗窃、扒窃的，处三年以下有期徒刑、拘役或者管制，并处或者单处罚金；数额巨大或者有其他严重情节的，处三年以上十年以下有期徒刑，并处罚金；数额特别巨大或者有其他特别严重情节的，处十年以上有期徒刑或者无期徒刑，并处罚金或者没收财产。

《中华人民共和国刑事诉讼法》（2018年10月26日修正）

第177条 对于犯罪情节轻微，依照刑法规定不需要判处刑罚或者免除刑罚的，人民检察院可以作出不起诉决定。

【理论分析】

关于认罪认罚从宽制度下相对不起诉制度的适用问题，我们需要把握好以下几点：

首先，应准确把握我国检察机关作出相对不起诉决定的条件。根据我国《刑事诉讼法》第177条的规定，对于犯罪情节轻微，依照刑法规定不需要判处刑罚或者免除刑罚的，人民检察院可以作出不起诉决定。笔者认为，这里应该包括两种情况，一种是我国《刑法》第37条"对于犯罪情节轻微不需要判处刑罚的，可以免予刑事处罚"的情形；另一种是我国刑法所规定的应当或者可以免除刑罚的情形，比如自首、犯罪预备、犯罪中止、从犯和胁从犯等情形。目前在我国理论界和实务界争议比较大的是"犯罪情节轻微"的认定问题，因为我国刑法等相关法律法规并未对此作出明确的界定，而是一般由检察机关根据案件的具体情况裁量决定。从理论界来看，有学者认为"犯罪情节轻微"应当严格限制在法定刑为三年以下有期徒刑的轻罪案件中；[1]而有的学者则认为不应当将其限制于轻罪案件，即使在重罪案件中，同样可能存在"犯罪情节轻微"的情况。[2]比如在共同犯罪案件中，即使罪名并非传统意义上的轻罪，但共同犯罪嫌疑人的犯罪情节的轻重程度却可能存在很大差别，那么对于其中犯罪情节轻微的犯罪嫌疑人同样可以适用相对不起诉。笔者比较赞同后者，我们不应将"犯罪情节轻微"拘泥于轻罪案件，而是应该注重实质，关注犯罪情节本身是否轻微。

其次，认罪认罚情节也应当作为犯罪情节轻微的衡量标准之一。我们在判断是否符合"犯罪情节轻微"时，不应只判断"犯罪时"的情节，同时也应当考虑"犯罪后"的情节。犯罪嫌疑人犯罪后如能够认罪认罚，通常表明其真诚悔罪，这对于修复社会关系、维护社会稳定有重要的意义。因此在原有犯罪情节并不严重的案件中，如果犯罪嫌疑人认罪认罚，则检察官可以综合评价为犯罪情节轻微，并进而判断是否需要对其判处刑罚。

在本案例中，犯罪嫌疑人贾某盗窃金额只有2210元，再加上贾某认罪认罚、真诚悔罪等情节，检察机关以"犯罪情节轻微，可以免除处罚"为由对贾某作出相对不起诉的决定是比较正确、合适的做法。

【思考题】

如何有效提高司法实践中认罪认罚案件的不起诉率？

第二节 犯罪事实不清时不起诉方式的选择

当犯罪事实无法查清时，检察院应当作绝对不起诉还是存疑不起诉处理，对此我国理论和实务界均有不同的认识和做法。解决这一问题不能"一刀切"，应根据案件的证据和事实情况，具体情况具体分析。

---

[1] 彭东，张寒玉. 检察机关不起诉工作实务 [M]. 北京：中国检察出版社，2005：76.
[2] 唐若愚. 酌定不起诉若干问题研究 [J]. 人民检察，2003（1）：25-28.

案例二 丁某某侮辱尸体案[1]

【基本案情】

2013 年 7 月 16 日，犯罪嫌疑人丁某某在其租住房屋内产下一死胎。据丁某某交代，该胎儿在出生时已死亡。丁某某先将该死胎藏于床下抽屉内，后于 7 月 19 日在该房内用水果刀将该死胎肢解成 2~5 厘米的碎块，并倒入马桶冲走。事后由于尸块致该房马桶堵塞，房东在请人疏通过程中掏出部分残腐尸块，随后报案。

公安机关在调查取证过程中，由于获取的尸块及器官组织太少且高度腐烂，无法通过科学鉴定查出胎儿死亡的原因，亦无法证明该胎儿是否在出生前即死亡。另外，丁某某肢解死胎过程无其他目击证人，也无其他证据佐证案件事实。公安机关在侦查结束后，以涉嫌侮辱尸体罪向检察机关移送审查起诉。

【主要法律问题】

在无法查明犯罪事实之情况下，本案应选择绝对不诉还是存疑不诉？

【主要法律依据】

《中华人民共和国刑法》（2020 年 12 月 26 日修正）

第 302 条 盗窃、侮辱、故意毁坏尸体、尸骨、骨灰的，处三年以下有期徒刑、拘役或者管制。

《中华人民共和国刑事诉讼法》（2018 年 10 月 26 日修正）

第 16 条 有下列情形之一的，不追究刑事责任，已经追究的，应当撤销案件，或者不起诉，或者终止审理，或者宣告无罪：

（一）情节显著轻微、危害不大，不认为是犯罪的；

（二）犯罪已过追诉时效期限的；

（三）经特赦令免除刑罚的；

（四）依照刑法告诉才处理的犯罪，没有告诉或者撤回告诉的；

（五）犯罪嫌疑人、被告人死亡的；

（六）其他法律规定免予追究刑事责任的。

第 51 条 公诉案件中被告人有罪的举证责任由人民检察院承担，自诉案件中被告人有罪的举证责任由自诉人承担。

第 175 条 人民检察院审查案件，可以要求公安机关提供法庭审判所必需的证据

---

[1] 彭智刚，张龙. 另类碎"尸"行为的不可诉分析 [J]. 人民司法，2015（2）：78-82.

材料；认为可能存在本法第五十六条规定的以非法方法收集证据情形的，可以要求其对证据收集的合法性作出说明。

人民检察院审查案件，对于需要补充侦查的，可以退回公安机关补充侦查，也可以自行侦查。

对于补充侦查的案件，应当在一个月以内补充侦查完毕。补充侦查以二次为限。补充侦查完毕移送人民检察院后，人民检察院重新计算审查起诉期限。

对于二次补充侦查的案件，人民检察院仍然认为证据不足，不符合起诉条件的，应当作出不起诉的决定。

第177条　犯罪嫌疑人没有犯罪事实，或者有本法第十六条规定的情形之一的，人民检察院应当作出不起诉决定。

对于犯罪情节轻微，依照刑法规定不需要判处刑罚或者免除刑罚的，人民检察院可以作出不起诉决定。

人民检察院决定不起诉的案件，应当同时对侦查中查封、扣押、冻结的财物解除查封、扣押、冻结。对被不起诉人需要给予行政处罚、处分或者需要没收其违法所得的，人民检察院应当提出检察意见，移送有关主管机关处理。有关主管机关应当将处理结果及时通知人民检察院。

【理论分析】

要解决本案关于"应当适用绝对不诉还是存疑不诉"的问题，我们首先要准确把握二者的适用条件。绝对不诉也称为法定不起诉，指的是犯罪嫌疑人没有犯罪事实，或者具有《刑事诉讼法》第16条规定的情形之一的，人民检察院应当作出的不起诉决定。存疑不起诉，又称证据不足的不起诉，是检察机关对于经过补充侦查的案件，仍然认为证据不足，不符合起诉条件的，作出的不起诉决定。具体到本案中，适用绝对不诉还是存疑不诉的关键点在于判断本案是属于犯罪嫌疑人没有犯罪事实还是证据不足以证明犯罪嫌疑人构成犯罪。如果认为犯罪嫌疑人丁某某没有犯罪事实，则应当作出绝对不诉的处理；如果认为证明犯罪嫌疑人丁某某犯罪的证据还不够充分，则应当作出存疑不诉的决定。

本案中丁某某构成侮辱尸体罪的前提是其产下的胎儿为有生命的活体，该胎儿在出生后死亡，从而形成"尸体"，因为只有人在存活过后死亡留下的遗体我们才能称之为"尸体"。也就是说，只有丁某某产下的是活着的胎儿，后自然死亡，丁某某对其碎尸行为才可能构成侮辱尸体罪；反之，如果其产下的是死胎，则不可能构成侮辱尸体罪。当然，如果丁某某将活着的胎儿杀死并碎尸，则构成故意杀人罪。本案中由于无法通过科学鉴定查出胎儿死亡的原因，也就意味着无法通过科学手段查明该胎儿是否在出生前已经死亡，再加上丁某某自己亦陈述其产下的是死胎，因此本案中公安机关不能证明丁某某产下的胎儿是活体，显然侮辱尸体罪是不成立的。那么检察机关如果作不起诉处理，是应该选择绝对不诉抑或存疑不诉呢？如前所述，该问题的关键在于本案到底属于"犯罪嫌疑人没有犯罪事实"的情况还是证据不足的情况。通过本案基本案情的介绍,我们看到公安机关是没有获取丁某某产下的胎儿为活体的任何证据的,既无鉴定意见,亦无目击证人,也无其他证据予以佐证,虽有丁某某的陈述,但丁某某的陈述恰恰证明了相反的事实,即其产下的为死胎。此种情况下,我们显然不能认为本案属于"证据不足"的情况,因为我们通常认为只有存在一定的证明有罪的证据但还不够充分时才构成"证据不足"的情形。既然本案中没有任何证据指向丁某某有罪,就应该属于"没有犯罪事实"的情形,也就应该对丁某某作出绝对不诉的处理,这样的处理也才更能彰显出司法的公正性及对犯罪嫌疑人合法权益的保护。

【思考题】

绝对不诉和存疑不诉对犯罪嫌疑人造成的影响有何不同?

第三节 二次退回补充侦查后的提起公诉问题

任何刑事案件,只有经由起诉,人民法院才可以给被告人定罪量刑。从程序上说,起诉是连接侦查和审判的重要阶段。公安机关在案件被退回补充侦查后,应当积极收集证据,以达到能够提起公诉的程度,但在二次退回后并未收集到新证据时,检察机关能否继续提起公诉是一个值得探究的问题。

案例三 叶某诈骗案[1]

【基本案情】

2015年7月28日,叶某与某公司签署《合作协议书》,达成以下协议:由叶某负责经营某公司安徽分公司,经营期限2年(自2015年7月28日至2017年7月27日)。叶某在经营过程中自筹资金、自主经营、自负盈亏、自担风险,承担该分公司在经营过程中所引发的各种经济责任及法律责任。叶某每年向该公司交纳12万元资质管理费,中标项目向该公司交纳管理费。2016年10月至12月,叶某以该分公司的名义向安徽某建设装饰工程有限公司借款210万元,其中160万元未归还。协议到期后,双方没有续签,但是叶某仍然以该分公司的名义继续在外承接业务,直到2018年6月,该公司派员工王某2到安徽注销该分公司的营业执照,并与叶某联系收回了假的该公司、该分公司印章及公司法定代表人廖某洪私章。

原审法院认为,被告人叶某以非法占有为目的,虚构事实,隐瞒真相,骗取他人

---

[1] 参见(2019)湘06刑终字第286号刑事判决书。

财物，数额特别巨大，其行为已构成诈骗罪。叶某不服判决提起上诉。

上诉人叶某的辩护人提出：(1) 本案中关于上诉人叶某与徐某（案件相关人）的280万元借款纠纷已由安徽省肥西县人民法院作出生效民事判决。现同一法律事实涉嫌经济犯罪，应在符合自2018年1月1日起施行的《最高人民检察院、公安部关于公安机关办理经济犯罪案件的若干规定》第20条所列三种情形之一时，才能立案侦查，即人民法院在审理民事案件或者执行过程中，发现有经济犯罪嫌疑，裁定不予受理、驳回起诉、中止诉讼、判决驳回诉讼请求或者中止执行生效裁判文书，并将有关材料移送公安机关的；人民检察院依法通知公安机关立案的；公安机关认为有证据证明犯罪事实，需要追究刑事责任，经省级以上公安机关负责人批准的。现湖南省岳阳市公安局云溪公安分局在不符合上述所列任一条件时直接立案，属程序违法。(2) 公诉机关曾以"事实不清、证据不足"为由第二次退回补充侦查，在该次侦查未收集到任何新证据的情况下，应仍属"事实不清、证据不足"，不应再提起公诉……

【主要法律问题】

公诉机关以"事实不清、证据不足"为由第二次退回补充侦查，但公安机关在该次补充侦查未收集到任何新证据，此种情况下，检察机关是否还有提起公诉的权力？

【主要法律依据】

《中华人民共和国刑法》（2020年12月26日修正）

第266条　【诈骗罪】诈骗公私财物，数额较大的，处三年以下有期徒刑、拘役或者管制，并处或者单处罚金；数额巨大或者有其他严重情节的，处三年以上十年以下有期徒刑，并处罚金；数额特别巨大或者有其他特别严重情节的，处十年以上有期徒刑或者无期徒刑，并处罚金或者没收财产。本法另有规定的，依照规定。

《中华人民共和国刑事诉讼法》（2018年10月26日修正）

第170条　人民检察院对于监察机关移送起诉的案件，依照本法和监察法的有关规定进行审查。人民检察院经审查，认为需要补充核实的，应当退回监察机关补充调查，必要时可以自行补充侦查。

第175条　人民检察院审查案件，可以要求公安机关提供法庭审判所必需的证据材料；认为可能存在本法第56条规定的以非法方法收集证据情形的，可以要求其对证据收集的合法性作出说明。

人民检察院审查案件，对于需要补充侦查的，可以退回公安机关补充侦查，也可以自行侦查。

对于补充侦查的案件，应当在一个月以内补充侦查完毕。补充侦查以二次为限。补充侦查完毕移送人民检察院后，人民检察院重新计算审查起诉期限。

对于二次补充侦查的案件，人民检察院仍然认为证据不足，不符合起诉条件的，应当作出不起诉的决定。

第 204 条 在法庭审判过程中,遇有下列情形之一,影响审判进行的,可以延期审理:

(一)需要通知新的证人到庭,调取新的物证,重新鉴定或者勘验的;

(二)检察人员发现提起公诉的案件需要补充侦查,提出建议的;

(三)由于申请回避而不能进行审判的。

第 205 条 依照本法第 204 条第二项的规定延期审理的案件,人民检察院应当在一个月以内补充侦查完毕。

《人民检察院刑事诉讼规则》(自 2019 年 12 月 30 日起施行)

第 342 条 人民检察院认为犯罪事实不清、证据不足或者存在遗漏罪行、遗漏同案犯罪嫌疑人等情形需要补充侦查的,应当制作补充侦查提纲,连同案卷材料一并退回公安机关补充侦查。人民检察院也可以自行侦查,必要时可以要求公安机关提供协助。

【理论分析】

对于二次退回补充侦查后仍未收集到任何新证据的情况下还可否提起公诉的问题,目前在我国理论和实务界依然有不同的观点。

一种观点认为,在二次补充侦查后无任何新证据的情形下,就应当对案件作出不起诉的决定。其原因在于,如果本案是以"事实不清、证据不足"为由退回补充侦查的,那么既然经过两次补充侦查均未收集到任何新证据,则本案就仍属"事实不清、证据不足"的情况,不应当再对此案提起公诉,而只能作出存疑不起诉决定。本案中叶某辩护人就持这种观点。

另一种观点认为,公安机关补充侦查并无必须收集到新证据之强制性规定。经过二次补充侦查的案件,只有在人民检察院仍然认为证据不足、不符合起诉条件的情况下,才能作出不起诉决定。本案以"事实不清、证据不足"为由第二次退回补充侦查,该次侦查虽未收集到新的证据材料,但公安机关已根据补充侦查提纲对相关事实进行了调查核实,并出具了补充侦查报告,检察机关据此再对现有证据进行审查,认为符合起诉条件,就应当提起公诉。这也是本案二审法院的观点。

本案二审法院依据上述理由,认为"辩护人就本案提出补侦没有收集新证据就不应提起公诉的意见,于法无据,不能成立",并最终对辩护人的这一辩护意见不予采纳。我们认为,二审法院的这一认定并无法律上的错误,因为我国法律法规中确实没有关于"补充侦查没有收集到新证据就不应提起公诉"之强制性规定,但是检察机关的这一做法却会带来诸多弊端。其中很常见的不良后果之一就是引发辩护方对公安机关和检察机关公正性的严重质疑,甚至会认为检察机关提起公诉纯粹是在"配合"公安机关或者是受到了其他法外因素的干扰。因此,检察机关在审查起诉时务必做到尽职尽责，扎实细致，对公安机关第一次移送的证据要认真审核、综合考量，确保以证据不足为由退回补充侦查的案件确实属于证据不足、无法起诉的情况，从而尽量避免前后认识不一的现象出现。另外，检察机关在本案中的做法也有利用退回补充侦查来变相延长审查起诉期限的嫌疑。总之，检察机关的上述做法虽无明显违法，但其合理性却值得商榷。

【思考题】

我国如何防范检察院以"退回补充侦查"为名变相延长审查起诉期限？

CHAPTER 10 第十章

第一审程序

> **本章知识要点**

（1）公诉与自诉关系问题。我国目前规定了自诉适用的三类案件范围，但在司法实践中，如若案件事实的发展扩大至损害公共利益时，可以将自诉案件转化为公诉案件，由公诉机关代表国家提起诉讼，以此践行国家追诉主义的刑事诉讼理念。（2）认罪认罚从宽制度中的量刑问题。认罪认罚案件中被追诉人是否认罚影响着该制度的最终实施效果，其在与自首、坦白等独立量刑情节同时出现时，不应进行重复性评价，同时应对不同案件进行分类型化、精准化量刑。（3）刑事速裁程序与认罪认罚从宽制度的相关问题。目前我国速裁程序的实际运行存在适用范围窄、程序简化形式化等困境，在借鉴域外的制度经验及结合我国司法环境的基础上，我国速裁程序应在完善相关配套措施以及制度适用等方面进行探索。

第一节　公诉与自诉关系问题

我国实行以公诉为主、自诉为辅的刑事诉讼制度。刑事诉讼法将自诉案件分为三类，其范围规定较为清晰明确，但自诉案件与公诉案件的转化及程序衔接问题仍广受理论界及司法实践界的讨论。在借鉴国内外公诉与自诉案件关系处理的经验基础上，我们应对我国的公诉与自诉制度作出反思，并对其予以完善。

案例一　郎某、何某诽谤案[1]

【基本案情】

2020年7月7日傍晚，犯罪嫌疑人郎某趁被害人谷某某在位于杭州市余杭区良渚

---

[1] 参见最高人民检察院第三十四批指导性案例：郎某、何某诽谤案（检例第137号）。

街道未来城二期的超市快递站取快递时，通过手机摄录了谷某某一段视频。出于博眼球、炫耀等目的，犯罪嫌疑人郎某与其友犯罪嫌疑人何某经共同商议，在微信上由犯罪嫌疑人郎某扮演快递员，犯罪嫌疑人何某扮演谷某某，捏造快递员与谷某某之间存在婚外偷情、发生性关系及一同酒店开房等微信聊天记录，并将摄录的谷某某视频与聊天记录截屏一起发至具有282名群成员的微信群，后该视频及聊天记录截屏被他人转发扩散，严重影响了被害人谷某某的工作、生活，并在当地造成不良社会影响。8月11日，含上述诽谤谷某某内容的微信推文阅读量达1万。

8月7日，被害人谷某某得知其被人拍摄视频并捏造聊天记录恶意在网上传播，遂至公安机关报案。8月13日，杭州市余杭区公安分局根据《中华人民共和国治安管理处罚法》（自2013年1月1日起施行）第42条之规定，对郎某、何某二人分别作出行政拘留九日的处罚。9月8日，谷某某就医后被诊断有"抑郁状态"。

10月26日，被害人谷某某的诉讼代理人向杭州市余杭区人民法院提起自诉，要求追究郎某、何某二人诽谤罪的刑事责任，因资料不全，该诉讼代理人于12月11日补充递交了相关材料。12月14日，杭州市余杭区人民法院对自诉予以立案。

其间，相关视频材料进一步在网络上传播、发酵，案件情势发生了变化，郎某、何某的行为不仅损害了被害人人格权，而且经网络社会这个特定领域和区域迅速传播，严重扰乱网络社会公共秩序，给广大公众造成不安全感，严重危害社会秩序，应当以公诉程序予以追究。12月25日，根据杭州市余杭区人民检察院的建议，杭州市公安局余杭分局对郎某、何某以涉嫌诽谤立案侦查。

【主要法律问题】

公诉与自诉的关系问题一直以来广受理论界关注，尤其是自诉向公诉的转化问题，如自诉转公诉案件的判断依据、程序衔接等。

【主要法律依据】

《最高人民法院关于适用〈中华人民共和国刑事诉讼法〉的解释》（自2021年3月1日起施行）

第1条　人民法院直接受理的自诉案件包括：

（一）告诉才处理的案件：

1. 侮辱、诽谤案（刑法第246条规定的，但严重危害社会秩序和国家利益的除外）；

2. 暴力干涉婚姻自由案（刑法第257条第1款规定的）；

3. 虐待案（刑法第260条第1款规定的，但被害人没有能力告诉或者因受到强制、威吓无法告诉的除外）；

4. 侵占案（刑法第270条规定的）。

（二）人民检察院没有提起公诉，被害人有证据证明的轻微刑事案件：

1. 故意伤害案（刑法第234条第1款规定的）；

2. 非法侵入住宅案（刑法第 245 条规定的）；

3. 侵犯通信自由案（刑法第 252 条规定的）；

4. 重婚案（刑法第 258 条规定的）；

5. 遗弃案（刑法第 261 条规定的）；

6. 生产、销售伪劣商品案（刑法分则第三章第一节规定的，但严重危害社会秩序和国家利益的除外）；

7. 侵犯知识产权案（刑法分则第三章第七节规定的，但严重危害社会秩序和国家利益的除外）；

8. 刑法分则第四章、第五章规定的，可能判处三年有期徒刑以下刑罚的案件。

本项规定的案件，被害人直接向人民法院起诉的，人民法院应当依法受理。对其中证据不足，可以由公安机关受理的，或者认为对被告人可能判处三年有期徒刑以上刑罚的，应当告知被害人向公安机关报案，或者移送公安机关立案侦查。

（三）被害人有证据证明对被告人侵犯自己人身、财产权利的行为应当依法追究刑事责任，且有证据证明曾经提出控告，而公安机关或者人民检察院不予追究被告人刑事责任的案件。

【理论分析】

刑事起诉的方式主要分为私人追诉方式与国家追诉方式，前者是指对犯罪嫌疑人所享有的起诉权归私人所有，由私人决定是否对犯罪嫌疑人提起诉讼，我国私人起诉权主要由被害人及其法定代理人、近亲属等行使；后者是指由国家的公诉机关代表国家提起诉讼的方式，以此维护国家利益及公共利益。我国刑事诉讼采取自诉与公诉并存的起诉方式，但公诉案件与自诉案件在符合法律规定的前提下可以互相转化，一方面若相关机关未履行公诉职能，由此可以实现自诉对公诉的监督，从而维护自诉主体的权利；另一方面在自诉不足以维护相关利益的情形下，可转化为公诉，由国家机关提起诉讼，实现公诉对自诉的补充与救济。

针对自诉案件的影响扩大至损害公共利益的情形，目前我国理论界观点主要采纳公诉优先论，其主要基于我国检察机关所处的监督者地位、维护民众社会秩序之稳定的期望以及防止国家权力无限扩张等国情的考虑。❶ 纵观我国目前的法律及司法解释规定，对于自诉转公诉案件的程序衔接问题，可能较为可行的方式是由被害人撤回起诉或由法院裁定撤回起诉，依据《最高人民法院关于适用〈中华人民共和国刑事诉讼法〉的解释》第 321 条，对已经立案，经审查缺乏罪证的自诉案件，自诉人提不出补充证据的，人民法院应当说服其撤回起诉或者裁定驳回起诉；自诉人撤回起诉或者被驳回起诉后，又提出了新的足以证明被告人有罪的证据，再次提起自诉的，人民法院应当受理。但从诉讼经济效益来看，由被害人主动撤回起诉更能节约司法资源以及更能及

---

❶ 熊秋红. 论公诉与自诉的关系 [J]. 中国刑事法杂志，2021（1）：17-38.

时有效地维护被害人的权益。有学者建议，应在立法上对自诉转公诉案件的程序衔接问题作出明确规定，以构建符合我国司法实践的程序衔接机制。本案例中检察机关对自诉转公诉案件的法律监督为该类案件提供了一个可行性范例。❶

【思考题】

（1）在已提起自诉的情形下，公诉机关是否能够启动刑事公诉程序以追究犯罪嫌疑人的刑事责任？

（2）如果自诉案件可以转为公诉案件，那么该自诉与公诉程序应如何衔接？

第二节 认罪认罚从宽制度中的量刑问题

认罪认罚从宽制度是我国刑事诉讼法修改的重要内容之一。在被追诉人自愿认罪的基础上，量刑建议是在检察机关的主导下，控诉方与被追诉人、辩护律师或值班律师进行有效协商而达成的一致意见，并据此形成认罪认罚具结书，经被告人签字后生效。因此，量刑建议的质量间接影响着认罪认罚从宽制度的实施效果。在司法实践中，检察机关在针对认罪认罚案件提出量刑建议时，不同案件量刑建议的精准化、科学化无法有效得到保障等相关问题引发了学者的思考及讨论。

案例二 钱某故意伤害案❷

【基本案情】

2019年9月28日晚，钱某应朋友邀请在嵊州市长乐镇某餐馆与被害人马某某等人一起吃饭。其间，钱某与马某某因敬酒发生争吵，马某某因不满钱某喝酒态度，便持玻璃酒杯用力砸向钱某头部，致其额头受伤流血。随后钱某从餐馆门口其电瓶车内取出一把折叠刀，在厮打过程中刺中马某某胸部、腹部。马某某随即被送往医院救治，经医治无效于同年11月27日死亡。案发后，钱某即向公安机关主动投案，如实供述了自己的犯罪行为。案件移送检察机关审查起诉后，钱某表示愿意认罪认罚，在辩护人见证下签署了认罪认罚具结书。案发后，被告人钱某向被害人亲属进行了民事赔偿，取得了被害人亲属谅解。

绍兴市人民检察院以钱某犯故意伤害罪于2020年5月15日向绍兴市中级人民法院提起公诉，提出判处钱某有期徒刑十二年的量刑建议。绍兴市中级人民法院经开庭审

---

❶ 樊崇义. 诽谤罪之自诉转公诉程序衔接［N］. 检察日报，2020-12-28（3）.
❷ 参见最高人民检察院第二十二批指导性案例：钱某故意伤害案（检例第82号）.

理，当庭判决采纳检察机关指控的罪名和量刑建议。被告人未上诉，判决已生效。

【主要法律问题】

认罪认罚从宽制度的有效实施主要体现在被追诉人"认罪"和"认罚"两个方面，认罚的效果体现在检察机关与被告方的量刑协商上，高质量的量刑协商及建议有利于认罪认罚从宽制度的有效实现。对于认罪认罚案件的量刑建议的相关问题，不少学者展开了讨论。

【主要法律依据】

《中华人民共和国刑事诉讼法》（2018年10月26日修正）

第15条 犯罪嫌疑人、被告人自愿如实供述自己的罪行，承认指控的犯罪事实，愿意接受处罚的，可以依法从宽处理。

第173条 人民检察院审查案件，应当讯问犯罪嫌疑人，听取辩护人或者值班律师、被害人及其诉讼代理人的意见，并记录在案。辩护人或者值班律师、被害人及其诉讼代理人提出书面意见的，应当附卷。

犯罪嫌疑人认罪认罚的，人民检察院应当告知其享有的诉讼权利和认罪认罚的法律规定，听取犯罪嫌疑人、辩护人或者值班律师、被害人及其诉讼代理人对下列事项的意见，并记录在案：

（一）涉嫌的犯罪事实、罪名及适用的法律规定；

（二）从轻、减轻或者免除处罚等从宽处罚的建议；

（三）认罪认罚后案件审理适用的程序；

（四）其他需要听取意见的事项。

人民检察院依照前两款规定听取值班律师意见的，应当提前为值班律师了解案件有关情况提供必要的便利。

第174条 犯罪嫌疑人自愿认罪，同意量刑建议和程序适用的，应当在辩护人或者值班律师在场的情况下签署认罪认罚具结书。

犯罪嫌疑人认罪认罚，有下列情形之一的，不需要签署认罪认罚具结书：

（一）犯罪嫌疑人是盲、聋、哑人，或者是尚未完全丧失辨认或者控制自己行为能力的精神病人的；

（二）未成年犯罪嫌疑人的法定代理人、辩护人对未成年人认罪认罚有异议的；

（三）其他不需要签署认罪认罚具结书的情形。

【理论分析】

认罪认罚案件中的量刑建议是控诉方与被告方协商合意的结果，而量刑建议的确定有助于实现控辩双方的有效协商，从而促进认罪认罚从宽制度的可实现性及效果稳定性。

关于认罪认罚能否作为独立的量刑情节这一问题，学术界有不同的观点。有的学者认为认罪认罚就是承认"犯罪事实",即如实供述,不应与自首、坦白进行重复性评价,而目前自首、坦白等情节的从宽规定。能够满足对认罪认罚的从宽幅度的需要,因此不宜再将认罪认罚作为单独的量刑情节。[1] 有的学者认为自首和认罪认罚从宽的规定分属于实体法和程序法,二者并不冲突,只有将认罪认罚视为独立的量刑情节,才能更好地促使犯罪嫌疑人选择认罪认罚,从而有效地实现该制度的立法目的。[2] 目前的通说观点认为,认罪认罚本身不作为独立的量刑情节,认罪认罚从宽制度设立的目的是将被追诉人认罪认罚的案件分流,以合理配置司法资源,缓解案多人少的司法现状,而不是给被追诉人以量刑优惠。认罪与认罚应分开评价:认罪若包含自首或坦白,按照被追诉人自首或坦白作为量刑情节进行评价;认罚则可单独进行评价及认定。因此对认罪认罚与自首、立功的量刑情节不作重复性评价。此外,针对不同类型罪名以及不同犯罪情节,检察机关的量刑建议也应注重精准性,在平衡比例原则和诉讼经济原则二者关系的基础上,通过建立与"分类精准"相适应的量刑指南、量刑协商、量刑建议等机制,提高量刑建议的精准化水平,从而促进量刑的公正性,提高司法的公信力。[3]

【思考题】

(1) 认罪认罚能否与自首、坦白的量刑情节作重复性评价?

(2) 应当如何对认罪认罚案件进行分类型化、精准化量刑?

第三节 速裁程序与认罪认罚从宽制度的相关问题

速裁程序的法庭审判一般不进行法庭调查、法庭辩论,但在判决宣告前应当听取辩护人的意见和被告人的最后陈述。适用速裁程序审理案件,应当当庭宣判。简易程序则不能省略法庭调查和法庭辩论,但可对其简化,判决宣告前应当听取被告人的最后陈述。因速裁程序可直接省略法庭调查和辩论环节,因而在判决宣告前应当听取辩护人的意见,以保障被告人的辩护权利。

案例三 郑某飞危险驾驶案[4]

【基本案情】

2020年11月29日凌晨,被告人郑某飞酒后无证驾驶小型普通客车行驶至顺达广

---

[1] 杨立新. 认罪认罚从宽制度理解与适用 [J]. 国家检察官学院学报, 2019, 27 (1): 51-63.

[2] 樊崇义. 认罪认罚从宽与自首坦白 [J]. 人民法治, 2019 (1): 54.

[3] 李勇. 认罪认罚案件量刑建议"分类精准"模式之提倡 [J]. 河北法学, 2021, 39 (1): 184-200.

[4] 参见 (2021) 苏0591刑初字第305号刑事判决书。

场内地面公共停车场，其在倒车时与被害人卜某1停放在该处的小型汽车发生碰擦，后郑某飞弃车逃离现场，并改由郑某1（血液中乙醇含量为78mg/100ml）继续驾驶该车辆欲挪至他处，期间又与停在车位内的另一小型汽车发生碰擦；被告人郑某飞离开现场后随即到附近超市购买并饮用一瓶劲酒后返回现场，被害人卜某1报警后民警到达现场，郑某1向民警谎称系其本人开车，郑某飞在旁未予否认，经卜某1指认后郑某飞被民警查获。被告人郑某飞对事故负全部责任。经司法鉴定，被告人郑某飞血液中乙醇浓度为204mg/100ml。

被告人郑某飞自愿认罪认罚，赔偿被害人卜某1损失9000元并取得谅解，对被指控的事实、罪名、证据及量刑建议没有异议，同意适用速裁程序且已签字具结，在开庭审理过程中亦无异议。

法院认为，被告人郑某飞目无法纪，在道路上醉酒驾驶机动车，其行为已构成危险驾驶罪。被告人郑某飞自愿认罪认罚并同意适用速裁程序，依法从宽处理。被告人郑某飞犯危险驾驶罪，判处拘役三个月，并处罚金3000元（刑期从判决执行之日起计算，判决执行以前先行羁押的，羁押一日折抵刑期一日；罚金自判决生效后第二日起一个月内缴纳并上缴国库）。

【主要法律问题】

速裁程序主要承载了认罪认罚案件中部分轻罪案件的简化诉讼程序，并实现了诉讼经济等功能。目前我国速裁程序在实际运行中仍存在一些困境，如程序效率并非实质性提高、司法人员适用该程序意愿性低、轻罪的评价标准不统一等，速裁程序具体运行的相关问题引起了部分学者的讨论与反思。

【主要法律依据】

《中华人民共和国刑事诉讼法》（2018年10月26日修正）

第222条　基层人民法院管辖的可能判处三年有期徒刑以下刑罚的案件，案件事实清楚，证据确实、充分，被告人认罪认罚并同意适用速裁程序的，可以适用速裁程序，由审判员一人独任审判。

人民检察院在提起公诉的时候，可以建议人民法院适用速裁程序。

第224条　适用速裁程序审理案件，不受本章第一节规定的送达期限的限制，一般不进行法庭调查、法庭辩论，但在判决宣告前应当听取辩护人的意见和被告人的最后陈述意见。

适用速裁程序审理案件，应当当庭宣判。

《最高人民法院关于适用〈中华人民共和国刑事诉讼法〉的解释》（自2021年3月1日起施行）

第369条　对人民检察院在提起公诉时建议适用速裁程序的案件，基层人民法院经审查认为案件事实清楚，证据确实、充分，可能判处三年有期徒刑以下刑罚的，在将起诉书副本送达被告人时，应当告知被告人适用速裁程序的法律规定，询问其是否同意适用速裁程序。被告人同意适用速裁程序的，可以决定适用速裁程序，并在开庭前通知人民检察院和辩护人。

对人民检察院未建议适用速裁程序的案件，人民法院经审查认为符合速裁程序适用条件的，可以决定适用速裁程序，并在开庭前通知人民检察院和辩护人。

被告人及其辩护人可以向人民法院提出适用速裁程序的申请。

【理论分析】

从程序设置目的来看，速裁程序的设置主要致力于实现以下功能：弥补简易程序的适用性缺陷、解决案多人少的司法现状、实现诉讼经济效益以节约司法资源以及推动认罪认罚从宽制度的良好实施。

从司法实践来看，我国的速裁程序存在以下问题：不同程序间衔接不畅通、案件适用范围较小、程序形式化导致庭审效果较弱、存在审前预判等，难以实现通过速裁程序达到案件繁简分流的目的。纵观世界不同国家和地区的速裁程序设置，其中具有可借鉴性的主要有以下三种：（1）德国的处罚令程序。该程序主要是对轻微刑事案件适用的书面审理程序，根据检察官的书面处罚令申请以及量刑建议，法官对该轻微案件进行审查，并据此对被追诉人处以罚金等轻微刑罚。但如果事实、证据尚不明确者，依其性质不得运用仅靠书面审理的处罚令程序，❶ 若针对此种情形采取书面审理，则不仅无法达到实现提高诉讼效率的目的，反而可能因书面审理无法查清事实而产生错判的风险。因此对于适用处罚令程序的轻微案件要求较高，并非所有轻微刑事案件均可适用该程序。（2）意大利的认罪协商程序。认罪协商程序类似于我国的速裁程序，该程序主要适用于被追诉人认罪且可能判处三年以下有期徒刑的轻微刑事犯罪。但美国的由辩诉交易所引起的被告人认罪程序则不同于意大利的认罪协商程序，辩诉交易程序可适用于任何案件，无论是犯罪性质较轻的轻罪案件或犯罪性质较为严重的重罪案件；此外，美国还规定了单独的被告人认罪的速裁程序，在被告人自愿作出有罪答辩的前提下简化审理程序，在保障被告人自愿性的前提下以提高刑事案件的诉讼效率。（3）日本的快速处理程序。主要分为简易程序、简易命令、即决裁判程序，根据被告人认罪的情况、犯罪的不同性质及轻重程度区分适用三种快速处理程序，以达到在保证最基本公正的前提下提高诉讼效率、节约司法资源的目的。

基于我国司法实践的基础以及域外的制度经验，我国速裁程序应简化速裁案件的审前程序，将案件的适用范围进行精准扩展，以满足不同轻微刑事案件的分流需求。另外，应强化被追诉人的权利设置，以明示被追诉人的程序选择权，并给予被追诉人量刑优惠激励，以此实现司法公正与速裁程序繁简分流的诉讼目的。

---

❶ 刘哲. 刑事处罚令程序的比较与借鉴[J]. 人民司法，2012（11）：99-103.

【思考题】

（1）犯罪嫌疑人口头认罪但未签署认罪认罚具结书，能否适用速裁程序？

（2）被告人在起诉阶段不认罪认罚，未签署认罪认罚具结书，而是在审判过程中认罚，那么其能否适用认罪认罚从宽的规定？普通审判程序能否转化为速裁或简易程序？

第十一章 第二审程序

本章知识要点

（1）认罪认罚案件被告人的上诉权问题。当认罪认罚被告人被法院判决之后又反悔提出上诉，为了防止当事人滥用认罪认罚获得从宽的"优惠"，可以将二审的全面审查修改为对认罪认罚被告人上诉理由的审查，但不可剥夺被告人的上诉权，也不可增加事先审查程序。（2）检察院"抗重"时"上诉不加刑"原则的适用。当被告人上诉与检察机关认为一审判决畸轻抗诉时，二审法院综合全案事实可以加重被告人刑罚；但是当被告人上诉与检察机关认为一审判决畸重抗诉时，二审法院不可加重被告人刑罚。（3）我国刑事二审开庭审理率低的问题。目前我国刑事二审开庭审理率畸低，这种现象并没有因为刑事诉讼法的修改而得到改变，除了由于法律规定的过于模糊，也有案多人少等其他原因，欲改变这一现状需要多种措施并用。

第一节 认罪认罚案件被告人的上诉权问题

2018年10月26日修正的《刑事诉讼法》确立了认罪认罚从宽制度，2019年10月24日，最高人民法院、最高人民检察院、公安部、国家安全部、司法部联合发布的《关于适用认罪认罚从宽制度的指导意见》（以下简称《认罪认罚指导意见》）对认罪认罚从宽制度作了进一步具体的规定。司法实践中，适用认罪认罚从宽制度案件与日俱增，但相关法律及指导意见并未特别规定被告人在认罪认罚案件中的上诉权，这一问题也引起众多学者的关注、思考与讨论。

案例一　琚某忠盗窃案[1]

【基本案情】

被告人琚某忠，男，1985年11月生，浙江省常山县人，农民。

2017年11月16日下午，被告人琚某忠以爬窗入室的方式，潜入浙江省杭州市下城区某小区502室，盗取被害人张某、阮某某贵金属制品9件（价值共计28 213元）、现金400余元、港币600余元。案发后公安机关追回上述9件贵金属制品，并已发还被害人。

审查起诉期间，检察机关依法告知被告人琚某忠诉讼权利义务、认罪认罚的具体规定，向琚某忠核实案件事实和证据，并出示监控录像等证据后，之前认罪态度反复的被告人琚某忠表示愿意认罪认罚。经与值班律师沟通、听取其意见，并在值班律师见证下，检察官向琚某忠详细说明本案量刑情节和量刑依据，提出有期徒刑二年三个月，并处罚金3000元的量刑建议，琚某忠表示认可和接受，自愿签署《认罪认罚具结书》。2018年3月6日，杭州市下城区人民检察院以被告人琚某忠犯盗窃罪提起公诉。杭州市下城区人民法院适用刑事速裁程序审理该案，判决采纳检察机关指控的罪名和量刑建议。

2018年3月19日，琚某忠以量刑过重为由提出上诉，杭州市下城区人民检察院提出抗诉。杭州市中级人民法院认为，被告人琚某忠不服原判量刑提出上诉，导致原审适用认罪认罚从宽制度的基础已不存在，为保障案件公正审判，裁定撤销原判，发回重审。杭州市下城区人民法院经重新审理，维持原判认定的被告人琚某忠犯盗窃罪的事实和定性，改判琚某忠有期徒刑二年九个月，并处罚金3000元。判决作出后，琚某忠未上诉。

【主要法律问题】

自实行认罪认罚从宽制度以来，被告人在认罪认罚后又进行上诉的现象一直存在，这似乎与侦查、起诉阶段认罪认罚从宽制度的设立初衷背道而驰，对此是否需要限制认罪认罚被告人的上诉权？

【主要法律依据】

《中华人民共和国刑事诉讼法》（2018年10月26日修正）

第15条　犯罪嫌疑人、被告人自愿如实供述自己的罪行，承认指控的犯罪事实，愿意接受处罚的，可以依法从宽处理。

---

[1] 参见最高人民检察院第二十二批指导性案例：琚某忠盗窃案（检例第83号）

第 36 条　法律援助机构可以在人民法院、看守所等场所派驻值班律师。犯罪嫌疑人、被告人没有委托辩护人，法律援助机构没有指派律师为其提供辩护的，由值班律师为犯罪嫌疑人、被告人提供法律咨询、程序选择建议、申请变更强制措施、对案件处理提出意见等法律帮助。

人民法院、人民检察院、看守所应当告知犯罪嫌疑人、被告人有权约见值班律师，并为犯罪嫌疑人、被告人约见值班律师提供便利。

第 173 条　人民检察院审查案件，应当讯问犯罪嫌疑人，听取辩护人或者值班律师、被害人及其诉讼代理人的意见，并记录在案。辩护人或者值班律师、被害人及其诉讼代理人提出书面意见的，应当附卷。

犯罪嫌疑人认罪认罚的，人民检察院应当告知其享有的诉讼权利和认罪认罚的法律规定，听取犯罪嫌疑人、辩护人或者值班律师、被害人及其诉讼代理人对下列事项的意见，并记录在案：

（一）涉嫌的犯罪事实、罪名及适用的法律规定；

（二）从轻、减轻或者免除处罚等从宽处罚的建议；

（三）认罪认罚后案件审理适用的程序；

（四）其他需要听取意见的事项。

人民检察院依照前两款规定听取值班律师意见的，应当提前为值班律师了解案件有关情况提供必要的便利。

第 174 条　犯罪嫌疑人自愿认罪，同意量刑建议和程序适用的，应当在辩护人或者值班律师在场的情况下签署认罪认罚具结书。

犯罪嫌疑人认罪认罚，有下列情形之一的，不需要签署认罪认罚具结书：

（一）犯罪嫌疑人是盲、聋、哑人，或者是尚未完全丧失辨认或者控制自己行为能力的精神病人的；

（二）未成年犯罪嫌疑人的法定代理人、辩护人对未成年人认罪认罚有异议的；

（三）其他不需要签署认罪认罚具结书的情形。

第 176 条　人民检察院认为犯罪嫌疑人的犯罪事实已经查清，证据确实、充分，依法应当追究刑事责任的，应当作出起诉决定，按照审判管辖的规定，向人民法院提起公诉，并将案卷材料、证据移送人民法院。

犯罪嫌疑人认罪认罚的，人民检察院应当就主刑、附加刑、是否适用缓刑等提出量刑建议，并随案移送认罪认罚具结书等材料。

第 227 条　被告人、自诉人和他们的法定代理人，不服地方各级人民法院第一审的判决、裁定，有权用书状或者口头向上一级人民法院上诉。被告人的辩护人和近亲属，经被告人同意，可以提出上诉。

附带民事诉讼的当事人和他们的法定代理人，可以对地方各级人民法院第一审的判决、裁定中的附带民事诉讼部分，提出上诉。

对被告人的上诉权，不得以任何借口加以剥夺。

第228条 地方各级人民检察院认为本级人民法院第一审的判决、裁定确有错误的时候，应当向上一级人民法院提出抗诉。

第233条 第二审人民法院应当就第一审判决认定的事实和适用法律进行全面审查，不受上诉或者抗诉范围的限制。

共同犯罪的案件只有部分被告人上诉的，应当对全案进行审查，一并处理。

【理论分析】

2018年修正的《刑事诉讼法》将认罪认罚从宽制度写入其中，但《刑事诉讼法》以及《认罪认罚指导意见》都未特别规定认罪认罚被告人（下称被告人）的上诉权问题，司法实践中通常还是适用无因上诉的一般规则。本案中，琚某忠在依法签署了认罪认罚具结书，且人民法院也判决采纳了检察机关指控的罪名和量刑建议后又以量刑过重为由提出上诉，对此学术界有不同的观点：（1）为了保证被告人的认罪认罚真实有效，应当保证被告人的上诉权；❶（2）难以保证被告人认罪认罚是出于自愿而非强迫，所以对认罪认罚被告人的上诉权不应作任何限制；❷（3）应当对认罪认罚被告人的上诉权进行一定的限制；❸（4）应当对认罪认罚被告人上诉进行合理限制，例如，对刑罚在三年有期徒刑以下、刑罚在三年以上十年以下、刑罚在十年以上的案件进行分别限制；❹（5）应当确立认罪认罚案件中上诉理由审核制。❺

我们认为，既然法律以及司法解释并没有对认罪认罚被告人上诉权进行特殊的规定，那就意味着立法机关认为对其上诉权无须进行特别的限制，其上诉权仍然应当适用一般性的规定。我们之所以认为不应当对认罪认罚被告人上诉权进行限制，主要理由如下：（1）在职权主义背景下，被告人认罪认罚的自愿真实性无法充分保证。职权主义属于诉讼模式之一，与英美法系中的当事人主义并行适用。目前我国刑事诉讼法吸收接纳了一些当事人主义的合理因素，但仍然基本属于职权主义模式。在职权主义模式下，法官主导，控辩缺乏对抗，尤其是认罪认罚案件，一般轻微案件都会集中在一个时间段进行审理，开庭时间非常短，庭审流于形式。如果被告人当庭诉说认罪认罚并不是自愿真实的，检察机关则有可能对其进行打压与反击。被告人因无形的压力不敢反驳，那么就会在审判结束后选择上诉。在这种情况下，保证被告人的诉讼权不受任何限制尤为重要。（2）检察机关量刑建议幅度较大可能使被告人对最终裁判不满。虽然刑事诉讼法明确规定，检察机关应当对主刑、附加刑以及是否适用缓刑提出量刑建议，但是在司法实践中，检察机关通常都是对刑期确定一定的幅度，例如"有期徒

---

❶ 陈瑞华. 认罪认罚从宽制度的若干争议问题 [J]. 中国法学, 2017,（1）：35-52.

❷ 郭烁. 二审上诉问题重述：以认罪认罚案件为例 [J]. 中国法学, 2020,（3）：244-260.

❸ 孙长永. 比较法视野下认罪认罚案件被告人的上诉权 [J]. 比较法研究, 2019（3）：37-52.

❹ 梁健, 鲁日芳. 认罪认罚案件被告人上诉权问题研究 [J]. 法律适用, 2020（2）：35-45.

❺ 牟绿叶. 我国刑事上诉制度多元化的建构路径——以认罪认罚案件为切入点 [J]. 法学研究, 2020, 42（2）：108-127.

刑一年至两年、罚金 3000 元至 5000 元"。因此检察机关告知被告人的刑罚也具有不确定性。由于检察机关量刑建议的不确定性，如果法官采用较重的刑罚，被告人会采用上诉的方式"喊冤"，如果此时剥夺或者限制被告人的上诉权，则无法保障被告人的合法权益。（3）认罪认罚被告人的法律帮助权并未得到实质保障。2017 年 10 月，最高人民法院、司法部联合发布了《关于开展刑事案件律师辩护全覆盖试点工作的办法》，其第 1 条和第 2 条规定被告人有权获得辩护。人民法院、司法行政机关应当保障被告人及其辩护律师依法享有的辩护权和其他诉讼权利。被告人具有《刑事诉讼法》第 34 条、第 267 条规定应当通知辩护的情形，没有委托辩护人的，人民法院应当通知法律援助机构指派律师为其提供辩护。但从我国目前的司法实践状况来看，在认罪认罚程序中值班律师的法律帮助是极其有限的，对于法律赋予值班律师的会见权和阅卷权，由于"付出"与"回报"不成正比，值班律师们通常也没有动力和热情去行使这些权利，导致他们往往只是在签署认罪认罚具结书时起到"见证人"的作用。所以，控辩双方平等协商的诉讼模式尚未建立起来，如果欲限制被告人的上诉权，则应先建立健全控辩双方平等协商的诉讼模式，否则就不能剥夺或者限制被告人的上诉权。

一些学者认为，被告人在一审期间通过认罪认罚得到了从宽处罚的"优惠"，如果又反悔违反之前的约定，就需要被告人承受一些法律后果，比如二审法院可以无须全面审查，只需要对上诉的理由进行审查。当被告人的上诉理由是犯罪事实非本人实施，认罪认罚也是被强迫的，那么二审也可以对案件事实进行审查；当被告人上诉理由是量刑过重，那么二审法院只需对量刑进行审查，无须对案件事实进行全面的审查。这既在某种意义上提高了效率，也符合司法体制改革目标之"建立以一审庭审为中心的事实认定机制"。并且二审全面审查原则已经被大多数学者诟病，但是目前完全取消全面审查原则还很困难，可以从认罪认罚二审案件进行试点，既提高了司法效率，使法官能够投入更多的精力到复杂的案件中，也对被告人的权利进行一定范围的限缩，符合司法公正的精神。对于学者们的以上观点，我们认为具有一定合理性，值得认真推敲探究。

琚某忠上诉之后，检察机关提出抗诉是不符合法律规定的，并且也变相地突破了"上诉不加刑"原则，上诉权是所有被告人的权利，认罪认罚的被告人也不例外。当然，被告人在一审程序中已经认罪认罚，耗费了公检法的人力、物力、精力，可以对其进行一定的"惩罚"，但是被告人的上诉权仍然不可被限制或者被剥夺，更不可以通过检察机关抗诉来达到变相突破"上诉不加刑"原则的目的。我们可以试图通过将二审全面审查原则转变为有限审查原则来作为对被告人反悔的"惩罚"与"制裁"。

【思考题】

（1）认罪认罚被告人是否应当放弃上诉权？是否需要事前审查其上诉理由？
（2）检察院能否以抗诉的方式来对抗被告人的上诉？

第二节　检察院"抗重"时"上诉不加刑"原则的适用

"上诉不加刑"原则一直是刑事诉讼法学者讨论的热点,"上诉不加刑"的例外就是当检察院抗诉时,二审法院综合案件情况认为应当加重其刑罚。在有些被告人上诉的案件中,虽然检察机关同时提起了抗诉,但检察机关抗诉的原因是其认为初审法院判决过于严格,请求二审法院从宽处罚(这种情况被称为检察院"抗重")。在此情况下,二审法院还是加重了被告人的刑罚。这种做法虽然在形式上没有违反"上诉不加刑"原则,但是一些学者认为不符合法理,也就是所谓的"合法不合理"。

案例二　余某交通肇事案[1]

【基本案情】

余某系中国中铁股份有限公司总部纪委综合室工作人员。2019年6月5日18时许,余某与朋友王某、何某、孙某一起前往北京市海淀区五棵松附近某串吧聚餐,其间喝了四两左右42度汾酒。20时30分左右,聚餐结束,余某步行离开。

21时02分39秒,余某步行到达单位。21时04分35秒,余某驾驶自己的白色丰田牌小型普通客车驶离单位内部停车场。21时28分37秒,余某驾车由南向北行驶至北京市门头沟区河堤路1公里处,在行车道内持续向右偏离并进入人行道,随后车辆右前方撞击被害人宋某,致宋某身体腾空砸向车辆前机器盖和前挡风玻璃,后再次腾空并向右前方连续翻滚直至落地,终致宋某当场因颅脑损伤合并创伤性休克死亡。后余某驾车撞击道路右侧护墙,校正行车方向回归行车道,未停车并驶离现场。

21时33分30秒,余某驾车进入其居住地的地下车库。21时33分53秒,余某停车熄火并绕车查看车身,发现车辆右前部损坏严重,右前门附近有斑状血迹。21时34分27秒,余某返回驾驶室,取出毛巾并擦拭车身血迹。21时35分25秒,余某擦拭车身完毕,携带毛巾走出地下车库,并将毛巾抛弃至地库出口通道右侧墙上。21时36分50秒,余某离开小区步行前往现场。6月6日0时55分40秒,余某进入北京大福汗天堂美容有限公司的足疗店,4时59分离开该足疗店。5时左右,余某前往北京市公安局门头沟分局交通支队投案。5时30分,余某接受呼气式酒精检测,血液酒精浓度为8.6mg/100ml。6时12分,余某接受血液酒精检验,但未检出酒精。余某认罪认罚,赔偿被害人近亲属160万元,检察院的量刑建议为判处有期徒刑三年、缓刑四年,但是北京市门头沟区人民法院没有听从检察院的建议,依法判决被告人余某犯交通肇事罪,

---

[1] 参见(2019)京01刑终字第628号刑事判决书。

判处有期徒刑二年。

北京市门头沟区人民检察院的抗诉意见是：原判量刑错误。余某符合适用缓刑条件，该院提出的量刑建议适当。上诉人余某的上诉请求是：撤销一审判决，改判适用缓刑。二审法院综合全案事实，判处余某有期徒刑三年六个月。

【主要法律问题】

本案是认罪认罚从宽制度实施以来具有里程碑意义的案件。该案暴露出许多问题，我们此次讨论聚焦在第二审程序相关的问题，即当检察院的抗诉理由是有利于被告人的，二审法院是否还可以加重对被告人的刑罚？

【主要法律依据】

《中华人民共和国刑事诉讼法》（2018年10月26日修正）

第237条 第二审人民法院审理被告人或者他的法定代理人、辩护人、近亲属上诉的案件，不得加重被告人的刑罚。第二审人民法院发回原审人民法院重新审判的案件，除有新的犯罪事实，人民检察院补充起诉的以外，原审人民法院也不得加重被告人的刑罚。

人民检察院提出抗诉或者自诉人提出上诉的，不受前款规定的限制。

《最高人民法院关于适用〈中华人民共和国刑事诉讼法〉的解释》（自2021年3月1日起施行）

第401条 审理被告人或者其法定代理人、辩护人、近亲属提出上诉的案件，不得对被告人的刑罚作出实质不利的改判，并应当执行下列规定：

（一）同案审理的案件，只有部分被告人上诉的，既不得加重上诉人的刑罚，也不得加重其他同案被告人的刑罚；

（二）原判认定的罪名不当的，可以改变罪名，但不得加重刑罚或者对刑罚执行产生不利影响；

（三）原判认定的罪数不当的，可以改变罪数，并调整刑罚，但不得加重决定执行的刑罚或者对刑罚执行产生不利影响；

（四）原判对被告人宣告缓刑的，不得撤销缓刑或者延长缓刑考验期；

（五）原判没有宣告职业禁止、禁止令的，不得增加宣告；原判宣告职业禁止、禁止令的，不得增加内容、延长期限；

（六）原判对被告人判处死刑缓期执行没有限制减刑、决定终身监禁的，不得限制减刑、决定终身监禁；

（七）原判判处的刑罚不当、应当适用附加刑而没有适用的，不得直接加重刑罚、适用附加刑。原判判处的刑罚畸轻，必须依法改判的，应当在第二审判决、裁定生效后，依照审判监督程序重新审判。

人民检察院抗诉或者自诉人上诉的案件，不受前款规定的限制。

【理论分析】

"上诉不加刑"原则也就是"禁止不利变更"原则。其实参与立法的工作人员早已认识到这一原则的重要性与必要性。《中华人民共和国刑事诉讼法释义》（2012年版）中提到："人民检察院认为第一审判决确有错误，处刑过重而提出抗诉的，第二审人民法院经过审理也不应当加重被告人的刑罚。"但是2018年的《刑事诉讼法》并没有采纳该内容，实属遗憾。上诉不加刑的价值就是为被告人的上诉权保驾护航，使被告人不会因为担心上诉之后二审法院反而会加重其刑罚而不敢上诉。本案的出现可能会使得检察机关不敢再提出抗诉，其法律监督职责不能得到更好的履行。

本案中的二审法院是根据法律规定作出的判决，但判决中仍然存在不合理的地方。理由如下：第一，一审程序中，被告人与检察机关达成了认罪认罚的"协议"，被告人赔偿被害人近亲属160万元，得到其谅解也是检察机关考虑量刑建议从宽的原因之一。第二，二审法院容易混淆诉讼定位，形成既是"运动员"又是"裁判员"的局面，损害诉讼程序的正当性。我国在实行控辩审三方构造审判方式后，法官仍然具有调查事实真相的职能，因此在检察机关没有调查清楚事实真相、控诉的事实不完整的特殊情况下，法官仍可发挥其调查职权进行控诉。但在控诉方与被告人利益一致，要求从轻处罚的情况下，法院却从重判处，势必形成法院既为"运动员"，又为"裁判员"的现象，存在违背程序公正法理之嫌。本案的特点是，检察机关为被告人利益提出抗诉时，二审法院实际代替检察机关重复履行公诉职能，对被告人加重处罚，并且二审程序中也没有法院提醒检察机关是否改变量刑建议的程序，从而使二审法院未充分注意程序约束及当事人辩护权保障问题。第三，我国二审实行的是全面审查原则，虽然其与"上诉不加刑"原则并不冲突，但是二审法院仍然具有追求客观真实的职能。二审法院一旦作出对被告人更为不利的裁判，被告人欲通过审判监督程序维护自己的合法利益就更难了。并且在二审程序中，法院已经不能如一审那样建议检察机关更改量刑建议，法院直接进行改判，检察机关与法院的冲突就会更加明显，可能也会引起后续的审判监督程序。

目前，学者对"上诉不加刑"原则讨论的重点是当被告人上诉时，二审法院认为一审判决畸低就会维持原判，在二审判决生效之后，法院启动审判监督程序加重其刑罚，诸多学者对此持批判态度。但是本案的发生使上述讨论的方向发生了改变，方向的改变也说明了法治的不断进步，之前"法检一家亲"现象得到了改善，控辩审三方构造也更趋向于等腰三角。当辩护方与控方利益一致、控方抗诉的原因是一审判决过重时，二审法院就不应当加重被告人刑罚。虽然目前相关法律法规等并没有规定相应的内容，但本案的发生或许会促进刑事诉讼法及其司法解释的修改与完善。

【思考题】

您是否赞同检察院"抗重"时二审法官加重被告人刑罚的做法？

第三节　我国刑事二审开庭审理率低的问题

我国刑事二审开庭审理率低一直是学者诟病的地方，其并没有随着刑事诉讼法的完善而得到实质性的改变。根据我国刑事诉讼法的规定，二审开庭审理是原则，不开庭审理是例外。但是在司法实践中，二审开庭审理却成了"例外"。欲改变这一现状，应当明确开庭审理的范围，即使是出于其他原因的考量采取书面审理，也应当有书面审理的范围。

案例三　范某等多人盗窃案[1]

【基本案情】

2018年2月中旬，被告人范某3为了加高自己的一块责任田，先后与被告人张某、范某预谋在本村西回木沟的内坡内非法取土。2月20日晚，范某联系被告人张某、范某1、范某2、李某和张某2等人使用机动三轮车、挖掘机等工具，在回木沟内坡非法取土352立方，运送到范某3指定的责任田内。经鉴定，范某3等人非法取土价值共2112元。案发后，范某3等人又将所窃取的土回填到回木沟原处，范某3主动到案，如实供述自己的罪行。一审判决：（1）被告人范某3犯盗窃罪，单处罚金3000元；（2）被告人张某1犯盗窃罪，单处罚金3000元；（3）被告人范某犯盗窃罪，单处罚金3000元；（4）被告人张某犯盗窃罪，免予刑事处罚；（5）被告人范某1犯盗窃罪，免予刑事处罚；（6）被告人范某2犯盗窃罪，免予刑事处罚；（7）被告人李某犯盗窃罪，免予刑事处罚；（8）被告人张某2犯盗窃罪，免予刑事处罚。范某、张某、范某1、范某2、张某2进行了上诉，二审进行了书面审理，驳回上诉，维持原判。范某2以"范某2主观上不具有非法占有的目的，只想赚取拉土的费用；侦查阶段范某2未指认现场，现场有两个坑，公诉机关提交涉案土坑测量数值证据是否包含前面形成的坑不明确；范德某与案件有直接联系，不应认定为证人，应为共犯；价格认证中心结论应告知范某2；原判认定事实不清，证据不足，适用法律错误；二审不开庭审理程序违法等情形"为由，向河南省高级人民法院提出申诉，请求撤销一、二审裁判，宣告其无罪。河南省高级人民法院决定如下：（1）指令濮阳市中级人民法院对本案进行再审；（2）再审期间不停止原判决的执行。

---

[1] 参见（2020）豫刑申字第184号刑事决定书。

【主要法律问题】

刑事二审开庭率低、二审法院不愿意开庭审理一直都是学者讨论二审诉讼程序存在的问题的重点内容。我国法律规定，被告方对于一审认定的事实、证据有异议的，可能影响定罪量刑的上诉案件应当开庭审理。虽然提出异议的是被告方，但是决定是否影响定罪量刑者是法官，这就导致法官拥有较大的自由裁量权。法官通常会出于某些原因的考量不开庭审理，甚至有时候是检察官主动建议二审法官书面审理，因为书面审理不仅可以节省法官的时间，也可以节省检察官的时间。

【主要法律依据】

《中华人民共和国刑事诉讼法》（2018年10月26日修正）

第234条　第二审人民法院对于下列案件，应当组成合议庭，开庭审理：

（一）被告人、自诉人及其法定代理人对第一审认定的事实、证据提出异议，可能影响定罪量刑的上诉案件；

（二）被告人被判处死刑的上诉案件；

（三）人民检察院抗诉的案件；

（四）其他应当开庭审理的案件。

第二审人民法院决定不开庭审理的，应当讯问被告人，听取其他当事人、辩护人、诉讼代理人的意见。

《最高人民法院关于适用〈中华人民共和国刑事诉讼法〉的解释》（自2021年3月1日起施行）

第393条　下列案件，根据《刑事诉讼法》第234条的规定，应当开庭审理：

（一）被告人、自诉人及其法定代理人对第一审认定的事实、证据提出异议，可能影响定罪量刑的上诉案件；

（二）被告人被判处死刑的上诉案件；

（三）人民检察院抗诉的案件；

（四）应当开庭审理的其他案件。

被判处死刑的被告人没有上诉，同案的其他被告人上诉的案件，第二审人民法院应当开庭审理。

【理论分析】

二审程序在我国诉讼程序中具有重要地位，承担着救济与纠错的功能。二审开庭审理方式不仅对于维护当事人的合法权利具有重要的意义，而且有利于司法体制改革顺利开展。根据法律规定，二审开庭审理是原则，不开庭审理是例外。但是在司法实践中，二审开庭审理却成了"例外"。二审不开庭审理方式长期受各位学者的诟病，学术界也一直在寻找能够从根本上解决此问题的措施。寻找解决措施的前提是厘清二审不开庭审理的原因。

一、二审不开庭审理的原因

（1）法官自由裁量权过大。根据《刑事诉讼法》第234条的规定，对于被告人、自诉人及其法定代理人对第一审认定的事实、证据提出异议，可能影响定罪量刑的上诉案件，应当开庭审理。法官拥有"异议是否可能影响定罪量刑"的自由裁量权，被告方对一审认定的事实、证据提出异议，向法官申请开庭审理，如果法官认为没有必要开庭审理，也有权不开庭审理。这种较大的自由裁量权也使一些二审法官对本该开庭审理的案件很容易找到不予开庭审理的"借口"。

（2）员额制法官人员过少使不开庭审理成为无奈之举。随着刑法的逐步修改，罪名相对增加，刑事案件也有逐年增多的趋势。司法体制改革之后，法院人员设置分为员额制法官、司法辅助人员等，二审法院面临着案件多、法官少的司法现状。面对此司法现状，二审不开庭审理成了法官多数的选择。首先，二审的审判时限较短，送达文书、阅卷等必要的程序已经占用了大量时间，如果开庭审理，开庭准备又要花费几天的时间，相比之下，法官还是更愿意选择书面审理。其次，员额制改革使法官的数量进一步减少，且根据法律规定，二审开庭审理还需组成合议庭。由于法官的时间、精力有限，有时没有足够的人员组成合议庭，因此选择不开庭的审理方式。再次，法院绩效考核的主要指标是结案率、结案周期等，为了提高年底结案率，法官都想快速审结案件，所以在能不开庭审理的情况下就会选择书面审理。

二、解决二审不开庭审理问题的思路

（1）明确开庭审理的案件类型。首先，法官应当在坚持全面审查的前提之下，对上诉理由进行着重审查。被告方提出新证据或者对于鉴定意见、证人证言有异议的，申请鉴定人、证人出庭的应当开庭审理。例如本案例中，被告方对于测量数值这一鉴定意见有异议，二审法院应当开庭审理，让控辩双方就异议进行质证。如果鉴定意见未经过质证，法官无法查明鉴定意见的真伪，那么案件判决的公正性就会受到质疑。其次，如果法官决定不开庭审理，则需要告知被告方；如果被告方坚持开庭审理，则法院应当开庭审理。

（2）明确不需要开庭审理的案件类型。首先，并非所有的案件只要被告方要求开庭审理就需开庭审理。例如有些被告人为了留所服刑以"一审量刑过重"为由申请二审，那么二审则没有必要进行开庭审理。其次，在认罪认罚从宽的被告人没有新的证据或者事实理由的情况下，二审也无须开庭审理。最后，有些学者认为"对符合以下情形的程序性上诉，二审法院也可以不开庭审理：其一，违反本法有关公开审判规定的；其二，违反回避制度的；其三，审判组织的组成不合法的；其四，初审法院违反审判管辖原则的；其五，根据法律规定，违反指定辩护规定等剥夺被告人辩护权的；

其六，剥夺当事人最后陈述权的。"❶

（3）充实司法工作人员队伍。目前，我国检察院、法院人员编制数量增长有限，但是案件数量则是呈指数型增加。检察院、法院应该适当的增加法官、司法辅助人员的数量。近几年，法律职业资格考试的通过率比之前有所提高，这从侧面说明我国对法律人才的需求增大。国家应当适当增加司法辅助人员如法官助理的数量来分担法官的办案压力，然后再从优秀的法官助理中挑选法官。资金充足的地区，还可以聘用合同制的法律辅助人员，适当提高法律辅助人员待遇。

【思考题】

除本节所述之外，你认为还有哪些案件属于应当开庭审理的范围？

---

❶ 郭天武，卢诗谣. 我国刑事二审审理方式的异化与回归［J］. 华南师范大学学报（社会科学版），2020（2）：114-129，191.

CHAPTER 12 第十二章

审判监督程序

本章知识要点

（1）刑事申诉效果问题。我国刑事诉讼法规定，当事人及其法定代理人、近亲属，对已经发生法律效力的判决、裁定，可以向人民法院或者人民检察院提出申诉，同时也规定当事人及其法定代理人、近亲属的申诉符合法定情形的，人民法院应当重新审判。但是在实践中，当事人及其法定代理人、近亲属作为申诉主体欲使人民法院或者人民检察院启动再审程序却格外艰难。（2）审判监督程序中审查证据的范围及新证据认定。再审法庭调查一般只对有异议的证据以及与其相关的证据进行调查，审查的证据一般也是以判决书中所提到的证据为主要审查对象。

第一节 刑事申诉效果问题

近年来，大众传媒的广泛传播使得诸多刑事冤假错案进入人们的视野，经过审判监督程序纠正的错案很多是因为"亡者归来"或者"真凶再现"，部分冤案的当事人及其亲属多年的申诉得不到有关部门的重视，因此很难达到启动审判监督程序的效果。审判监督程序启动难问题一直以来都是我国法学学者思考与讨论的问题。

案例一 聂某斌案[1]

【基本案情】

聂某斌，男，1974年11月6日出生，汉族，河北省石家庄市鹿泉市申后乡下聂庄村人，原鹿泉市冶金机械厂工人。1994年，聂某斌因被石家庄市公安局郊区分局民警

---

[1] 参见（2016）最高法刑再第3号刑事判决书。

怀疑为一起强奸杀人案的犯罪嫌疑人被逮捕。1995 年 3 月 15 日,石家庄市中级人民法院判决聂某斌犯故意杀人罪、强奸妇女罪,判处死刑,剥夺政治权利终身。聂某斌向河北省高级人民法院提出上诉。1995 年 4 月 25 日,该法院作出刑事附带民事判决,维持原判。聂某斌父母聂某生、张某枝二人在儿子被执行死刑后便坚定地走上了申诉之路。2005 年,王某金供述曾强奸杀害聂某斌案的被害人,河北政法部门这才启动对聂某斌案核查,但在接下来的若干年里,案件的核查都没有任何结果和实质性进展。

直到 2014 年 12 月 12 日,案件的复查才有了重大进展,最高人民法院根据河北省高级人民法院申请和有关法律规定的精神,决定将河北省高级人民法院终审的聂某斌案,指令山东省高级人民法院进行复查。2016 年 11 月 30 日,最高人民法院第二巡回法庭作出了聂某斌故意杀人罪一案再审刑事判决书,判决撤销聂某斌案原判,原审被告人聂某斌无罪。2017 年 3 月 30 日,河北省高级人民法院向聂某斌家属寄送国家赔偿决定书,各项赔偿共计 268.13991 万元。

【主要法律问题】

根据相关法律规定,当事人及其法定代理人、近亲属在法定情况下可以申请再审,但是当事人的法定代理人、近亲属作为申诉主体在请求启动审判监督程序时却非常困难。

【主要法律依据】

《中华人民共和国刑事诉讼法》(2018 年 10 月 26 日修正)

第 252 条 当事人及其法定代理人、近亲属,对已经发生法律效力的判决、裁定,可以向人民法院或者人民检察院提出申诉,但是不能停止判决、裁定的执行。

第 253 条 当事人及其法定代理人、近亲属的申诉符合下列情形之一的,人民法院应当重新审判:

(一)有新的证据证明原判决、裁定认定的事实确有错误,可能影响定罪量刑的;

(二)据以定罪量刑的证据不确实、不充分、依法应当予以排除,或者证明案件事实的主要证据之间存在矛盾的;

(三)原判决、裁定适用法律确有错误的;

(四)违反法律规定的诉讼程序,可能影响公正审判的;

(五)审判人员在审理该案件的时候,有贪污受贿,徇私舞弊,枉法裁判行为的。

第 254 条 各级人民法院院长对本院已经发生法律效力的判决和裁定,如果发现在认定事实上或者在适用法律上确有错误,必须提交审判委员会处理。

最高人民法院对各级人民法院已经发生法律效力的判决和裁定,上级人民法院对下级人民法院已经发生法律效力的判决和裁定,如果发现确有错误,有权提审或者指令下级人民法院再审。

最高人民检察院对各级人民法院已经发生法律效力的判决和裁定,上级人民检察院对下级人民法院已经发生法律效力的判决和裁定,如果发现确有错误,有权按照审判监督程序向同级人民法院提出抗诉。

人民检察院抗诉的案件，接受抗诉的人民法院应当组成合议庭重新审理，对于原判决事实不清楚或者证据不足的，可以指令下级人民法院再审。

《最高人民法院关于适用〈中华人民共和国刑事诉讼法〉的解释》（自2021年3月1日起施行）

第451条 当事人及其法定代理人、近亲属对已经发生法律效力的判决、裁定提出申诉的，人民法院应当审查处理。

案外人认为已经发生法律效力的判决、裁定侵害其合法权益，提出申诉的，人民法院应当审查处理。

申诉可以委托律师代为进行。

【理论分析】

在司法实践中，审判监督程序启动异常艰难。聂某斌从被逮捕到宣布无罪，历经12年之久。造成审判监督程序启动艰难的原因主要有以下几点：首先，当事人并未实质参与。当事人的诉权并未真正实现，是因为当事人的诉权不具有直接启动再审程序的法律效力，再审程序的启动关键在于人民法院、人民检察院对申诉材料的审查，而这种审查仅以书面审查为主，这常常使当事人的申诉流于形式。以聂某斌案为例，聂某斌家人通过人民法院、人民检察院申诉，但是申诉并不必然导致程序的启动，而且法检机关对于材料的审查只是一种书面审查，不直接询问聂某斌家属就可驳回其申请。其次，再审启动条件在无形提高。我国《刑事诉讼法》第253条规定了当事人及其法定代理人、近亲属申诉的条件。但是在司法实践中，当事人及其近亲属提出申诉，检察院、法院在审查申诉材料时，通常要求当事人提供的材料达到能够证明原有的裁判"确有错误"，这就无形中提高了当事人及其近亲属等启动再审的条件。最后，《刑事诉讼法》第254条规定的启动再审条件是"确有错误"，其可能包括以下两种情况：一是"真凶再现""亡者归来"等其他扎实的证据证明被告人确实无罪；二是虽然现存的证据无法证实被告人无罪，但是能够证明之前作出的有罪判决所依据的证据不充分，但是作了有罪判决。在司法实践中，通常以第一种情况启动再审程序的案件居多，以第二种情况启动再审程序的案件微乎其微，但能够有扎实证据证明被告人无罪的案件又非常少见，因此导致再审程序启动的艰难。

法学界的一些学者为了解决此问题，提出了以下对策：第一，申诉向"诉讼化"倾斜。通常情况下，法院受理申诉时是书面审理，当申诉向"诉讼化"倾斜时，就会出现在必要的情况下进行开庭或者听证的情况，提高当事人的参与感，法官听取当事人对于案件的意见。受理申诉时尽可能地听证或者开庭，也是为了更加科学、清晰地了解事实真相，听取控辩双方的陈述与意见。法院对当前的证据进行审查，增强当事人的参与感，也能更好地说服当事人，让当事人心服口服，避免当事人多次申诉、最后申诉无门走上非法上访之路。增强当事人的参与感，对于探求事实真相、追求社会正义、维护社会整体稳定有不可替代的意义。第二，严格遵守法定启动再审条件。我国《刑事诉讼法》规定当事人及其近亲属提出申诉的条件低于法院、检察院启动再审的条件。相对于公权力机关，当事人搜集证据材料的能力是偏弱的。只要当事人的申诉符合法定条件，并且达到可能影响定罪量刑的程度，法检机关就应当受理申诉案件。只要根据之前的证据无法证明被告人有罪，就应当及时启动再审，这也有利于案件事实真相的查明。

在聂某斌案中，聂某斌的父母从1995年就走上了申诉之路，但是相关部门却找各种理由不予理会。此案中由于真凶王某金的出现，聂某斌案才进入审判监督程序。再审程序本身就是为了纠正错误，"一事不再理""破坏判决的稳定性"可以适用于一审、二审程序，但在再审程序中并不能过分强调，此外，目前我国进入到审判监督程序的案件并不多见，并没有所谓的"破坏判决的稳定性"的情况出现。当前我国并没有规定当个人申诉符合一定条件时，审判监督程序将会自行启动，也没有区分"有利于被告人的再审"与"不利于被告人的再审"，如果仅仅保留检察机关的抗诉，审判监督程序的启动将更为艰难。

【思考题】

如果对申诉进行"诉讼化"改革，那么与申诉具有相同性质的报案、控告、举报是否也应该进行"诉讼化"改革？

第二节 审判监督程序中审查证据的范围及新证据认定

审判监督程序针对的是已经生效甚至已经执行的裁判，与一审、二审开庭审理的方式与内容是有区别的。为了审判监督程序的顺利开展与可操作性，最高人民法院颁布了《最高人民法院关于刑事再审案件开庭审理程序的具体规定（试行）》（以下简称《刑事再审开庭审理程序》），本节着重介绍该程序中法庭调查和审查证据环节。

案例二 顾某案[1]

【基本案情】

2005年7月，柯林格尔系创始人顾某因涉嫌虚假出资、虚假财务报表、挪用资产和职务侵占等罪名被警方拘捕。2008年1月30日，广东佛山市中级人民法院对柯林格尔系创始人顾某案作出一审判决，顾某因虚报注册资本罪、违规披露和不披露重要信

---

[1] 参见（2018）最高法刑再4号。

息罪、挪用资金罪，决定执行有期徒刑十年，并处罚金人民币 680 万元。宣判后，顾某提出上诉。2009 年 3 月 25 日，广东省高级人民法院作出刑事裁定：驳回上诉，维持原判。顾某刑满释放后，向最高人民法院提出申诉。2017 年 12 月 28 日，最高人民法院公布人民法院依法再审三起重大涉产权案件，顾某案将由最高人民法院第一巡回法庭提审。2018 年 6 月 13 日，最高人民法院第一巡回法庭公开开庭审理原审被告人顾某等虚报注册资本，违规披露、不披露重要信息，挪用资金再审一案。2019 年 4 月 10 日，最高人民法院终审判决：撤销顾某原判部分量刑，改判有期徒刑五年。在 2018 年 6 月 13 日合议庭对"顾某案"的再审开庭前，2018 年 5 月 18 日，合议庭组织召开了庭前会议，就非法证据排除问题、提交新的证据材料、申请证人出庭、申请有专门知识的人出庭、调取证据材料等有可能导致庭审中断的事项充分地听取了检辩双方的意见，尤其是组织检辩双方对极为复杂的案情进行了梳理，系统整理出案件有争议与无争议证据的范围、主要争议点与庭审思路。2018 年 6 月 14 日开庭，控方对于能够证明案件事实的证据进行展示以及论证，辩护方提出异议并被合议庭接受，要求控方依据法律规定以及庭前会议的要求进行展示与论证。

【主要法律问题】

我国《刑事再审开庭审理程序》规定，控辩双方对提出的新证据或者有异议的原审据以定罪量刑的证据进行质证。那么再审庭审中，是否应当允许控辩双方对未被作为原审定案根据的证据进行质证？另外，对于原审无异议的证据，法庭是否应当允许控辩双方进行论证分析？

【主要法律依据】

《中华人民共和国刑事诉讼法》（2018 年 10 月 26 日修正）

第 256 条　人民法院按照审判监督程序重新审判的案件，由原审人民法院审理的，应当另行组成合议庭进行。如果原来是第一审案件，应当依照第一审程序进行审判，所作的判决、裁定，可以上诉、抗诉；如果原来是第二审案件，或者是上级人民法院提审的案件，应当依照第二审程序进行审判，所作的判决、裁定，是终审的判决、裁定。

人民法院开庭审理的再审案件，同级人民检察院应当派员出席法庭。

《最高人民法院关于刑事再审案件开庭审理程序的具体规定（试行）》（自 2002 年 1 月 1 日起施行）

第 19 条　在审判长主持下，控辩双方应就案件的事实、证据和适用法律等问题分别进行陈述。合议庭对控辩双方无争议和有争议的事实、证据及适用法律问题进行归纳，予以确认。

第 20 条　在审判长主持下，就控辩双方有争议的问题，进行法庭调查和辩论。

第 21 条　在审判长主持下，控辩双方对提出的新证据或者有异议的原审据以定罪量刑的证据进行质证。

【理论分析】

在再审庭审中，合议庭通常以生效裁判文书列出的作为定罪量刑依据的证据为基础归纳出有争议的证据，并列出质证清单。我们认为这一做法有一定的合理性，主要理由如下：（1）再审是针对已经生效的裁判文书展开的，申诉人也是根据生效裁判文书来进行说理的，合议庭根据生效裁判文书所列的证据进行归纳是必然的；（2）生效裁判文书所列的证据已经经过控辩双方的质证和法院的认证，并且其所列的证据之间具有相关性，使用生效裁判文书所列的证据可以节约合议庭的时间；（3）再审期间，生效裁判文书并未被撤销，依靠生效的裁判文书所列的证据进行证据调查具有合法性。但是同时我们认为，只允许使用生效裁判文书所列的证据进行质证也具有一定的不合理性。比如原审控辩双方提出的某些证据，在裁判文书中法院未予认证并且也未在裁判文书提到。在再审程序中，如果一方认为此证据对于其证明内容有至关重要的功能，那么控辩双方可以提出对于案卷中或者辩方在原审中提交的证明材料中进行调查，合议庭也应当允许。在对生效裁判文书所列的证据进行重点审查时，在必要时也应当允许对卷宗材料或者辩方原审中提交的材料进行证据调查，这样更有利于全面整体地查清事实真相，发挥再审应有的作用。

在再审庭审中，《刑事再审开庭审理程序》规定控辩双方针对有异议的证据进行质证，并且这也是司法实践中的惯例。再审针对的是已经生效的裁判文书，在稳定与公正的价值冲突中，在追求公正的前提下也要考虑稳定。但是在有的案件中，有异议的证据与其他证据是相互联系、相互印证的，所以在对有争议的证据质证时不可避免地需要分析其他与其有联系的证据。在审判实践中，合议庭通常是不会触碰无争议的事实和证据的，如申请书没有提到的事实与证据；在质证环节通常也不会允许对无争议的证据进行质证。但我们知道证据往往并不是孤立存在的，它通常需要与其他证据相互印证来共同证明争议事实。"争议事实如被告人构成犯罪的事实由一个证据群或整个证据体系所决定，而在这个证据群或证据体系中，控方只对部分证据的'三性'（相关性、客观性与合法性）有争议，在此种情况下，仅凭争议证据不能决定争议事实。只有将争议证据与其他证据结合起来，才能证实或证伪争议事实"。[1] 在合议庭要求控方或者辩方对有争议的证据进行质证的情况下，也应当允许对其他有关联的证据进行分析，以证明争议事实。合议庭对有争议的证据进行重点审查时，在必要情况下也应当允许控辩双方对无争议的证据进行分析，从而对争议点进行全面调查。

本案在开庭审理之前，召开了庭前会议，确认了有争议的证据的范围。在庭审过程中，合议庭也宣布了只对有争议的证据进行质证。但是，在质证环节，控方质证仍

---

[1] 龙宗智. 刑事再审案件的审理方式与证据调查——兼论再审案件庭审实质化 [J]. 法商研究，2019，36（6）：101-113.

对与有争议的证据有关的无争议的证据进行了论证，这一行为引起了辩方的质疑，向合议庭反映控方违反了合议庭的规定，合议庭也赞同了辩方的表示，要求控辩双方按照要求进行质证。正如美国大法官特雷勒所言："真实最可能发现在诉讼一方合理地了解另一方时，而不是在突袭中。"❶ 如前文所述，有争议的证据有时并不是孤立的，其需要与其他证据相互印证才能证明案件事实。因此在实践中我们也应当允许控辩双方在庭前会议中确定证据范围，同时应当允许在庭审中主要论证分析有争议证据的同时将其他相关证据一起论证。

案例三 张某超案❷

【基本案情】

2005年1月10日，山东省临沭县第二中学分校一名女生突然失踪。2月11日14时04分，该校一名老师报案称在其学校厕所发现一名尸体，警方认为张某超有重大嫌疑。2006年3月6日，临沂市中级人民法院判决"张某超犯强奸罪，判处无期徒刑，剥夺政治权利终身"。2011年，张某超在与母亲马某的一次会见中突然开口喊冤，称自己遭到刑讯逼供。从此，马某开始为儿子四处申诉，但是都被驳回。直至2017年11月，最高人民法院才依法责令山东省高级人民法院另行组成合议庭再审该案。根据"完善刑事案件申诉启动程序高端论坛"个案研讨会以及媒体的报道，可能被认为是本案新证据的为被告人的新供词、新的证人证言、对于之前的尸检报告持不同意见的有专门知识的人的专家意见。2019年12月5日，张某超案由山东省高级人民法院进行了不公开审理，经过四个多小时的审理，出庭的检察员认为案件事实不清、证据不足，检方提出疑罪从无，但法院未当庭宣判。2020年1月13日，山东省高级人民法院对张某超案再审宣判，张某超无罪释放。

【主要法律问题】

当事人以及近亲属启动再审程序的条件之一是"有新的证据证明原判决、裁定认定的事实确有错误，可能影响定罪量刑的"。那么应当如何判断某一证据是否为"新证据"呢？

【主要法律依据】

《最高人民法院关于适用〈中华人民共和国刑事诉讼法〉的解释》（自2021年3月1日起施行）

第458条 具有下列情形之一，可能改变原判决、裁定据以定罪量刑的事实的证

---

❶ 龙宗智. 刑事诉讼中的证据开示制度研究（上）[J]. 政法论坛，1998（1）：3-10.
❷ 参见（2017）最高法刑申128号。

据，应当认定为刑事诉讼法第253条第一项规定的"新的证据"：

（一）原判决、裁定生效后新发现的证据；
（二）原判决、裁定生效前已经发现，但未予收集的证据；
（三）原判决、裁定生效前已经收集，但未经质证的证据；
（四）原判决、裁定所依据的鉴定意见，勘验、检查等笔录被改变或者否定的；
（五）原判决、裁定所依据的被告人供述、证人证言等证据发生变化，影响定罪量刑，且有合理理由的。

【理论分析】

根据我国司法解释的规定，对于认定是否为新证据的重点是"未经质证"，即无论是否出现于卷宗中、辩方何时提供的证据，只要是未经过质证，法院就可以认定其为"新证据"。如果只有"未经质证"这一实质判断标准，那么就会致使一些本应该属于新证据的证据并不能被列入新证据之中。例如，辩方提交一份证据，但是法院在判决书中并没有提及此项证据，并且也没有进行说理，裁判生效之后，被告人根据此项证据申请再审，此项证据已经经过质证，不属于新证据。但是由于此证据并没有在判决书中提及，也没有说明未采纳的理由，导致被告人不知道其并未在判决书出现的理由。当事人以此证据进行申诉，如果法院直接以此证据已经过质证，不属于新证据的范围为由驳回当事人的申诉，那么将会侵犯当事人的合法权益，增加冤假错案发生的可能性，降低公权力机关的威信。对于"新证据"的判断，在坚持固有的"未经质证"这一核心标准时，同时也应当将控辩双方提供的但是在判决书中并未出现的证据纳入"新证据"的范围内。只要将控辩双方经过质证但是并未出现在判决书中的证据作为"新的证据"，当事人就具有了申诉的条件与理由，检方可在再审程序中说明此证据并未提到的理由以说服当事人。

同时，"新证据"也有一些特殊形式。虽然有些证据从表面上看符合法律规定，可以认定为新证据，但是其是否真的符合新证据的本质，实践中还存在较大争议。这些证据主要包括：一是在原审中当事人明知有此项证据，但是并未提出，而是等到再审庭审中再提出的证据；二是顶罪人不愿意继续顶罪，要求再审，并且愿意承担之前作伪证的刑事责任而提出未经质证的证据。对于当事人之前明知但是未提出的证据，导致在原审中出现未经质证的证据，通常情况下应当将该类证据纳入不符合新证据的范畴。也就是说，有充分的证据表明当事人不论其出于何种原因，只要其故意不在原审时提交某证据，导致该证据未经质证，那么该证据就不属于新证据的类型。当然，这仅仅在当事人存在主观故意时才可以这样认定。当法院不能确定当事人是否为故意时，应当认定此证据为新证据。对于第二种情况即顶罪人不愿意继续顶罪进行申诉。判决生效之后，顶罪人不愿意继续顶罪，向公权力机关进行申诉，提出证据证明自己并不是真正的犯罪人，如果此证据未经质证，则属于新证据的范畴。有学者认为，"基于当事人主义以及禁反言原则等要求，原则上不应将代人受罚之人提出的证据视为新证据，代为受罚之人应对其之前的自愿供述承担责任。"❶ 也有学者指出："因为消极的实体公正发现主义要求在发现实质真实中以避免错罚无辜为侧重，制度安排和司法运作都应依此进行。"❷ 如以此观点为基础，那么在消极的实体公正发现主义中，顶罪人属于无辜之人，不应当对其适用刑罚。如果原则上不将顶罪人提出的证据列为新证据，虽然符合裁判的稳定价值，但是根据消极的实体公正发现主义，其致使无辜的人承担了刑事责任，不利于发现事实真相。因此，当顶罪人不愿意继续顶罪，向公权力机关进行申诉并提出未经质证证据时，应当将该证据列为新证据的范畴。

本案中，张某超新的供述、其他的证人证言以及对于尸检报告的有专门知识的人的专家意见，这些证据都符合司法解释规定的"未经质证"这一实质要素。再审中正是通过对这些新证据的认定，最终促成了张某超的无罪释放。

【思考题】

再审中"新证据"的范围与二审"新证据"的范围是否有区别？

---

❶ 李子龙. 刑事再审请求审的证据审查模式［J］. 交大法学，2019（1）：155-167.
❷ 张建伟. 从积极到消极的实质真实发现主义［J］. 中国法学，2006（4）：169-179.

CHAPTER 13 第十三章
执行程序

本章知识要点

（1）刑事裁判涉财产部分执行中的案外人异议审查。刑事裁判涉财产部分的执行程序事关有关主体合法财产权益的保护，其中统一、具体的审查标准作为执行程序中的重要一环，其模糊性规定不利于当事人财产权益的合法保护。（2）暂予监外执行监督问题。在刑事诉讼程序中，暂予监外执行程序虽采用以检察机关为监督主体的监督模式，但是理论界与实务界对该模式异议较大，并提出采用开庭审判与听证决定程序的监督模式。

第一节 刑事裁判涉财产部分执行中的案外人异议审查

在刑事裁判涉财产部分的执行程序中，涉案财产常常会牵涉案外人的财产并被错误执行，导致案外人财产最终因错误执行而遭受损失。根据《最高人民法院关于刑事裁判涉财产部分执行的若干规定》，当案外人对执行标的主张权利时，人民法院可以依据民事诉讼法的相关规定审查处理。然而，实务中对于执行标的的异议审查的标准不统一，对该问题有必要开展进一步的研究分析。

案例一 达成公司案外人执行异议案[1]

【基本案情】

申诉人（案外人）：达成公司。住所地：广东省惠来县葵阳对外工业区21号。

2015年12月18日，广东省汕头市中级人民法院（以下简称汕头中院）对惠来县葵铿皮草二厂（以下简称葵铿二厂）、葵铿皮革皮草有限公司（以下简称葵铿公司）、

---

[1] 参见（2019）最高法执监第276号执行裁定书。

林某1、林某2等涉嫌走私普通货物罪一案，作出（2014）汕中法刑二初字第31、38号刑事判决。并作出（2017）粤05执1019号执行裁定，决定划拨汕头海关冻结的人民币147 996 513元及港币373 576.67元。葵铿二厂和达成公司、葵铿三厂、葵铿公司等四家企业均由林某1直接控制，林某1为四家企业实际负责人，同案人林某3为上述四家企业总经理。在生产经营中，上述四家企业均由同一套业务人员、财务人员经营管理，在同一厂区进行生产经营，并根据生产和经营需要，统筹使用资金和货物，相互之间并不存在独立的结算关系，四家企业存在着人员混同、财产混同的情况。达成公司不服上述异议裁定，向广东省高级人民法院（以下简称广东高院）申请复议。

广东高院认为，本案争议的焦点问题为汕头中院作出（2017）粤05执1019号执行裁定划拨汕头海关冻结的人民币147 996 513元及港币373 576.67元是否符合法律规定。《最高人民法院关于刑事裁判涉财产部分执行的若干规定》第5条第2款规定："对侦查机关查封、扣押、冻结的财产，人民法院执行中可以直接裁定处置，无须侦查机关出具解除手续，但裁定中应当指明侦查机关查封、扣押、冻结的事实。"本案中，汕头中院（2014）汕中法刑二初字第31、38号刑事判决符合法律规定，（2017）粤05执1019号执行裁定依法应予维持。

达成公司不服广东高院（2018）粤执复64号执行裁定，向最高人民法院申诉。最高人民法院认为广东高院复议裁定未对执行异议申请中能否认定达成公司、葵铿二厂、葵铿三厂、葵铿公司等四家公司存在人员混同、财产混同进行审查和评价，存有不当。

【主要法律问题】

在刑事裁判涉财产部分的相关案件中，案外人在某财产权益受到侵害提出执行标的异议时，人民法院的审查标准是什么？

【主要法律依据】

《最高人民法院关于刑事裁判涉财产部分执行的若干规定》（自2014年11月6日起施行）

第14条 执行过程中，当事人、利害关系人认为执行行为违反法律规定，或者案外人对执行标的主张足以阻止执行的实体权利，向执行法院提出书面异议的，执行法院应当依照民事诉讼法第225条[1]的规定处理。

人民法院审查案外人异议、复议，应当公开听证。

《中华人民共和国民事诉讼法》（2021年12月24日修正）

第232条 当事人、利害关系人认为执行行为违反法律规定的，可以向负责执行的人民法院提出书面异议。当事人、利害关系人提出书面异议的，人民法院应当自收

---

[1] 现为第232条。

到书面异议之日起十五日内审查，理由成立的，裁定撤销或者改正；理由不成立的，裁定驳回。当事人、利害关系人对裁定不服的，可以自裁定送达之日起十日内向上一级人民法院申请复议。

第 234 条　执行过程中，案外人对执行标的提出书面异议的，人民法院应当自收到书面异议之日起十五日内审查，理由成立的，裁定中止对该标的的执行；理由不成立的，裁定驳回。案外人、当事人对裁定不服，认为原判决、裁定错误的，依照审判监督程序办理；与原判决、裁定无关的，可以自裁定送达之日起十五日内向人民法院提起诉讼。

【理论分析】

根据《最高人民法院关于刑事裁判涉财产部分执行的若干规定》，人民法院对案外人提出对执行标的的异议进行审查时，主要是依照《民事诉讼法》第 232 条规定进行处理。然而，基于执行程序的效率价值，《民事诉讼法》第 232 条对于执行标的的审查内容主要在于形式物权，对于实质物权并没有审查权限。在效率价值与程序公正价值相冲突时，应以保障程序价值为主，兼顾效率价值。当案外人对执行标的提出异议，法院依照《民事诉讼法》第 232 条仅对执行标的作形式外观的审查时，这无疑是对案外人的诉讼权益的侵犯与剥夺。立法上对于案外人权益保护的模糊规定导致实务中法院的处理不尽相同，有的法院以异议、复议、监督程序进行审查处理，有的法院直接拒绝审查处理，这些做法极大地侵害了刑事案外人的财产权益。

基于案外人执行异议与执行异议之诉之间的功能性差异，二者对于案外人的权益的审查方式并不尽相同。但是为了对案外人的合法权益提供更全面的保护，有必要引入《民事诉讼法》第 234 条以供参照。这是因为案外人异议之诉可以通过审判程序对案外人的实体权益展开保护，保障案外人参与庭审的权利，同时使刑事案外人权益与民事案外人权益达到平等保护的程度。

【思考题】

（1）法院在案外人异议的审查标准上应该采用何种标准？
（2）案外人异议程序是否可以依照《民事诉讼法》第 234 条审查处理？

第二节　暂予监外执行监督问题

在我国刑事司法实践中，司法机关常常将审判视为刑事诉讼程序的终点，而忽视与弱化执行环节，其中暂予监外执行制度的监督模式广为诟病。"正义不仅要实现，而且要以人们看得见的方式实现。"[1] 虽然我国刑事诉讼法明确检察机关对执行的同步监督权，但是有学者认为基于检察机关长期以来"重公诉、弱执行"的工作作风、"办公室作业"的审查方式，暂予监外执行制度的检察监督效果并不尽如人意。

案例二　王某某暂予监外执行监督案[2]

【基本案情】

王某某，男，1966年4月3日出生，个体工商户。2010年9月16日，王某某因犯保险诈骗罪被辽宁省营口市站前区人民法院判处有期徒刑五年，并处罚金10万元。

王某某审前未被羁押但被判处实刑，交付执行过程中，王某某及其家属以其身体有病为由申请暂予监外执行，法院随后启动保外就医鉴定工作。2011年5月17日，营口市站前区人民法院决定对王某某暂予监外执行一年。一年期满后，经社区矫正机构提示和检察机关督促，法院再次启动暂予监外执行鉴定工作。2014年7月29日，营口市站前区人民法院决定对王某某暂予监外执行一年。2015年1月16日，营口市站前区人民法院要求王某某提供经诊断短期内有生命危险的证明，王某某因无法提供上述证明被营口市站前区人民法院决定收监执行剩余刑期有期徒刑三年，已经暂予监外执行的两年计入执行刑期。2015年9月8日，王某某被交付执行刑罚。

2016年3月，辽宁省营口市人民检察院在对全市两级法院决定暂予监外执行案件检察中发现，王某某决定暂予监外执行所依据的证据材料有诸多疑点，经审查，王某某在两次司法鉴定中均未做头部CT检查。营口市人民检察院经审查认为，罪犯王某某暂予监外执行过程中有可能存在违纪或违法问题，经过调查核实，检察机关基本查明了王某某违法暂予监外执行的事实，认为相关工作人员涉嫌职务犯罪。2016年4月10日，营口市人民检察院以营口市中级人民法院技术科科长张某、营口市中医院司法鉴定所负责人赵某涉嫌徇私舞弊暂予监外执行犯罪，依法对其立案侦查。案件侦查终结后，检察机关以张某构成受贿罪、徇私舞弊暂予监外执行罪，赵某构成徇私舞弊暂予监外执行罪，依法向人民法院提起公诉。2017年5月27日，人民法院以张某犯受贿罪、徇私舞弊暂予监外执行罪，赵某犯徇私舞弊暂予监外执行罪，对二人定罪处罚。

判决生效后，检察机关依法向营口市站前区人民法院发出《纠正不当暂予监外执行决定意见书》，营口市站前区人民法院采纳了检察机关的监督意见，作出《收监执行决定书》，认定"罪犯王某某贿赂司法鉴定人员，被二次鉴定为符合暂予监外执行条件，人民法院以此为依据决定对其暂予监外执行合计二年，上述二年暂予监外执行期限不计入已执行刑期"。后王某某被收监再执行有期徒刑二年。

---

[1] 陈瑞华. 看得见的正义 [J]. 法制资讯，2010 (11)：66-67.
[2] 参见最高人民检察院第十九批指导性案例：王某某暂予监外执行监督案（检例第72号）。

【主要法律问题】

暂予监外执行制度是刑事执行的重要制度,我国刑事诉讼法确立检察机关对刑罚执行同步监督原则以规范该制度的正常运行,但当前关于检察机关对暂予监外执行制度的检察监督模式的有效性一直存有争议。

【主要法律依据】

《中华人民共和国刑法》(2020年12月26日修正)

第401条 司法工作人员徇私舞弊,对不符合减刑、假释、暂予监外执行条件的罪犯,予以减刑、假释或者暂予监外执行的,处三年以下有期徒刑或者拘役;情节严重的,处三年以上七年以下有期徒刑。

《中华人民共和国刑事诉讼法》(2018年10月26日修正)

第267条 决定或者批准暂予监外执行的机关应当将暂予监外执行决定抄送人民检察院。人民检察院认为暂予监外执行不当的,应当自接到通知之日起一个月以内将书面意见送交决定或者批准暂予监外执行的机关,决定或者批准暂予监外执行的机关接到人民检察院的书面意见后,应当立即对该决定进行重新核查。

第268条 对暂予监外执行的罪犯,有下列情形之一的,应当及时收监:

(一)发现不符合暂予监外执行条件的;

(二)严重违反有关暂予监外执行监督管理规定的;

(三)暂予监外执行的情形消失后,罪犯刑期未满的。

对于人民法院决定暂予监外执行的罪犯应当予以收监的,由人民法院作出决定,将有关的法律文书送达公安机关、监狱或者其他执行机关。

不符合暂予监外执行条件的罪犯通过贿赂等非法手段被暂予监外执行的,在监外执行的期间不计入执行刑期。罪犯在暂予监外执行期间脱逃的,脱逃的期间不计入执行刑期。

罪犯在暂予监外执行期间死亡的,执行机关应当及时通知监狱或者看守所。

《最高人民法院、最高人民检察院、公安部、司法部、国家卫生计生委〈暂予监外执行规定〉》(自2014年12月1日起施行)

第29条 人民检察院发现暂予监外执行的决定或者批准机关、监狱、看守所、社区矫正机构有违法情形的,应当依法提出纠正意见。

第30条 人民检察院认为暂予监外执行不当的,应当自接到决定书之日起1个月以内将书面意见送交决定或者批准暂予监外执行的机关,决定或者批准暂予监外执行的机关接到人民检察院的书面意见后,应当立即对该决定进行重新核查。

第31条 人民检察院可以向有关机关、单位调阅有关材料、档案,可以调查、核实有关情况，有关机关、单位和人员应当予以配合。

人民检察院认为必要时，可以自行组织或者要求人民法院、监狱、看守所对罪犯重新组织进行诊断、检查或者鉴别。

第 32 条　在暂予监外执行执法工作中，司法工作人员或者从事诊断、检查、鉴别等工作的相关人员有玩忽职守、徇私舞弊、滥用职权等违法违纪行为的，依法给予相应的处分；构成犯罪的，依法追究刑事责任。

【理论分析】

2012 年《刑事诉讼法》确立了检察机关的同步监督原则，在本案中，检察机关主动行使对暂予监外执行案件的法定监督权，并且敏锐地发现了刑事案件执行背后隐藏的职务违法案件，创新性地采用监督与侦查相辅相成的工作模式，对实现追诉犯罪与程序正义的双重价值具有重要意义。

基于暂予监外执行案件裁决的行政化与封闭化特点，实务界与理论界对检察机关的监督权行使的有效性产生怀疑，并分别提出新的监督模式。实务界有学者认为应探索建立开庭审判的暂予监外执行监督模式[1]，以弥补当前制度的程序缺陷；理论界有学者从监督与公开性角度提出听证决定程序监督模式[2]，且认为该程序优先于上述开庭审理监督模式，认为以检察机关为主体的监督模式在监督权的行使与亲历性方面存在不足，而以法院为主体的听证决定程序可以有效解决这些问题。

就本案看来，检察机关无论是在对暂予监外执行制度进行法律监督方面，还是在审查证据方面，是值得肯定的，对之后的检察监督工作具有重要的指导性作用。

【思考题】

(1) 当前暂予监外执行以检察机关为主体的监督模式是否合理？
(2) 你是否认可暂予监外执行的开庭审判监督模式与听证决定程序监督模式？

---

[1] 陈丽明. 审视与重塑：我国暂予监外执行审判模式之构建——以法院决定的暂予监外执行程序为视角[J]. 法律适用，2015 (11)：54-58.

[2] 张金科. 暂予监外执行制度的时代困境及其行动路向[J]. 湖南农业大学学报（社会科学版），2019，20 (6)：78-84.

民事诉讼法学部分

CHAPTER 1 第一章
民事诉讼基本原则

本章知识要点

（1）处分原则。处分原则体现了民事诉讼中的当事人意思自治。当事人有权在法律规定的范围内处分自己的民事权利和诉讼权利。民事诉讼处分原则是相对的、有限的，处分原则与国家干预相结合，当事人行使处分权要接受法院的审查监督。（2）诚信原则。诚信原则广泛适用于各类诉讼法律关系主体，尤其是民事诉讼当事人。根据诚信原则，诉讼法律关系主体在进行民事审判或实施诉讼行为时必须诚实而善意。违反诚信原则，将承担不利的法律后果。（3）自愿合法调解原则。法院调解是法院审理民事案件、解决民事纠纷的法定方式，体现了当事人行使处分权与法院行使审判权的有机结合。法院调解民事案件，应当遵循自愿、合法以及事实清楚、是非分明的原则，正确处理好调解与判决的关系。

第一节 处分原则

当事人意思自治是民法（私法）中的一项重要原则。民事诉讼是为解决私权纠纷而设置的司法救济机制，同样非常尊重当事人的意思自治。可以说，处分原则是意思自治这一实体法原则在程序法中的自然延伸。但是，由于诉讼法在本质上属于公法，其受国家干预的程度必然大于私法。因此，民事诉讼中的处分原则要求当事人在行使处分权的同时必须受到法院的审查监督。如何确定当事人处分权与国家干预的合理边界，是考验法官审判水平的重要标尺。

案例一　电梯劝阻吸烟猝死案[1]

【基本案情】

2017年5月2日，郑州医生杨某因在电梯内劝阻段某吸烟，两人发生争执。10多分钟后，69岁的段某突发心脏病死亡。段某的妻子田某将杨某诉至法院，要求其赔偿死亡赔偿金、丧葬费、精神抚慰金、医疗费等共计40余万元。2017年9月4日，郑州市金水区人民法院作出一审判决，认为杨某的行为与段某的死亡之间并无必然的因果关系，但段某确实在与杨某发生言语争执后猝死，依照《中华人民共和国侵权责任法》（以下简称《侵权责任法》）第24条的规定，受害人和行为人对损害的发生都没有过错的，可以根据实际情况，由双方分担损失。[2] 一审法院根据公平原则，判决杨某补偿田某1.5万元。

田某不服一审判决，上诉至郑州市中级人民法院（以下简称郑州市中院），请求撤销原判，判决支持田某的全部诉讼请求。

郑州市中院经审理后认为，本案应当适用《侵权责任法》第6条第1款规定："行为人因过错侵害他人民事权益，应当承担侵权责任。"根据该规定，确定杨某应否承担侵权责任，关键是要分析杨某对段某在电梯间吸烟进行劝阻与段某死亡的事实之间是否有因果关系、杨某是否存在过错。郑州市中院认为，杨某对段某在电梯间吸烟予以劝阻的行为与段某死亡结果不存在法律上的因果关系，杨某不存在过错，不应承担侵权责任。因此，对于田某关于杨某存在过错，应承担一般侵权责任的上诉理由不予支持。对于一审判决以段某确实在与杨某发生言语争执后猝死为由，依照《侵权责任法》第24条的规定，适用公平原则判决杨某补偿田某1.5万元，郑州市中院认为，适用该条的前提是行为与损害结果之间有法律上的因果关系，且受害人和行为人对损害的发生都没有过错。而本案中杨某劝阻吸烟行为与段某死亡结果之间并无法律上的因果关系，因此，一审判决适用法律错误。

郑州市中院认为，本案一审判决作出后，杨某虽然并未上诉，但一审判决适用法律错误，损害社会公共利益，依法应予改判。本案中，杨某对段某在电梯内吸烟予以劝阻合法正当，是自觉维护社会公共秩序和公共利益的行为，一审判决判令杨某分担损失，让正当行使劝阻吸烟权利的公民承担补偿责任，将会挫伤公民依法维护社会公共利益的积极性，既是对社会公共利益的损害，也与民法的立法宗旨相悖，不利于促

---

[1] 田某、杨某生命权、健康权、身体权纠纷二审民事判决书［EB/OL］．中国裁判文书网，［2018-02-02］．https://wenshu.court.gov.cn/website/wenshu/181107ANFZ0BXSK4/index.html?docId=dd271b5a015446acb5eaa87b011be2bd.

[2] 《民法典》已于2021年1月1日生效施行，该法第1186条规定："受害人和行为人对损害的发生都没有过错的，依照法律的规定由双方分担损失。"《侵权责任法》同时废止。

进社会文明,不利于引导公众共同创造良好的公共环境。因此,一审判决判令杨某补偿田某1.5万元错误,依法予以纠正。

综上,郑州市中院认为田某的上诉请求不能成立,应予驳回;一审判决认定事实正确,但适用法律错误,应当予以纠正。经审判委员会讨论决定,2018年1月12日,郑州市中院对该案作出终审判决,撤销金水区法院的一审判决;驳回田某的全部诉讼请求。

【主要法律问题】

电梯劝阻吸烟猝死案曾经备受全国关注,并被《人民法院报》评选为2018年度人民法院十大民事行政案件之一。本案二审判决作出后,不仅在普通民众中引起热议和好评,也有诸多法学专家为二审判决点赞。人们普遍认为,劝阻吸烟是正义行为,目的是维护社会秩序和公共利益,郑州市中院二审作出改判,坚持维护社会秩序和公共利益,具有支持正义、引导社会价值观念和道德评判风向标的意义。但在诉讼程序方面,二审法院在一审被告没有上诉的情况下,作出了有利于一审被告的判决,撤销一审判决,驳回上诉人(一审原告)的全部诉讼请求,此举是否符合法律规定?是否与处分原则相冲突?有学者从诉讼法的角度对本案进行分析,提出了不同的意见和观点。

【主要法律依据】

《中华人民共和国民事诉讼法》(2021年12月24日修正)

第13条 当事人有权在法律规定的范围内处分自己的民事权利和诉讼权利。

第175条 第二审人民法院应当对上诉请求的有关事实和适用法律进行审查。

《最高人民法院关于适用〈中华人民共和国民事诉讼法〉的解释》(2022年3月22日修正)

第321条 第二审人民法院应当围绕当事人的上诉请求进行审理。

当事人没有提出请求的,不予审理,但一审判决违反法律禁止性规定,或者损害国家利益、社会公共利益、他人合法权益的除外。

【理论分析】

一、处分原则的基本内涵

处分原则是指,民事诉讼当事人对于自己享有的民事权利和诉讼权利,有权在法律规定的范围内自由支配。处分原则集中体现在《中华人民共和国民事诉讼法》(以下简称《民事诉讼法》)第13条第2款,即当事人有权在法律规定的范围内处分自己的民事权利和诉讼权利。一般认为,处分原则的内涵包括以下三个方面:

(1)处分权的主体是当事人。此外,与当事人地位类似的诉讼参加人,如当事人的法定代理人、经特别授权的委托代理人也可以代当事人处分民事权利和诉讼权利。

（2）当事人处分民事权利和诉讼权利必须在法律规定的范围内进行。即我国民事诉讼的处分原则是有限的、相对的，处分原则应当与国家干预相结合。如果当事人的处分行为超过了法律规定的范围，损害了国家利益、社会公共利益或他人合法权益，其处分行为就是无效的。当事人对民事权利和诉讼权利的处分必须符合法律规定，如原告撤诉必须经人民法院同意，对涉及身份关系的事项不适用自认等。为规范当事人的处分行为，在民事诉讼中法院应当对当事人的处分行为进行审查。

（3）当事人的处分权包括对实体权利的处分和对诉讼权利的处分。

二、"电梯劝阻吸烟猝死案"二审判决中的处分原则之例外

由于我国民事诉讼的处分原则是相对的，当事人处分实体权利和诉讼权利应当在法律规定的范围内进行，如果当事人的处分行为损害了国家利益、社会公共利益或他人合法权益，其处分行为就是无效的。法院可以不受当事人处分行为的限制。

当事人的处分行为既包括积极处分行为，也包括消极处分行为。对于当事人的积极处分行为，如发生纠纷后向法院起诉提出具体的诉讼请求，在诉讼过程中增加或变更诉讼请求、不服判决向上级法院提出上诉等，法院在审查后依据事实和法律对不同的处分行为分别予以支持或者不予支持。对于当事人的消极处分行为，即放弃民事权利或诉讼权利的行为，如不起诉、不上诉等，法院能否进行干预？如何划定当事人处分权与国家干预的界限？对此问题，应当予以审慎思考和妥善处理。

"电梯劝阻吸烟猝死案"的二审判决理由中就存在排除适用处分原则的情况，在仅有一审原告上诉要求支持其全部诉讼请求、增加被告赔偿金额，而一审被告未提出上诉的情况下，改判驳回一审原告全部诉讼请求，被告无须承担任何赔偿责任。该案的二审判决在实体处理方面广受好评；在程序方面，有相当多的学者支持二审法院排除处分原则的适用，认为该案体现了维护社会公共利益原则而应当属于处分原则的例外情形。但仍有部分学者持不同观点，认为本案不属于处分原则的例外情形，对二审法院以维护社会公共利益为由撤销原判的做法并不赞同。

（1）以"损害社会公共利益"作为超出上诉请求进行改判的理由是否妥当。

实践中，"社会公共利益"常常被作为处分原则适用的例外情形，成为法院对当事人处分行为予以干预的理由。民事诉讼法及其解释关于二审审理范围的规定，可以说直观地体现了处分原则的适用及其例外。现结合案例进行分析。

《民事诉讼法》第 175 条规定："第二审人民法院应当对上诉请求的有关事实和适用法律进行审查。"《最高人民法院关于适用〈中华人民共和国民事诉讼法〉的解释》（以下简称《民事诉讼法解释》）第 321 条进一步规定："第二审人民法院应当围绕当事人的上诉请求进行审理。当事人没有提出请求的，不予审理，但一审判决违反法律禁止性规定，或者损害国家利益、社会公共利益、他人合法权益的除外。"

在本案的二审程序中，一审原告田某提出了上诉，认为一审判决认定杨某的行为与段某的死亡之间并无必然的因果关系错误；一审法院适用公平原则错误，杨某存在过错，应当承担一般侵权责任。这是原告的积极处分行为。二审法院原则上应当围绕

上诉人的上诉请求对有关事实和适用法律进行审查；当事人没有提出请求的，则不予审理。而被告杨某对一审判令其补偿原告 1.5 万元的判决并未提出上诉，则是被告的消极处分行为，即被告接受了一审判决结果，放弃了上诉权。

对于本案双方当事人处分上诉权的行为，一方面，郑州市中院针对上诉人田某的上诉请求，从事实和法律方面进行审查，认为杨某对段某在电梯间吸烟予以劝阻的行为与段某死亡结果不存在法律上的因果关系，杨某不存在过错，不应承担侵权责任。而一审法院适用《侵权责任法》第 24 条的公平原则判决杨某补偿田某 1.5 万元，属于适用法律错误。上述判决内容显然是符合处分原则的。另一方面，郑州市中院还认为，虽然一审被告杨某未上诉，但一审判决适用法律错误，损害社会公共利益，依法应予改判。杨某对段某在电梯内吸烟予以劝阻合法正当，是自觉维护社会公共秩序和公共利益的行为，一审判决判令杨某分担损失，让正当行使劝阻吸烟权利的公民承担补偿责任，将会挫伤公民依法维护社会公共利益的积极性，既是对社会公共利益的损害，也与民法的立法宗旨相悖，不利于促进社会文明，不利于引导公众共同创造良好的公共环境。因此，一审判决判令杨某补偿田某 1.5 万元错误，应当予以纠正。

我们认为，此案的二审判决确实值得称道，但从诉讼法的角度来分析，仍然略有瑕疵。主要体现在二审法院以一审判决"损害社会公共利益"为由，在被告未上诉的情况下改判被告不承担任何责任。"损害社会公共利益"确实是超出上诉请求进行改判的法定理由，但运用在本案中却很牵强。社会公共利益属于处分原则适用的例外，其应限制为当事人的处分行为本身损害了社会公共利益。本案中，杨某没有上诉，表明他对原判决判令自己承担的 1.5 万元进行了处分，放弃了这部分利益，而放弃利益的行为本身显然不能被认定为"损害社会公共利益"。既然没有理由禁止杨某作出这种处分行为，那么，二审判决援引《民事诉讼法解释》第 323 条❶规定，并特别指出"本案一审判决作出后，杨某未上诉，但一审判决适用法律错误，损害社会公共利益，依法应予改判"，显然就不太妥当了。

（2）二审法院以一审判决适用法律错误为由进行改判，是否违背处分原则。

二审法院在判决中指出，一审判决依据《侵权责任法》第 24 条"受害人和行为人对损害的发生都没有过错的，可以根据实际情况，由双方分担损失"判令被告杨某补偿田某 1.5 万元，属于适用法律错误。二审判决认为，适用《侵权责任法》第 24 条的前提是行为与损害结果之间有法律上的因果关系，且受害人和行为人对损害的发生都没有过错；本案中杨某劝阻吸烟行为与段某死亡结果之间并无法律上的因果关系，因此，一审判决适用法律错误。

本案中对于一审判决适用法律错误，二审法院可否审理？是否违背处分原则？我们认为，二审法院是可以审理的，且不违背处分原则。

首先，本案原告在上诉中明确提出了一审法院适用公平原则错误，认为杨某存在

---

❶ 现为《民事诉讼法解释》第 321 条。

过错，应当承担一般侵权责任。二审法院对上诉请求的有关法律问题进行审查，并未超出上诉请求的范围，完全符合处分原则。

其次，即使原告并未特意提出一审判决适用法律错误，也不影响法院对上诉请求从法律方面进行审查。因为诉讼中的法律问题不适用当事人主义，不需要当事人提出，法官应当在诉讼过程中依职权查明。二审法院只要发现一审判决可能错误适用了《侵权责任法》第24条，就有权审理和纠正这种错误。

(3) 总结。

通过以上分析，可以得出结论：一审判决适用法律确有错误，导致裁判结果错误，损害了被告的利益；对于一审判决，仅有原告提出上诉要求改判支持其全部诉讼请求，被告则并未上诉，放弃了诉讼权利和实体权利。虽然当事人放弃上诉的处分行为本身并不违反法律规定，也未损害国家利益、社会公共利益、他人合法权益，但二审法院在对上诉人的上诉请求进行审查时，发现一审判决适用法律错误，依法撤销原判、改判驳回原告的全部诉讼请求。虽然判决结果对原告不利、对被告有利，但以"适用法律错误"为由进行改判完全符合法律规定，并不违背处分原则。

然而，郑州市中院在判决中过分强调"社会公共利益"，将"适用法律错误"等同于"损害社会公共利益"，并将"杨某未上诉，但一审判决适用法律错误，损害社会公共利益"作为改判的理由，则不太妥当，容易造成"社会公共利益"例外的滥用，甚至可能会形成对处分原则的过度干预。

【思考题】

(1) 如何理解处分原则与国家干预的关系？
(2) 在什么情形下可以依据"社会公共利益"排除处分原则的适用？

第二节 诚信原则

诚信原则是我国《民事诉讼法》在2012年修正时确立的一项基本原则。诚信原则原本只适用于私法，被称为民法中的"帝王条款"。随着民事诉讼观念和制度的不断发展，许多国家和地区开始将诚信原则引入民事诉讼法，在民事诉讼法典中规定或体现诚信原则已经成为现代民事诉讼立法的基本发展趋势。❶

我国学者对于诚信原则应成为民事诉讼基本原则已经达成共识，但对于诚信原则适用的对象范围、诚信原则的具体内容应如何界定等问题，仍然在进行思考和讨论。

---

❶ 江伟. 民事诉讼法：第5版 [M]. 北京：高等教育出版社，2016：37.

案例二　王某滥用管辖权异议案[1]

【基本案情】

2019年7月30日，青岛市市北区法院受理一起抚养费纠纷案件。审理过程中，被告王某以其户籍所在地及经常居住地在李沧区为由提出管辖权异议，青岛市市北区法院裁定移送青岛市李沧区法院审理。

2019年12月3日，青岛市李沧区法院立案。王某收到开庭传票后再次提出管辖权异议，并提交居住证明和房屋租赁合同，称其自2018年7月以来一直在山东烟台莱州市居住，请求将本案移送莱州市人民法院审理。

李沧区法院收到王某提交的材料后，经综合分析研判认为，王某前后两次管辖权异议间隔仅四个月，关于经常居住地的主张更是自相矛盾，因此认定王某在诉讼中的表现有滥用管辖权异议拖延诉讼之嫌。李沧区法院最终根据民事诉讼法的规定，决定对王某处以罚款3000元，并对其进行了批评教育。

【主要法律问题】

诚信原则广泛适用于各类诉讼法律关系主体，尤其是民事诉讼当事人。诚信原则要求当事人在行使诉讼权利、实施诉讼行为时必须诚实而善意，不得滥用权利。否则即构成对诚信原则的违反，法院可对其施加制裁。但诚信原则是一个抽象的法律原则，目前尚无具体的适用规则。司法实践中，法院在适用诚信原则规制当事人的诉讼行为时，如果不能将诚信原则具体化、明确化，则易对当事人的诉讼行为造成过多的限制，影响当事人正当行使诉讼权利。

【主要法律依据】

《中华人民共和国民事诉讼法》（2021年12月24日修正）

第13条　民事诉讼应当遵循诚信原则。

第52条　……当事人必须依法行使诉讼权利，遵守诉讼秩序，履行发生法律效力的判决书、裁定书和调解书。

第115条　当事人之间恶意串通，企图通过诉讼、调解等方式侵害他人合法权益的，人民法院应当驳回其请求，并根据情节轻重予以罚款、拘留；构成犯罪的，依法追究刑事责任。

第116条　被执行人与他人恶意串通，通过诉讼、仲裁、调解等方式逃避履行法

---

[1] 法制青岛新闻中心. 案例说法：滥用管辖权异议，罚你没商量 [EB/OL]. 搜狐网，[2020-04-13]. https://www.sohu.com/a/387702108_100238051?scm=1002.44003c.fe0215.PC_ARTICLE_REC.

律文书确定的义务的，人民法院应当根据情节轻重予以罚款、拘留；构成犯罪的，依法追究刑事责任。

《最高人民法院关于适用〈中华人民共和国民事诉讼法〉的解释》（2022年3月22日修正）

第110条　人民法院认为有必要的，可以要求当事人本人到庭，就案件有关事实接受询问。在询问当事人之前，可以要求其签署保证书。

保证书应当载明据实陈述、如有虚假陈述愿意接受处罚等内容。当事人应当在保证书上签名或者捺印。

负有举证证明责任的当事人拒绝到庭、拒绝接受询问或者拒绝签署保证书，待证事实又欠缺其他证据证明的，人民法院对其主张的事实不予认定。

第340条　当事人在第一审程序中实施的诉讼行为，在第二审程序中对该当事人仍具有拘束力。

当事人推翻其在第一审程序中实施的诉讼行为时，人民法院应当责令其说明理由。理由不成立的，不予支持。

【理论分析】

一、诚信原则的含义及其发展

民事诉讼中的诚信原则，是指民事诉讼法律关系主体，包括法院、当事人及其他诉讼参与人在审理民事案件和实施诉讼行为时应当讲诚实、守信用，秉着公正、善意的态度进行民事诉讼。

诚信原则作为一个法律概念起源于罗马法时期，即诚信契约和诚信诉讼。其最初的含义即着重于诉讼的诚信，这可以算作诚信原则适用于诉讼法的最初发端。[1] 在现代法律体系中，诚信原则一直适用于私法领域，被认为是民法中的"帝王条款"，是否应当将诚信原则引入民事诉讼这一公法领域则长期存在"肯定说"和"否定说"的争论。

"肯定说"认为，民事诉讼法虽然是公法，但其目的主要是以诉讼方式解决当事人之间的私权纠纷；民事诉讼法与民事实体法都强调尊重当事人的意思自治，基于民事诉讼法与民事实体法一体化的考虑，既然民事实体法要求当事人在民事活动中应当本着诚实善意的态度行使权利、履行义务，那么民事诉讼法在赋予当事人处分权的同时也应当确立诚信原则。诚信原则不仅适用于民事权利义务关系的产生、变更、终结过程（私法领域），也应当适用于民事权利义务纠纷的解决过程（民事诉讼）。

"否定说"认为，诚实信用是一个内涵和外延都较为模糊的道德准则，而民事诉讼作为解决民事纠纷的国家司法制度和程序，应当适用客观而明确的法律标准，对法院、当事人及诉讼参与人的要求也应当是依照法定的程序和方式进行诉讼活动，遵循具体

---

[1] 吴英姿. 民事诉讼法：原理与实训 [M]. 南京：南京大学出版社，2014：30.

的程序规范即可，没有必要在具体规则之上再遵循道德伦理规范。如将诚实信用确立为民事诉讼的基本原则，则可能造成程序法适用上的不确定性。

"否定说"在较长一段时期为多数学者所赞同。传统的诉讼观念一般将诉讼过程看作当事人之间的竞技对抗活动，当事人双方的诉讼行为往往被称为"诉讼攻击与防御"。在诉讼攻防活动中，双方当事人为了追求胜诉往往会采取各种诉讼手段和技巧，包括诉讼突袭、拖延程序、干扰对方的诉讼活动等手段。但各种诉讼手段在诉讼中的滥用不仅造成诉讼的道德风险，而且当事人通过操弄诉讼技巧甚至阴谋诡计来追求胜诉，而非依据事实、证据和法律获取胜诉利益，这显然与民事诉讼公平解决纠纷、保护合法权益的目的相悖。

为了对当事人的诉讼行为进行规范，到了19世纪末20世纪初，"肯定说"成为主流观点。人们逐渐认识到，民事诉讼虽然是一种对抗性的纠纷解决方式，但当事人之间的对抗应当限制在合理的限度内；除了诉讼对抗，还应当重视和强调当事人之间的沟通与合作，以促进民事纠纷的理性解决。以个人主义为中心的诉讼观念逐渐被摒弃，自由主义诉讼观开始向社会协同主义诉讼观发展。人们越来越关注诉讼的非对抗性以及对社会共同利益的维护，越来越重视提高诉讼效率、减少不必要的诉讼耗费。在法律社会化的演变过程中，许多国家和地区开始将诚信原则引入民事诉讼法，对当事人的诉讼行为提出了更高的道德要求。如1895年《奥地利民事诉讼法》第178条规定：当事人据以声明所必要之一切情事，须完全真实且正确陈述之。1911年《匈牙利民事诉讼法》第222条规定：当事人或代理人以恶意陈述显然虚伪之事实，或对他陈述之事实为显然无理由之争执提出显然不必要之证据者，法院应科以定额以下之罚款。1933年修改后的《德国民事诉讼法》也明确规定了当事人的真实义务；1996年《日本民事诉讼法》则对诚信原则作出了一般性规定：法院应为民事诉讼公正迅速地进行而努力；当事人进行民事诉讼，应以诚实信用原则为之❶。法国、意大利等国家也都相继在民事诉讼法中确立了诚实信用原则。

我国2012年《民事诉讼法》在原第13条"当事人有权在法律规定的范围内处分自己的民事权利和诉讼权利"的基础上新增"民事诉讼应当遵循诚实信用原则"的规定，并将其作为第13条第1款，这标志着诚实信用原则正式被确立为我国民事诉讼的基本原则。2021《民事诉讼法》在第四次修正时将"诚实信用"改为"诚信"，即"民事诉讼应当遵循诚信原则"。

二、诚信原则对当事人的适用

诚信原则作为民事诉讼的基本原则，已经逐渐渗透到诸多民事诉讼程序和制度中，并广泛适用于所有诉讼法律关系主体。但在司法实践中，诚信原则首先表现为对当事人处分权的合理限制，主要用来规制当事人的诉讼行为，防止当事人违反诚信原则、滥用处分权。本节仅探讨诚信原则对当事人的适用。

---

❶ 曹守晔. 诚实信用原则入法与小额诉讼机制创新 [J]. 人民司法（应用），2012（21）：7.

（1）禁反言，即禁止反悔及矛盾行为。禁反言，是指当事人实施的某种行为，使对方当事人相信其行为将出现一定的法律状态，并基于此种行为认知而采取诉讼活动，那么当事人就不得否定自己先前的行为。禁反言通过禁止当事人事后反悔或采取矛盾的行为来防止损害对方当事人基于信任而产生的正当利益，侧重保护的是对方当事人的利益。只要从客观上来看对方当事人的相信是合理的，其就应受法律保护。❶

（2）履行真实义务。真实义务是诚信原则最初的表现形态，是指当事人在诉讼中应当如实陈述案件事实，不得故意作虚假陈述，不得虚构、伪造证据，不得干扰法院对案件事实的判断。法院是根据当事人的陈述和举证来审查认定事实的，如果当事人进行虚假陈述，必然会影响法院正确认定案件事实，进而违反诉讼形式上以及实体上的公正。因此，基于诚信原则，当事人在诉讼中的虚假陈述，包括虚假的自认，对法院不产生拘束力，法院将不认可该自认事实，不将其作为判决的基础。❷

（3）禁止以不正当的方法形成有利于自己的诉讼状态。如果当事人恶意利用法律漏洞或者规避法律，使自己处于有利的诉讼地位，或者使用不正当的手段妨碍对方实施诉讼行为，从而形成有利于自己的诉讼状态，那么必然会损害他人的利益，造成当事人之间的不公平。如故意变更合同履行地以骗取案件的审判管辖，或以不正当的理由获准财产保全、证据保全、先予执行等。根据诚信原则的要求，采取不正当手段获取的对自己有利的诉讼状态，其诉讼行为应当无效。对方当事人可以提出异议，法院也可以根据诚信原则否定当事人恶意实施的诉讼行为。

（4）禁止滥用诉讼权利。当事人在民事诉讼中享有广泛的诉讼权利，同时也承担相应的诉讼义务。诚信原则要求当事人必须善意行使诉讼权利、依法履行诉讼义务。滥用诉讼权利显然违背诚信原则的要求。所谓滥用诉讼权利，是指对于民事诉讼法规定的诉讼权利，当事人没有正当理由而随意行使，甚至恶意行使，目的在于拖延诉讼，或者阻挠诉讼的正常进行。例如，滥用反诉权、回避申请权、管辖异议权等。当事人滥用诉讼权利的行为违背诚信原则，应当予以禁止。

（5）促进诉讼的义务。诚信原则要求当事人各方应当服从法院的诉讼指挥，相互协作，及时实施诉讼行为，不得故意拖延诉讼或干扰诉讼的进行。

三、当事人违反诚信原则的表现及后果

（1）违反诚信原则的表现形式。

当事人违反诚信原则的诉讼行为形式多样，其实质都可归结为对诉讼权利的滥用。结合司法实践，可以将当事人违反诚信原则的行为概括为两类。

①滥用起诉权。例如，通过捏造事实、伪造证据、虚构法律关系等方式恶意提起

---

❶ 兼子一，竹下守夫. 日本民事诉讼法 [M]. 白绿铉，译. 北京：法律出版社，1995：79.
❷ 《民事诉讼法解释》第 92 条：一方当事人在法庭审理中，或者在起诉状、答辩状、代理词等书面材料中，对于己不利的事实明确表示承认的，另一方当事人无需举证证明。对于涉及身份关系、国家利益、社会公共利益等应当由人民法院依职权调查的事实，不适用前款自认的规定。自认的事实与查明的事实不符的，人民法院不予确认。

诉讼；明知自己缺乏合法的诉讼理由，却随意提起诉讼使他人处于不利的境地，以达到损害对方当事人的社会声誉、商业信誉、正常生活或生产经营等不正当目的。再如，双方当事人恶意串通提起虚假诉讼，意图损害国家利益、社会公共利益或他人合法权益，等等。

②滥用其他诉讼权利。如虚假陈述、拖延诉讼、妨碍对方当事人举证、毫无根据地申请回避或提出管辖异议等。

滥用起诉权与其他诉讼权利的行为都严重违反了诚信原则的要求，不仅损害了对方当事人或国家、社会、他人的合法权益，而且妨碍了民事诉讼秩序，影响司法公正和诉讼效率。对违反诚信原则、滥用诉讼权利的行为必须加以制止和制裁。

（2）违反诚信原则的法律后果。

当事人违反诚信原则，将会产生程序上和实体上的不利后果，具体包括以下几个方面。

①已实施的诉讼行为无效。当事人的诉讼行为只有符合法律规定，才能产生相应的法律效力。如果当事人违反诚信原则，滥用诉讼权利，则已经实施的诉讼行为将会被法院认定为无效。

②承担相应法律制裁。当事人的诉讼行为如果严重违反诚信原则，主观恶意明显，法院可以根据情节轻重对当事人予以罚款、拘留；构成犯罪的，依法追究刑事责任。

③承担由于不正当行为而增加的诉讼费用、赔偿给对方当事人造成的损失。一方当事人违反诚信原则、滥用诉讼权利，由此造成对方当事人增加差旅、误工、证人出庭作证、诉讼等合理费用，或者给对方当事人造成损失或扩大损失的，法院可以根据对方当事人的请求命令不当行为人承担上述费用。

本案例中，被告王某的行为属于滥用诉讼权利、违反诚信原则的不正当行为。王某前后两次提出管辖权异议的时间间隔仅四个月；第一次王某以其户籍所在地及经常居住地在李沧区为由提出管辖权异议，市北区法院裁定移送李沧区法院审理后，王某又称其自2018年7月以来一直在山东烟台莱州市居住，提出第二次管辖权异议，其关于经常居住地的主张自相矛盾。王某在诉讼中的表现，有非常明显的滥用管辖权异议拖延诉讼之嫌。提出管辖权异议是法律赋予当事人的诉讼权利，当事人应当出于诚实、善意的目的依法行使该权利。但被告为了拖延诉讼，恶意、滥用管辖权异议，损害对方当事人的利益，浪费司法资源，因此法院可根据诚信原则对其滥用诉讼权利的行为进行处罚。

【思考题】

我国民事诉讼法对于诚信原则的规定是否还有需进一步完善之处？

第三节　自愿合法调解原则

自愿合法调解原则是我国民事诉讼法的一项基本原则。调解广泛应用于法院的审判工作，是人民法院审理和解决民事案件的重要方式，调解书与判决书具有同等的法律效力。近年来，随着我国民事诉讼法的修正，法院调解又有了新的变化，法院在司法实践中越发重视诉调对接工作，该工作也在学术界引起广泛的关注和探讨。

案例三　深圳警方地域歧视被诉案[1]

【基本案情】

2005年3月，深圳市公安局龙岗区分局龙新派出所在无任何证据证明其辖区内存在"河南籍敲诈勒索团伙"的前提下，为打击辖区的刑事犯罪，在辖区的怡丰路黄龙塘市场附近的大街上悬挂"坚决打击河南籍敲诈勒索团伙"和"凡举报河南籍团伙敲诈勒索犯罪、破获案件的，奖励500元"的横幅。3月30日，南方某报以《派出所悬挂打击河南籍犯罪团伙横幅惹争议》为题报道了此事。随后被国内多家媒体转载，并引起网友热议。4月15日，两位河南籍公民任某某和李某某以深圳市公安局龙岗区分局的行为侵害了二人的名誉权为由，向郑州市高新区人民法院提起诉讼。

二原告认为，被告下属机构龙新派出所对二原告家乡的地域歧视和对整个河南籍人群的否定性社会评价，不仅严重违背了《中华人民共和国宪法》第33条第2款确立的"中华人民共和国公民在法律面前人人平等"的宪法基本原则，而且直接损害了二原告家乡及所有河南籍中国公民和河南籍侨民的声誉和名誉，伤害了二原告对家乡的感情及对家乡应有的荣誉感，因此被告的行为已侵害了二原告作为河南籍中国公民所应享有的名誉权和精神健康。要求法院判令被告依法就其侵权行为对二原告公开赔礼道歉，并将道歉内容在一家人民法院认可的国家级新闻媒体上公开发表。

此案件被称为"全国首例地域歧视案"，引起了社会各界的广泛关注和普遍热议。郑州市高新区人民法院受理此案后，以调解方式对案件进行处理。经法院主持调解，双方当事人自愿达成了如下调解协议：被告深圳市公安局龙岗区分局向原告任某某、李某某赔礼道歉，二原告对被告深圳市公安局龙岗区分局表示谅解，自愿放弃其他诉讼请求。

---

[1] 北京娱乐信报. 挂出地域歧视条幅被起诉　深圳警方向河南籍公民道歉［EB/OL］. 搜狐新闻网，［2006-02-09］. http://news.sohu.com/20060209/n241733888.shtml.

【主要法律问题】

自愿合法调解原则作为民事诉讼的一项基本原则，体现了当事人行使处分权与法院行使审判权的有机结合。虽然法院调解是我国民事诉讼的一项基本原则，但这并不意味着调解适用于所有的民事诉讼案件或程序。是否用调解方式处理案件，不但要考虑当事人有无调解意愿，还要考虑案件能否调解。法院对民事案件进行调解，应当遵循自愿、合法以及事实清楚、是非分明原则。对自愿合法调解原则的准确把握，直接关系到法院调解的适用效果。

【主要法律依据】

《中华人民共和国民事诉讼法》（2021年12月24日修正）

第9条 人民法院审理民事案件，应当根据自愿和合法的原则进行调解；调解不成的，应当及时判决。

第96条 人民法院审理民事案件，根据当事人自愿的原则，在事实清楚的基础上，分清是非，进行调解。

第97条 人民法院进行调解，可以由审判员一人主持，也可以由合议庭主持，并尽可能就地进行。

人民法院进行调解，可以用简便方式通知当事人、证人到庭。

第98条 人民法院进行调解，可以邀请有关单位和个人协助。被邀请的单位和个人，应当协助人民法院进行调解。

第99条 调解达成协议，必须双方自愿，不得强迫。调解协议的内容不得违反法律规定。

第100条 调解达成协议，人民法院应当制作调解书。调解书应当写明诉讼请求、案件的事实和调解结果。

调解书由审判人员、书记员署名，加盖人民法院印章，送达双方当事人。调解书经双方当事人签收后，即具有法律效力。

第101条 下列案件调解达成协议，人民法院可以不制作调解书：

（一）调解和好的离婚案件；

（二）调解维持收养关系的案件；

（三）能够即时履行的案件；

（四）其他不需要制作调解书的案件。

对不需要制作调解书的协议，应当记入笔录，由双方当事人、审判人员、书记员签名或者盖章后，即具有法律效力。

第102条 调解未达成协议或者调解书送达前一方反悔的，人民法院应当及时判决。

第125条 当事人起诉到人民法院的民事纠纷，适宜调解的，先行调解，但当事人拒绝调解的除外。

第 136 条　人民法院对受理的案件，分别情形，予以处理……

（二）开庭前可以调解的，采取调解方式及时解决纠纷……

【理论分析】

法院调解是我国民事审判工作的优良传统和成功经验，自愿合法调解原则作为民事诉讼法的一项基本原则，体现了重视调解、调判结合的中国特色。

一、法院调解的性质

我国学者一般认为法院调解具有双重性质，即法院调解是法院审判行为与当事人处分行为的结合。此观点是诉讼法学界的通说，也称双重行为说、审判行为与处分行为相结合说，主张从法院的审判行为与当事人的处分行为两个层面来认识法院调解的性质。从法院角度来看，法院调解是在法院审判人员主持下、通过审判人员的说服教育，促成当事人达成合意从而解决纠纷的过程，是法院审理和解决民事案件的法定方式之一。从当事人角度来看，法院调解体现了当事人对自己实体权利和诉讼权利的处分；调解协议是当事人在平等自愿的基础上协商一致达成的合意，而非法院的强制裁判。

将法院调解的性质界定为法院审判行为与当事人处分行为相结合的双重行为说，是符合我国民事诉讼立法精神和司法实践现状的。法院调解的双重性质意味着，调解制度的程序设置应当兼具诉讼解决纠纷与合意解决纠纷的特征，既要强调审判权行使的合法性，加强调解中的程序保障和调解结果的正当性审查；又要尊重处分权行使的自愿性，调解程序和调解协议应保障当事人的充分参与和自由协商。

二、法院调解的原则

法院调解作为法院行使审判权与当事人行使处分权的法定方式，应当符合诉讼解决纠纷以及合意解决纠纷的共同要求。简言之，法院调解应当遵循以下原则。

（1）自愿原则。

《民事诉讼法》第 9 条对调解的自愿原则作了原则性规定，第 96 条再次强调调解应当遵循当事人自愿的原则，第 99 条又进一步规定"调解达成协议，必须双方自愿，不得强迫"。根据上述规定，法院调解活动的进行和调解协议的达成，都必须遵循自愿原则。自愿原则包括程序上的自愿和实体上的自愿两方面。

①程序上的自愿，是指是否以调解的方式解决争议，取决于双方当事人的意愿，法院不得强迫调解。凡是当事人坚持不同意调解的，法院不得强行调解。但离婚案件例外，法院审理离婚案件，调解是必经程序，但对于调解不成的应当及时判决，不能久调不决。

②实体上的自愿，是指调解能否达成协议应取决于双方当事人的意愿，协议的内容应当反映双方当事人的真实意思。法官在调解过程中可以提出调解方案，可以对当

事人进行说服劝导，但不得将自己的意思强加于当事人。

（2）合法原则。

调解的合法原则也包括程序上的合法性和实体上的合法性两个方面。

①程序上的合法性，是指法院调解应当适用民事诉讼法规定的程序，调解的开始、调解的方式、调解的组织形式、调解书的送达等都应当符合民事诉讼法的要求。

②实体上的合法性，是指调解协议的内容要符合法律的规定。但调解协议的合法性与判决的合法性不同。调解协议的内容体现了当事人对其实体权利的处分。民事诉讼法对调解协议合法性的要求是"调解协议的内容不得违反法律规定"，对此应当理解为，调解协议的内容不得违反法律的禁止性规定，不得损害国家利益、社会公共利益和他人合法权益。

（3）事实清楚、是非分明原则。

法院调解具有法院行使审判权的性质，以事实为根据、以法律为准绳是法院审判工作的基本原则，也是法院调解必须遵循的原则。因此，法院调解必须在事实清楚、是非分明的基础上进行，这既是调解的性质所要求的，也是调解取得成功所必需的。只有在案件事实清楚、是非责任明确的基础上，法官才能抓住当事人争执的焦点，有针对性地对当事人展开说服教育，促使当事人消除分歧、互谅互让，在自愿的基础上达成协议。

需要指出的是，调解中"事实清楚"的意义不同于判决。判决中认定的案件事实应当达到证据规则要求的证明标准，才属于"事实清楚"，在此基础上法院适用法律对当事人之间的权利义务关系进行裁判才能真正的"定分止争"。而在调解中，由于当事人行使处分权是调解成立的重要因素，因此对法院查明案件事实的要求相对较低。只要案件基本事实清楚，能够起到说服当事人达成协议的作用，法官不需要严格按照判决的标准彻底查清案件事实。

三、我国法院调解制度的发展现状

我国法院调解经历了由中华人民共和国成立之初"调解为主"方针，到试行民事诉讼法"着重调解"原则，再到现行民事诉讼法"自愿合法调解"原则的发展历程，这一过程是也是对判决与调解的关系正确定位的过程。

曾经有学者认为，法院调解制度弊大于利，应当予以取消。但大多数学者认为，法院调解虽然存在一些弊端，诸如对权利保护的不足、法律对法官约束的软化助长了司法不公等，但法院调解作为我国民事诉讼的一项基本原则和重要诉讼制度，是长期以来民事审判工作经验的总结，在我国的民事审判实践中发挥了不可低估的作用。

近年来，法院调解重新获得重视，出现了"复兴"之势，这与我国社会转型时期国家社会治理战略的调整密切相关。

《人民法院第三个五年改革纲要（2009—2013）》提出"建立健全多元纠纷解决机制……配合有关部门大力发展替代性纠纷解决机制，扩大调解主体范围，完善调解机制，为人民群众提供更多可供选择的纠纷解决方式。加强诉前调解与诉讼调解之间的有效衔接，完善多元纠纷解决方式之间的协调机制，健全诉讼与非诉讼相衔接的矛盾纠纷调处机制"。

2012年《民事诉讼法》第125条增加规定了"先行调解"，又称为立案调解、诉前调解，即"当事人起诉到人民法院的民事纠纷，适宜调解的，先行调解，但当事人拒绝调解的除外"。第136条明确了庭前调解，即"人民法院对受理的案件，开庭前可以调解的，采取调解方式及时解决纠纷"。《民事诉讼法解释》对法院调解的程序、效力、协助调解与委托调解等问题进行补充规定。

2016年6月28日最高人民法院发布《关于人民法院进一步深化多元化纠纷解决机制改革的意见》，提出"建设功能完备、形式多样、运行规范的诉调对接平台，畅通纠纷解决渠道，引导当事人选择适当的纠纷解决方式；合理配置纠纷解决的社会资源，完善和解、调解、仲裁、公证、行政裁决、行政复议与诉讼有机衔接、相互协调的多元化纠纷解决机制"，并提出了健全特邀调解制度、建立法院专职调解员制度、推动律师调解制度建设、探索无争议事实记载机制和无异议调解方案认可机制，探索建立调解前置程序、健全委派和委托调解程序、推动调解与裁判适当分离，等等。

上述规定的出台对我国法院调解的发展产生了深远的影响。面对调解的强势复兴和多维发展，我们更应该理性看待调解，既要充分发挥调解的优势，又不能片面追求高调解结案率。

四、本案中自愿合法调解原则的适用

（1）本案采用调解方式解决，是否符合法律规定。

本案的被告虽然是公安机关，起诉的事实理由是由于被告为打击团伙敲诈勒索犯罪而悬挂横幅的职权行为引起的争议，从原告的诉讼请求来看，原告起诉并非请求法院判定被告的行政执法行为违法，而是以被告悬挂横幅的行为侵害了二原告作为河南籍公民的名誉权为由，主张被告的行为属于侵害二原告名誉权和精神健康的侵权行为，要求法院判令被告就其侵权行为对二原告公开赔礼道歉。名誉权侵权纠纷案件属于普通的民事诉讼案件，法院采用调解方式进行审理是符合法律规定的。

（2）本案中的调解是否符合调解的原则。

作为"全国首例地域歧视案"，本案在社会各界的广泛关注下，经法院主持调解，双方当事人自愿达成了调解协议，争议得到了妥善解决。从案例所反映的案件情况来看，对于被告悬挂"坚决打击河南籍敲诈勒索团伙"和"凡举报河南籍团伙敲诈勒索犯罪、破获案件的，奖励500元"横幅的基本事实已经确定，横幅内容带有明显的地域歧视性质，被告的行为显然不当，违反了法律规定，伤害了包括原告在内的河南籍公民的感情和名誉，应当对其侵权行为承担法律责任。法院在上述事实清楚、是非分明的基础上，对案件主持调解是符合要求的。

在明确是非责任的基础上，本案无论是调解结案，还是判决结案，都是可以的。在案件审理过程中，当事人选择了调解，并在法院主持下自愿达成调解协议，被告承认错误，向原告赔礼道歉，原告对被告表示谅解，并自愿放弃其他诉讼请求。从调解的过程和调解协议的内容来看，本案的处理充分贯彻了调解的自愿原则、合法原则，是以调解方式解决侵权纠纷的良好范例，并产生了良好的法律效果和社会效果。

【思考题】

（1）如何认识调解与判决的关系？

（2）应如何看待法院调解的发展趋势？

CHAPTER 2 第二章
民事诉讼当事人与代理人

本章知识要点

（1）胎儿的当事人能力问题。我国《民法典》对于胎儿的法律地位已经有所规定，但《民事诉讼法》对于胎儿能否成为民事诉讼当事人则未作规定。为有效保护胎儿的继承权等权益，我国《民事诉讼法》有必要增加胎儿的当事人能力的有关规定。（2）其他组织的当事人资格问题。《民事诉讼法》规定其他组织具有民事诉讼当事人能力，但实践中其他组织的范围问题却非常复杂。某些组织，如业主委员会，在实体法上不具备法人资格，但在司法实践中经常作为当事人进行或参与民事诉讼。（3）必要共同诉讼当事人的确定。必要共同诉讼的具体情形，司法解释已经有相应的具体规定。但在涉及连带关系的案件中，对于连带债权人或连带债务人是否必须作为共同诉讼人参加诉讼，还需考虑民事实体法的规定和当事人的意愿。

第一节 胎儿的当事人能力问题

根据我国民事诉讼法的相关规定，自然人从出生之日起即拥有民事诉讼权利能力，至自然人死亡时该权能才归于消灭。有观点认为，在一般情况下，尚未出生的胎儿并不具有诉讼权利能力。但是根据《民法典》第 16 条"涉及遗产继承、接受赠与等胎儿利益保护的，胎儿视为具有民事权利能力"的规定，对此类情形，应肯定胎儿具有诉讼权利能力。[1] 我国民事诉讼法中并未对胎儿作为民事诉讼当事人问题作出规定。鉴于《民法典》已经赋予了胎儿特别的民事权利能力，与之相对应的，应在程序法上赋予胎儿相应的当事人能力，肯定其具有相应的诉讼权利能力。

---

[1] 王亚新，陈杭平，刘君博. 中国民事诉讼法重点讲义 [M]. 北京：高等教育出版社，2021：50.

案例一　冀某国与王某玉交通事故责任纠纷一案

【基本案情】

2019年10月17日6时20分许，被告冀某国驾驶承载孙某国、胡某华的冀HTM167号小型轿车沿257省道由南向北行驶至左转弯时，与由北向南行驶的、由张某鹏驾驶承载王某玉、张某的冀HQ7197号小型轿车相撞，造成冀某国、张某鹏、孙某国、胡某华、王某玉、张某不同程度受伤和车辆损坏的交通事故。经隆化县公安交通警察大队事故认定：冀某国驾驶机动车上道路行驶至路口转弯时，未按照操作规范安全驾驶、文明驾驶，转弯的机动车未让直行车辆先行，具有违法过错，是造成事故的原因，应承担事故责任。张某鹏驾驶机动车上道路行驶，未按照操作规范安全驾驶、文明驾驶，行驶至路口时，未保持安全车速，具有违法过错，是造成事故的原因，应承担事故责任。冀某国负此次交通事故的主要责任，张某鹏负次要责任，孙某国、胡某华、王某玉、张某无责任。冀某国驾驶的冀HTM167号车辆在人保公司投保了机动车交通事故责任强制保险，第三者责任保险保险限额300 000元，并附加不计免赔险。张某鹏驾驶的冀HQ7197号车辆在太保承德支公司投保了机动车损失险，保险限额64 970元，并附加不计免赔；在太保河北分公司投保了驾乘人员人身意外伤害保险，每座保险限额100 000元，附加意外伤害医疗保险，每座保险限额10 000元。事故发生后，张某鹏、王某玉、张某到隆化县医院就医。王某玉之子于2019年10月17日10时01分剖宫产娩出，经隆化县医院诊断：（1）早产儿适于胎龄儿；（2）低出生体重儿；（3）新生儿窒息；（4）新生儿呼吸窘迫综合征不除外；（5）胎盘早剥新生儿。遂立即给予刺激、保暖及初步复苏，患儿存在休克、多脏器功能衰竭，病情危重，随时有生命危险。在向家属交代病情后，家属放弃治疗，签字后停止抢救。经北京中衡司法鉴定所鉴定，王某玉之子死亡的根本原因为本次交通事故，外伤参与度为E级，即责任程度为60%~90%。原告张某、张某鹏等与被告冀某国、太保承德支公司、太保河北分公司等各方对隆化县公安交通警察大队作出的责任认定书无异议，法院予以确认，作为认定双方责任的依据。

法院认为，新生儿出生后即成为一个具有民事权利能力的主体，其在母体中受到的健康损害，可以依法行使损害赔偿请求权。王某玉之子早产后不久死亡与此次道路交通事故有因果关系，责任人应该对胎儿早产死亡的后果承担死亡赔偿责任。根据《民法典》的相关规定，涉及胎儿利益保护的，胎儿视为具有民事权利能力，故对被告太保河北分公司认为胎儿不属于被保险人的抗辩主张，法院不予采纳。[1]

---

[1] 参见（2020）冀0825民初1317号民事判决书。

【主要法律问题】

当事人能力是一个人能够成为民事诉讼当事人的一般性资格。一个人只有具有了当事人能力，才能既有民事权利的资格，又有承担民事义务的资格。未出生的胎儿是否可以自己的名义主张权利，在我国当前的《民事诉讼法》中并无规定，但涉及胎儿权益保护的诉讼却日益增多。

【主要法律依据】

《中华人民共和国民法典》（自 2021 年 1 月 1 日起施行）

第 16 条　涉及遗产继承、接受赠与等胎儿利益保护的，胎儿视为具有民事权利能力。但是，胎儿娩出时为死体的，其民事权利能力自始不存在。

第 110 条　自然人享有生命权、身体权、健康权、姓名权、肖像权、名誉权、荣誉权、隐私权、婚姻自主权等权利。

【理论分析】

《民法典》第 110 条第 1 款规定："自然人享有生命权、身体权、健康权、姓名权、肖像权、名誉权、荣誉权、隐私权、婚姻自主权等权利。"指的是自然人权利。第 16 条规定"涉及遗产继承、接受赠与等胎儿利益保护的，胎儿视为具有民事权利能力。但是，胎儿娩出时为死体的，其民事权利能力自始不存在。"保护的胎儿利益属于外来利益，不是自创收入，并且娩出时为死体的，其民事权利能力自始不存在，外来利益也就自始不存在。死胎并非法律意义上的自然人，依法不享有民事权利，其民事权利能力自始不存在。死胎损害的是母亲的身体和健康，由母亲享有损害赔偿请求权。死亡赔偿金属于财产赔偿，系对受害人因侵权行为造成的收入减少的损失赔偿，死胎不是自然人，不存在自创收入，也就不存在收入减少的损失赔偿。

运用诉讼手段来保护胎儿的继承权益确属必要。因此，在诉讼法上规定胎儿有当事人能力对于保护胎儿的继承权益具有重要的意义。不仅如此，在侵权法领域胎儿亦可能成为受侵害主体。换句话说，胎儿可能会因其继承的那部分遗产或者受遗赠的财产而遭受他人的不法侵害。如果出现这种情况，同样有必要赋予胎儿当事人能力，以便请求法院判令侵权人承担停止侵害、赔偿损失等民事责任。[1] 关于胎儿的法律地位，存在两种基本的立场，一种是一般主义立场，一种是限定主义立场。一般主义立场，是基于保障胎儿的未来利益，而将胎儿一般地视为已经出生。限定主义立场是以涉及遗产继承、赠与等重要的法律关系为限度，仅在限定条件下将胎儿视为已经出生。我国《民法典》对于胎儿法律地位的规定显然采取的是限定主义立场。在《民法典》拟制胎儿为已经出生并借以保护其将来权利的立法原则之下，我国《民事诉讼法》也有

---

[1] 胡振玲. 胎儿之当事人能力初探［J］. 兰州学刊，2007（2）.

必要对于胎儿的当事人能力进行规定，在涉及证据保全或财产保全的情形下，应该对胎儿的法定代理人之代理行为予以承认。

【思考题】

（1）我国《民事诉讼法》是否应该规定胎儿的当事人能力？
（2）胎儿可否作为消极的当事人？

第二节　其他组织的当事人资格问题

业主委员会由小区房屋所有权人选任住户若干人为管理委员所设立的组织。业主委员会作出非法人团体，我国《民事诉讼法》并未规定其具有诉讼上的当事人资格。在司法实践中，业主委员会以其名义起诉或者应诉的案件层出不穷，但业主委员会就其执行职务相关的民事纠纷是否享有诉讼实施权尚未形成定论。我国《民法典》与《民事诉讼法》并未对业主委员会的民事主体地位和民事诉讼权利能力作出规定。

案例二　西苑艺君花园（一期）业主委员会诉中川公司物业管理用房所有权确认纠纷案

【基本案情】

被告中川公司是原告艺君业委会所在的西苑艺君花园（一期）小区的开发企业。2000年6月21日，被告取得徐州市规划局徐市规地（2000）编号81《建设用地规划许可证》，规划定点图对西苑艺君花园（一期）物业用房规划为：2层（限高6米），物业用房260平方米。2000年11月15日，徐州市规划局为被告建设的西苑艺君花园项目核发了徐市规建（2000）268号《建设工程规划许可证》，核准建设7栋6层住宅楼21 403平方米，车库3006平方米，阁楼3322平方米，营业房2032平方米，物管、公厕及泵房300平方米，共计30 063平方米。在许可证附图和《放（验）线回单》中对前述建筑物分别进行定点规划。徐州市规划局在规划定点图上许可的艺君花园8#楼分为三个部分，从东向西依次为：物业管理（2层、限高6米、东西长12米、南北宽7米）、营业（1层、东西长6米）、公厕（1层、东西长10米）。具体分布为：物业管理用房的面积是168平方米；泵房面积40平方米；公厕面积（梯形）50平方米，共计258平方米。2001年8月30日，徐州市建设局就被告的该建设项目签发了徐建验证（27）号住宅竣工验收合格证书，被告随即交付房屋，通知西苑艺君花园（一期）业主收房。后被告向徐州市规划局提交《关于变更中川"艺君花园" 8#楼用途的申请报告》，申请将2000年11月规划的"艺君花园" 8#楼物业管理用房大部分变更为营业房，在保持原规划面积的同时，在7#楼西侧底层设置相当面积的物业管理用房。2001年11月6日，徐州市规划局在原规划定点图上签署了"同意原物业管理用房126平方米变更为营业用房"的意见，同日为被告填发了徐市规建20010214号《建设工程规划许可证》，许可建设126平方米营业房。2001年11月7日，徐州市规划局相关负责人员分别在被告的《徐州市建设工程规划许可证申请书》中签署了"同意调整。物管用房面积不少于原定点面积"和"同意"的意见。变更后的规划图显示，在8#二楼保留两间物业管理用房，分别记载为28.45平方米和22.67平方米。西苑艺君花园（一期）竣工交付房屋后，被告所交付并由原告使用至今的物业管理用房，有两间位于小区7#楼西侧的底层、两间位于4#楼的底层，均为原规划的车库范围。2008年12月，西苑艺君花园（一期）全体业主向徐州市人民政府提起行政复议，请求撤销徐州市规划局所作的将徐州西苑艺君花园（一期）物业管理用房126平方米规划变更为营业房，并将7#楼西侧相同面积的车库变更为物业管理用房的变更规划行政行为。2009年3月4日，徐州市人民政府作出（2008）徐行复第146号行政复议决定书，决定撤销徐州市规划局所作的将徐州西苑艺君花园（一期）物业管理用房126平方米规划变更为营业房，并将7#楼西侧相同面积的车库变更为物业管理用房的具体行政行为。2009年4月22日，被告中川公司不服徐州市人民政府的上述复议决定，向徐州市中级人民法院提起行政诉讼，请求撤销徐州市人民政府的上述复议决定，维持徐州市规划局将原物业管理用房变更为营业房及7#楼西侧相同面积的车库变更为物业管理用房的行政行为。徐州市中级人民法院经审理，于2009年6月16日作出（2009）徐行初字第23号行政判决书，驳回了被告的诉讼请求。被告不服向江苏省高级人民法院提起上诉。江苏省高级人民法院于2009年11月27日作出（2009）苏行终字第79号行政判决，驳回上诉，维持原判。后查明，2003年1月17日，徐州市房产管理局将包括本案诉争物业管理用房在内的位于徐州市泉山区黄河南路369号艺君花园8#楼的房产登记在被告中川公司名下（不含该楼西侧规划为公厕的部分），其房屋所有权证显示一层建筑面积为135.28平方米，二至三层建筑面积为165.9平方米；该房的房产档案显示该8#楼东侧上下为两层的部分东西长12米、南北宽7米。2013年3月5日，法院组织双方当事人对本案所涉西苑艺君花园8#楼进行了现场勘察，确认西苑艺君花园8#楼目前正由被告中川公司向外出租作为幼儿园经营使用，在整体上，其外观分为三个部分：东侧为两层、中间为三层、西侧为一层，该楼东侧及北侧均有通向二层的简易楼梯的客观状态。本案立案时的原告主体为徐州西苑艺君花园（一期）全体业主，后根据原告的申请，原告主体变更为徐州西苑艺君花园（一期）业主委员会（以下简称艺君业委会）。❶

---

❶ 参见《最高人民法院公报》2014年第6期徐州西苑艺君花园（一期）业主委员会诉徐州中川房地产开发有限公司物业管理用房所有权确认纠纷案。

【主要法律依据】

《中华人民共和国民法典》（自 2021 年 1 月 1 日起施行）

第 277 条　业主可以设立业主大会，选举业主委员会。业主大会、业主委员会成立的具体条件和程序，依照法律、法规的规定。

地方人民政府有关部门、居民委员会应当对设立业主大会和选举业主委员会给予指导和协助。

第 278 条　下列事项由业主共同决定：

（一）制定和修改业主大会议事规则；

（二）制定和修改管理规约；

（三）选举业主委员会或者更换业主委员会成员；

（四）选聘和解聘物业服务企业或者其他管理人；

（五）使用建筑物及其附属设施的维修资金；

（六）筹集建筑物及其附属设施的维修资金；

（七）改建、重建建筑物及其附属设施；

（八）改变共有部分的用途或者利用共有部分从事经营活动；

（九）有关共有和共同管理权利的其他重大事项。

业主共同决定事项，应当由专有部分面积占比三分之二以上的业主且人数占比三分之二以上的业主参与表决。决定前款第六项至第八项规定的事项，应当经参与表决专有部分面积四分之三以上的业主且参与表决人数四分之三以上的业主同意。决定前款其他事项，应当经参与表决专有部分面积过半数的业主且参与表决人数过半数的业主同意。

第 279 条　业主不得违反法律、法规以及管理规约，将住宅改变为经营性用房。业主将住宅改变为经营性用房的，除遵守法律、法规以及管理规约外，应当经有利害关系的业主一致同意。

第 280 条　业主大会或者业主委员会的决定，对业主具有法律约束力。

业主大会或者业主委员会作出的决定侵害业主合法权益的，受侵害的业主可以请求人民法院予以撤销。

【主要法律问题】

《民事诉讼法》第 51 条规定的"其他组织"是指合法成立、有一定的组织机构和财产，但又不具备法人资格的组织。本案双方当事人的争议焦点之一是艺君业委会是否具有原告诉讼主体资格，是否属于《民事诉讼法》第 51 条规定的"其他组织"。

【理论分析】

本案中徐州市泉山区人民法院经审理认为：艺君业委会原告诉讼主体适格。原告对西苑艺君花园进行管理，具有一定目的、名称、组织机构与场所，管理相应财产，以特定代表人对外代表团体，是《民事诉讼法》第 51 条规定的"其他组织"。原告依据业主共同或业主大会决议，在授权范围内，以业主委员会名义，依照最高人民法院《关于审理建筑物区分所有权纠纷案件具体应用法律若干问题的解释》第 14 条规定的物权请求权，向被告主张确认物业管理用房所有权，具备原告诉讼主体资格。

  2003 年 8 月，最高人民法院（以下简称最高院）向安徽省高级人民法院出具《关于金湖新村业主委员会是否具备民事诉讼主体资格请示一案的复函》，将金湖新村小区业主委员会主体地位认定为"其他组织"，并认为针对该案中房地产开发公司拒绝向金湖新村业委会移交相关物业材料、未按规定向金湖新村业委会提供相关物业配套设备、拒绝向金湖新村业委会移交公用设施的相关维修费用等一系列行为，金湖新村业委会可以独自向人民法院起诉。2005 年 4 月，浙江温州市银都花园小区的各位业主认为房地产开发公司在售楼过程中存在虚假广告的行为，该房地产公司并没有兑现售楼广告以及《售楼书》中的相关承诺，于是银都花园业主委员会针对该行为起诉至最高院，最高院对该案作出终审裁决。最高院认为，基于合同的相对性，商品房买卖合同法律关系的当事人分别是银都花园各业主和房地产开发公司，即便有证据业主委员会在参与诉讼前已取得了小区业主大会的授权，但该授权超出了业主委员会的职责范围，因此业主委员会在本案中缺乏诉讼主体资格。由此可见，实践中最高院对于业主委员会诉讼主体资格的态度也是模糊不清的。尤其是最高院对银都花园一案中的已获授权的任意诉讼担当的否定，更加不利于业主权利的维护。在司法实践过程中，要求全体业主参与到民事诉讼中是不现实的，若根据《民事诉讼法》的规定采用代表人诉讼的方式代表全体业主进行诉讼，仍会产生意志难以统一、难以推选出代表人或者消极应诉等阻碍。如果业主委员会的诉讼主体资格无法得到明确，业主的公共利益就很难得到有效维护。所以赋予业主委员会诉讼主体资格也是诉讼便利化的需要。在确认某主体是否享有某项权利前，应当先确认该权利主体的性质。根据法律法规的相关规定，业主委员会具有独立的意志，是依法设立的社会组织，需向有关行政主管部门备案，且有办公场所及一定可支配财产。

  因此，笔者认为将业主委员会认定为非法人组织是合适的。《民法典》第 280 条有关业主撤销权的规定间接认可了业主委员会可作为被告；第 286 条有关业主委员会请求权的规定则间接认可了业主委员会可作为原告。以上两个法条所蕴含之意即业主委员会必然具备诉讼主体资格，否则《民法典》第 280 条与第 286 条的内容将形同虚设。若业主委员会缺乏作为被告的诉讼主体资格，那么业主委员会的违法决定被人民法院撤销将于法无据；若业主委员会缺乏作为原告的诉讼主体资格，那么业主委员会也无法请求侵权人停止侵害、消除妨害、赔偿损失。从司法实践中看，法院在绝大多数情况下并没有直接不承认业主委员会作为原告或被告的诉讼主体资格，而是业主委员会在某具体案件中其原告身份或被告身份不适格而已。

【思考题】

（1）业主委员会是否具有诉讼上当事人之资格？

（2）分公司是否具备诉讼上当事人之资格？

第三节　必要共同诉讼当事人的确定

自2015年起施行的《民事诉讼法解释》在1992年《最高人民法院关于适用〈中华人民共和国民事诉讼法〉若干问题的意见》的基础上，对某些应当被纳入必要共同诉讼的具体情形作出了规定。虽然司法解释没有使用"必要共同诉讼"这一说法，但是，由于这些具体情形中的共同诉讼人就是应当一同参与诉讼（起诉或应诉）的人，因此，司法解释所指出的情形就是必要共同诉讼的情形。在判断必要共同诉讼的标准上，司法解释和民事诉讼理论都将共同共有和连带关系（包括连带债权和连带债务）作为必要共同诉讼的根据。依据必要共同诉讼的规则，关于连带债务，若债权人欲通过诉讼实现其债权，则必须将所有连带债务人拉入诉讼，成为共同被告，一旦有连带债务人未能参加诉讼，则诉讼程序不合法。然而，从实体法的规定来看，债权人可以向连带债务人之一行使请求权，而无须向所有连带债务人同时行使请求权。也就是说，从请求权的行使方式来看，债权人只需向其中一个连带债务人提起诉讼即可，没有必要将所有债务人拉入诉讼，使诉讼变成共同诉讼。

案例三　水魔方公司、董某斌与高某芯建设工程施工合同纠纷

【基本案情】

在水魔方公司开发建设的迪比斯水上乐园项目中，高某芯等人合伙出资参与了项目建设，高某芯在涉案工程中负责记账、钱款收支等。因各方对共同投资参与施工的主体、结算单的效力、结算价款等问题均有分歧，故形成本案诉讼。高某芯提供高某利、高某娃、高某余、张某杰（高某余之妻）证人证言，以期证明高某芯、高某利、高某娃、高某余、吕某利合伙承揽了涉案工程，其五个人共同投资、平均分配。因高某芯在施工过程中是总负责，高某利、高某娃、高某余均认可高某芯与董某斌所做结算，并同意由高某芯代表其进行诉讼，索要工程款后，其内部再平均分配，高某利、高某娃、高某余同意将高某芯的借款18万元在本案工程款中扣除。一审原告诉称：根据查明的事实，各方均认可高某芯、高某利、高某余、高某娃、吕某利（与周某算一方）在涉案工程中共同投资参与施工。水魔方公司、董某斌辩称除前述人员外，还有

贾某龙、王某孝等人,并提交了吕某利、贾某龙、王某孝等证人证言予以证明。贾某龙已经认可其就土方工程并无投资。在没有投资的情况下,欲参与分配应与全部共同投资人协商一致,然而水魔方公司、董某斌并未提交全体共同投资人同意贾某龙参与土方工程款分配的证据。贾某龙称其将2万元围墙投资款交给了周某,据周某称已将该笔款项交给了高某芯,但高某芯并不认可收取了以贾某龙名义缴纳的2万元,水魔方公司、董某斌提交的证据也不足以证明高某芯收取了贾某龙名义下的围墙投资款,在无其他证据佐证的情形下,不能认定贾某龙在本案中具有共同投资人名义,至于其与吕某利及周某二人之间的权利义务关系,不在本案处理范围。王某孝本人承认领取了围墙工程款,且高某芯提交的证据已证明王某孝将款项领取完毕,此次诉讼与王某孝无关。综上,可以确定此次诉讼所涉及的共同投资人为高某芯、高某利、高某娃、高某余、吕某利(与周某算一方)。本案中,吕某利明确表示不同意高某芯代其索要工程款,考虑到其五方之间是共同投资、平均分配,高某芯也表示可将吕某利应得份额分离出本次诉讼,由吕某利自行主张,该院予以确认。同时,由于高某利、高某娃、高某余一致认可由高某芯代其索要工程款,故高某芯有权提起本案诉讼。

  再审法院认为:关于原审是否存在应当参加诉讼的合伙人未参加诉讼的问题。(1)关于本案合伙人的确定及人数问题。原审法院根据已查明的事实,认定高某芯、高某利、高某余、高某娃、吕某利(与周某算一方)在案涉工程中,共同投资参与施工,即认定案涉工程的合伙人为五方。虽然对于贾某龙、王某孝是否为本案的合伙人及合伙成员人数,当事人各执一词。但原审法院通过一、二审程序已经对此问题予以认定,即贾某龙已经认可其就土方工程并无投资,其交给周某的2万元围墙投资款,周某称交给了高某芯,但高某芯对此并不认可,在无其他证据予以证明贾某龙系共同投资人时,原审法院认为贾某龙并非案涉项目合伙人,并无不当。王某孝本人认可其领取的系围墙工程款,高某芯亦证明王某孝已经领款完毕,原审法院认定王某孝并非本案项目的合伙人,亦无不当。故在没有新的证据加以证明时,原审法院根据现有证据认定本案项目的合伙人为高某芯、高某利、高某余、高某娃、吕某利(与周某算一方)五方,具有事实依据,应予确认。水魔方公司认为目前合伙人尚有争议,贾某龙、王某孝也应当系合伙人等主张,没有事实和法律依据,再审法院依法不予采信。(2)关于全体合伙人是否必须共同作为原告参加诉讼的问题。根据《民事诉讼法解释》第60条的规定,在诉讼中,未依法登记领取营业执照的个人合伙的全体合伙人为共同诉讼人。本案中,原审法院已经认定的合伙人为五方,水魔方公司认为,根据前述司法解释的规定,全体合伙人为共同诉讼人,必须共同作为原告参加本案诉讼,且须全体合伙人共同推荐高某芯为代表人,其才可代表全体合伙人参加诉讼。法院认为,对于没有登记领取营业执照的个人合伙,诉讼程序中,应当为共同诉讼人,但此处的共同诉讼人是否必须作为共同原告参加诉讼,应当取决于诉讼标的是否可分。如果合伙事务及所主张的内容系不可分的,只有所有合伙人均到庭参加诉讼,方能查明相关案件事实,一般应当认定为必须共同参加诉讼;如果合伙事务及主张内容系可分的,各合伙人的权利义务均等，只要其中一个合伙人提出主张，效力可以相同的约束其他合伙人，各方权利义务均分，此时的共同诉讼人应当不属于必须参加诉讼的主体。此种理解，也系防止合伙人在内部存有矛盾时，部分合伙人拒绝配合其他合伙人对外主张相关权利，而导致其他合伙人的权利受到损害的情形。本案中，五方投资者之间系共同投资、平均分配的合伙模式，五个合伙人的权利义务系均等可分的，其中吕某利明确表示不同意高某芯代其索要工程款。此时，若强迫五方必须共同作为原告参加诉讼，方可对外主张权利，对于其他合伙人并不公平。高某芯、高某利、高某娃、高某余通过合伙人会议决议，一致同意高某芯代表除吕某利之外的合伙人主张工程款，在无证据证明该合伙人会议决议无效时，高某芯提起本案诉讼，并无不妥。原审法院认为高某芯提起本案诉讼，主体适格，吕某利（与周某算一方）的应得份额，分离出本次诉讼，由吕某利自行主张，并无不当。故水魔方公司关于本案合伙人为必须作为共同原告参加本案诉讼、原审法院认定诉讼主体错误的主张，没有事实和法律依据，再审法院依法不予采信。另外，除高某芯外，其他合伙人并没有作为诉讼当事人参加本案诉讼，但为了查明本案事实，其余合伙人以证人的形式出庭作证，协助查明本案相关案件事实，并不存在程序错误问题。至于吕某利是否参加本案诉讼，根据已查明的事实，在原审程序中，吕某利明确不同意高某芯代其索要工程款，吕某利本人也明知本案工程款诉讼而未申请参加，系吕某利对其个人权利的处分，法院不予理涉，故原审法院并不存在损害其诉讼权利和实体权益的情形。因此，水魔方公司关于原审法院遗漏必须参加诉讼的当事人，应当通知上述人员作为共同原告参加诉讼，而不应以证人身份出庭作证，程序违法等主张，再审法院依法不予支持。[1]

【主要法律依据】

《中华人民共和国民事诉讼法》（2021 年 12 月 24 日修正）

第 55 条　当事人一方或者双方为二人以上，其诉讼标的是共同的，或者诉讼标的是同一种类、人民法院认为可以合并审理并经当事人同意的，为共同诉讼。

共同诉讼的一方当事人对诉讼标的有共同权利义务的，其中一人的诉讼行为经其他共同诉讼人承认，对其他共同诉讼人发生效力；对诉讼标的没有共同权利义务的，其中一人的诉讼行为对其他共同诉讼人不发生效力。

第 56 条　当事人一方人数众多的共同诉讼，可以由当事人推选代表人进行诉讼。代表人的诉讼行为对其所代表的当事人发生效力，但代表人变更、放弃诉讼请求或者承认对方当事人的诉讼请求，进行和解，必须经被代表的当事人同意。

第 57 条　诉讼标的是同一种类、当事人一方人数众多在起诉时人数尚未确定的，人民法院可以发出公告，说明案件情况和诉讼请求，通知权利人在一定期间向人民法院登记。

---

[1] 参见最高人民法院（2020）最高法民再 22 号民事判决书。

向人民法院登记的权利人可以推选代表人进行诉讼；推选不出代表人的，人民法院可以与参加登记的权利人商定代表人。

代表人的诉讼行为对其所代表的当事人发生效力，但代表人变更、放弃诉讼请求或者承认对方当事人的诉讼请求，进行和解，必须经被代表的当事人同意。

人民法院作出的判决、裁定，对参加登记的全体权利人发生效力。未参加登记的权利人在诉讼时效期间提起诉讼的，适用该判决、裁定。

【主要法律问题】

全体合伙人是否必须共同作为原告参加诉讼。

【理论分析】

有两个理由可以支持"将其他连带债务人作为必要共同诉讼人"这一观点。其一，将其他连带债务人作为必要共同诉讼人，将有助于法院查清案件事实。其二，将其他连带债务人作为必要共同诉讼人，将有助于纠纷的一次性解决。因为在债权人对多个债务人当中的一个债务人请求行使债权之后，该债务人有可能另行提起诉讼，要求其他债务人履行相应债务，但在必要共同诉讼中，可以一并解决他们之间的纠纷。第一个理由的问题在于，其实际上混淆了案件事实的查明与当事人的诉讼地位问题。案件事实的查明问题是证据制度的问题，可以通过各种证据方法予以查明，比如，将其他债务人作为证人，通过其证言来证明案件的事实。也就是说，即使债务人不作为共同诉讼人，也能解决案件事实的查明问题。第二个理由的问题在于，必要共同诉讼会导致债权人实现债权的成本大大提高，不利于债权的实现。这里明显存在债权实现的经济性与纠纷的一次性解决之间的冲突问题。如果从实体维度进行权衡，从维护民事权利的角度来看，应当选择由当事人自由行使诉权，而非选择必要共同诉讼。民事诉讼的制度和理论应当符合民事实体法的要求，按照实体法的要求设置制度，并形成相应的理论解释，而不是仅从程序维度的价值追求出发，直接拒绝实体法的要求。[1]

【思考题】

普通共同诉讼人与必要共同诉讼人之间有何区别？

---

[1] 张卫平. 双向审视：民事诉讼制度建构的实体与程序之维[J]. 法制与社会发展，2021（2）.

CHAPTER 3 第三章

管 辖

本章知识要点

(1) 协议管辖。协议管辖是民事诉讼程序中私法自治的重要体现，是当事人意思自治在诉讼程序中的延伸。协议管辖中的实际联系点如何确定，出现仲裁条款时管辖如何确定，这些都是实践中的难点。(2) 网络民事纠纷案件的管辖。网络民事纠纷案件具有时代特征，有其自身特点，网络民事纠纷案件的管辖法院如何确定是当前民事诉讼领域的热点难点问题。(3) 管辖权异议的滥用及规制。管辖权异议制度的设立初衷就是赋予被告一定的程序异议权，以此来对抗原告的任意起诉，使原被告之间保持平等均衡的地位。实践中，由于管辖权异议提起的门槛过低，导致该项权利被滥用，现阶段缺少有效的、有针对性的规制。

第一节　协议管辖

协议管辖，又称约定管辖，是相对于法定管辖而言的，是对法定管辖的一种补充。协议管辖是指依双方当事人的意思来确定的管辖；[1] 是指双方当事人在纠纷发生前，或纠纷发生后诉讼之前，以书面形式约定特定案件的管辖法院；是当事人意思自治原则在民事诉讼管辖制度上的具体体现。法定管辖具有强制性，任何人都必须根据法律规定来确定管辖的法院，具有非常强的公权力性质。协议管辖从权力平衡的角度，实际上是以一种温和的方式化解了国家诉讼程序运行过程中公平与效率、权力与权力、权利与权利之间的冲突。[2]

---

[1] 黄川. 民事诉讼管辖研究 [M]. 北京：中国法制出版社，2001：28.
[2] 饶传平. 网络法律制度——前沿与热点专题研究 [M]. 北京：人民法院出版社，2005：216.

案例一　孙某民间委托理财合同纠纷[1]

【基本案情】

再审申请人孙某因诉聚宝鑫源资产管理（北京）有限公司、海航集团有限公司民间委托理财合同纠纷一案，不服郑州市中级人民法院（2020）豫01民终10103号民事裁定和郑州市二七区人民法院（2020）豫0103民初8086号民事裁定，以原一、二审法院裁定不予受理属于认定事实错误和适用法律不当为由，向河南省高级人民法院（以下简称河南省高院）申请再审，请求撤销原一、二审裁定，依法改判或发回重审。

河南省高院经审查认为，孙某受让案外人胡某案涉《认购协议》约定的全部债权，根据《民事诉讼法解释》第33条的规定，合同转让的，合同的管辖协议对合同受让人有效，该《认购协议》有关管辖的约定适用本案。《认购协议》约定双方如对本协议产生异议应协商解决，协商不成的可向北京仲裁委员会申请仲裁，同时约定投资人购买的定向融资产品的基本情况以《产品说明书》为准，《产品说明书》是《认购协议》不可分割的重要组成部分。《产品说明书》约定，与本产品有关的争议应协商解决，如果当事人协商不能解决，任何一方有权向各自所在地有管辖权的人民法院提起诉讼。

河南省高院认定，当事人双方关于管辖的约定，既可以向仲裁机构申请仲裁也可以向人民法院提起诉讼，根据《最高人民法院关于适用〈中华人民共和国仲裁法〉若干问题的解释》第7条的规定，当事人约定争议可以向仲裁机构申请仲裁也可以向人民法院起诉的，仲裁协议无效。而《产品说明书》中关于管辖法院的约定，不违反级别管辖和专属管辖的规定，应当依据该约定确定本案的管辖法院；孙某的住所地在郑州市二七区，因此，郑州市二七区人民法院对本案具有管辖权。

河南省高院裁定，撤销郑州市中级人民法院（2020）豫01民终10103号民事裁定和郑州市二七区人民法院（2020）豫0103民初8086号民事裁定，指令郑州市二七区人民法院对本案立案受理。

【主要法律问题】

本案中主要涉及的法律问题是协议管辖中管辖协议的效力认定；合同转让时，合同的管辖协议对合同受让人的效力认定，以及同一合同同时约定仲裁管辖条款和诉讼解决条款时的管辖协议效力问题。

---

[1] 参见（2021）豫民申556号民事裁定。

【主要法律依据】

《中华人民共和国民事诉讼法》(2021年12月24日修正)

第35条 合同或者其他财产权益纠纷的当事人可以书面协议选择被告住所地、合同履行地、合同签订地、原告住所地、标的物所在地等与争议有实际联系的地点的人民法院管辖,但不得违反本法对级别管辖和专属管辖的规定。

《最高人民法院关于适用〈中华人民共和国民事诉讼法〉的解释》(2022年3月22日修正)

第29条 民事诉讼法第35条规定的书面协议,包括书面合同中的协议管辖条款或者诉讼前以书面形式达成的选择管辖的协议。

第31条 经营者使用格式条款与消费者订立管辖协议,未采取合理方式提请消费者注意,消费者主张管辖协议无效的,人民法院应予支持。

第32条 管辖协议约定由一方当事人住所地人民法院管辖,协议签订后当事人住所地变更的,由签订管辖协议时的住所地人民法院管辖,但当事人另有约定的除外。

第33条 合同转让的,合同的管辖协议对合同受让人有效,但转让时受让人不知道有管辖协议,或者转让协议另有约定且原合同相对人同意的除外。

第215条 依照民事诉讼法第127条第二项的规定,当事人在书面合同中订有仲裁条款,或者在发生纠纷后达成书面仲裁协议,一方向人民法院起诉的,人民法院应当告知原告向仲裁机构申请仲裁,其坚持起诉的,裁定不予受理,但仲裁条款或者仲裁协议不成立、无效、失效、内容不明确无法执行的除外。

第216条 在人民法院首次开庭前,被告以有书面仲裁协议为由对受理民事案件提出异议的,人民法院应当进行审查。

经审查符合下列情形之一的,人民法院应当裁定驳回起诉:

(一)仲裁机构或者人民法院已经确认仲裁协议有效的;

(二)当事人没有在仲裁庭首次开庭前对仲裁协议的效力提出异议的;

(三)仲裁协议符合仲裁法第16条规定且不具有仲裁法第17条规定情形的。

《最高人民法院关于适用〈中华人民共和国仲裁法〉若干问题的解释》(2008年12月16日调整)

第7条 当事人约定争议可以向仲裁机构申请仲裁也可以向人民法院起诉的,仲裁协议无效。但一方向仲裁机构申请仲裁,另一方未在仲裁法第20条第2款规定期间内提出异议的除外。

【理论分析】

一、协议管辖的条件

根据民事诉讼法及其司法解释的规定，民事诉讼中的协议管辖必须具备以下条件。

(1) 协议管辖只能适用于合同纠纷或者其他财产权益纠纷。

涉及当事人身份关系的民事纠纷不能协议管辖，如婚姻纠纷、继承纠纷等，不得适用协议管辖；但针对因同居或者在解除婚姻、收养关系后发生的财产争议约定管辖的，也可以适用《民事诉讼法》第35条的规定确定管辖。

另外，对于侵权案件虽然更多地适用《民事诉讼法》第29条，由侵权行为地或者被告住所地人民法院管辖，但从第35条的立法本意和司法实践来看，对于社会性不是很强的、仅涉及双方当事人财产性利益的侵权责任纠纷案件，尽管纠纷发生之后双方达成管辖协议的可能性较小，但也可以适用协议管辖。特别是在违约责任与侵权责任竞合的情况下，当事人有权根据自身的利益，选择诉讼途径行使请求权，双方如明确约定"如发生纠纷，应共同协商解决，如协商不成，可提请签约地人民法院解决"，体现了双方的意思自治，该约定并未排除双方基于合同侵权提起的诉讼不予适用，应以当事人的协议管辖确定管辖法院。❶

(2) 协议管辖的级别要求。

协议管辖只能针对一审法院的地域管辖，不得针对第二审法院的管辖以及级别管辖进行约定。另外，协议管辖不得违反级别管辖和专属管辖的规定。

(3) 协议管辖必须采取书面形式，口头协议无效。

这是为了保障协议内容的确定性，协议管辖须是要式行为。根据《民事诉讼法解释》第29条，不论是合同中的协议管辖条款，还是在诉讼发生之前达成的选择管辖的协议，均需符合书面形式的要求，亦即必须以明示协议的方式选择管辖法院，包括书面合同、信件和数据电文（电报、电传、传真、电子数据交换和电子邮件）等可以有形地表现当事人双方协议选择管辖法院意思表示的形式。

另外，对协议管辖依据的管辖协议（条款），有两种不同理论，即实体法合同论和诉讼契约论。虽然我国民事诉讼法并未规定诉讼契约这一概念，但其有独立的法理价值和司法实践价值，即可将协议管辖视为诉讼领域中当事人之间就诉讼行为达成的契约。

(4) 协议管辖的法院必须是与争议有实际联系的法院。

与争议有实际联系的法院，即原告住所地、被告住所地、合同签订地、合同履行地、标的物所在地的法院，及其他与争议有实际联系地点的法院管辖。这些法院因与案件有着密切的联系，能够相对保证案件的顺利及公正审理。

当事人之间达成的管辖协议必须遵照实际联系地原则，不得随意选择；否则，即

---

❶ 参见（2017）最高法民申4996号民事裁定书。

便是当事人真实意思达成的管辖协议，也不能获得法院的支持和认可，仍以法定管辖确定受案法院。

对与争议有实际联系地点的确定，现行立法采用列举加概括的方式，延展了当事人协议选择管辖法院的空间，更能彰显私法自治的立法精神。

司法实践中，前述所列举的五类法院相对容易确定；同时，就合同案件而言，这五类法院已经基本上囊括了与合同纠纷有实际联系地点的法院，概括式立法对拓宽当事人选择法院的范围不会产生实际作用。❶

（5）协议管辖的法院必须明确具体，但可以约定两个以上的法院。

①当事人可选择法院的数量问题。

先前的理论和立法、司法实践均主张法院选择的唯一性，认为双方当事人选择两个以上人民法院管辖的，选择管辖的协议无效❷。

但是，根据《民事诉讼法解释》第30条第2款，管辖协议约定两个以上与争议有实际联系的地点的人民法院管辖，原告可以向其中一个人民法院起诉。即只要通过管辖协议约定了与争议有实际联系地点的法院管辖，即使选择法院数量为两个以上，仍赋予当事人选择其中之一起诉的权利。

②对选择法院"约定明确"的认定问题。

在实践中，有两种较为常见的约定不明确的管辖协议：

一是约定由守约方所在地法院管辖。如"一方违约，另一方可到自己居住地基层人民法院或者中级人民法院起诉"的协议选择管辖条款无效。事实上，判断哪方当事人守约，确实需要经过实体审理才能认定。在确定管辖的阶段无法判明，这类约定不明确的管辖协议无法执行，应当认定为无效。如最高人民法院法函〔1995〕89号《关于金利公司与金海公司经济纠纷案件管辖问题的复函》❸中认为：金利公司与金海公司在再次补充协议中约定，"如甲、乙双方发生争议，由守约方所在地人民法院管辖。"该约定不符合《民事诉讼法》的相关规定，应认定协议管辖的条款无效。本案中的协议选择管辖条款的情形符合该复函的情形，应当认定该协议选择管辖条款无效。❹

二是约定由当地法院管辖。由于何为"当地"指代不明，常常产生争议。有的理解为当事人住所地，有的理解为合同履行地，有的根据合同类型理解为工程所在地。最高人民法院认为，应当综合考量当事人的意思、合同类型及其他因素，能够确定何为当地的，应当认定为有效；不能确定的，应当认定为约定不明确。如最高人民法院

---

❶ 李浩. 民事诉讼管辖制度的新发展［J］. 法学家，2012（4）：146-158.
❷ 《最高人民法院关于适用〈中华人民共和国民事诉讼法〉若干问题的意见》（已废止）第24条规定：合同的双方当事人选择管辖的协议不明确或者选择民事诉讼法第25条规定的人民法院中的两个以上人民法院管辖的，选择管辖的协议无效，依照民事诉讼法第24条的规定确定管辖。
❸ 该文件现已废止，但其中涉及的"约定不明确"情形仍可以适用于现在，具有一定的参考价值。
❹ 苏泽林. 最高人民法院立案庭. 立案工作指导（2010年第4辑）［M］. 北京：人民法院出版社，2011：131-132.

法经〔1994〕307号《关于合同双方当事人协议约定发生纠纷各自可向所在地人民法院起诉如何确定管辖的复函》[1]中规定，若合同双方当事人约定发生纠纷可向各自所在地人民法院起诉，这一约定符合管辖法院明确性的要求。最高人民法院认为可以将其解释为原告住所地人民法院，从而实现在起诉时管辖法院得以明确。相反，若当事人仅约定协商不成可向"当地人民法院"起诉，因为"当地"一词无法通过解释加以明确，就属于在起诉时管辖法院无法明确。

二、协议管辖的特殊适用

（1）格式化管辖协议的适用。

为了防止某类纠纷集中于某个地方的法院，更为了防止经营者利用格式合同滥用协议管辖，保护通常处于弱势一方消费者的权利，避免给消费者起诉和应诉造成不便，《民事诉讼法解释》第31条规定，经营者未对格式条款的管辖协议经合理方式提请消费者注意的，消费者可主张管辖协议无效。

（2）当事人住所地变更时协议管辖的适用。

根据《民事诉讼法解释》第32条，合同双方在签订协议时约定由一方当事人住所地法院管辖，协议签订后当事人住所地变更的，由签订管辖协议时的住所地人民法院管辖，但当事人另有约定的除外。这样的规定符合当事人的心理预期，可以杜绝当事人通过改变住所地的方式选择有利于自己管辖法院的现象。当然，如果当事人在协议中约定可以由变化了的住所地法院管辖，那么同样要尊重当事人的意思表示，按协议确定管辖法院。

对于住所地的认定，仍应采用《民法典》第25条关于住所和经常居所的认定标准。管辖协议约定由一方当事人住所地法院管辖，且没有明确具体的地址的情况下，该当事人在签订协议时已离开户籍所在地，如果实际居住的地方至起诉时已连续居住满一年，则构成"经常居住地"，居住地法院具有管辖权；否则仍应由当事人的户籍所在地法院管辖。

（3）合同转让时纠纷协议管辖的适用。

本案例即适用了《民事诉讼法解释》第33条"合同转让的，合同管辖协议对合同受让人有效"的规定，同时该条款规定允许和新的合同主体之间另行约定管辖协议。

需要注意的是，如果原主合同和管辖协议是分开签订的，受让主合同的当事人只看到主合同而没有看到管辖协议，且新的合同主体之间没有作出新的约定，则管辖协议对受让主合同的当事人无效，管辖应按法定的规则处理。

【思考题】

（1）协议管辖中的实际联系点如何确定？约定的联系点如"合同签订地"并非实

---

[1] 该文件现已废止，但其中涉及的"约定由当地法院管辖"情形仍然可以适用于现在，具有一定的参考价值。

际的签订地时，管辖法院如何确定？

（2）在实践中，当事人为规避管辖的规定，在签订债权转让协议时，增加新的合同相对人，如增加担保人，又对管辖作出重新约定的，管辖法院如何确定？

第二节　网络民事纠纷案件的管辖

互联网的高速发展使得网络购物出现爆炸式增长，进而产生越来越多的网购民事纠纷案件。相较于传统的纸质管辖协议，网络的虚拟性改变了传统的面对面签署方式，而是通过网络签订管辖协议。通过网络签订的管辖协议的效力如何认定，以及在没有书面管辖协议的情况下，网络民事纠纷的管辖法院如何确定等问题，都对传统的管辖制度提出挑战。

案例二　倪某诉北京某茶业有限公司、黄山某电子商务有限公司、黄山某茶业有限公司信息网络买卖合同纠纷一案

【基本案情】

原告倪某诉称，其通过黄山某电子商务有限公司（以下称为被告网站）以及北京某茶业有限公司、黄山某茶业有限公司（以下统称为被告）在各种媒体的宣传了解到，被告经营的小罐茶产品是取自名茶核心产区的优质茶叶原料，并由高某来、王某明等制茶大师纯手工制作，基于该宣传，对被告产品的品质产生了信赖。2020年3月8日，原告在被告经营的淘宝店铺购买重量为80g的"小罐茶"一盒，价格为439元，标准定价为500元。后经原告调查发现，被告有虚假宣传欺诈消费者的行为。首先，被告虚构产品质量以及产地，被告自称2018年销售额超过20亿元，按照每千克小罐茶6250元计算，小罐茶2018年销量超过32万吨，然而小罐茶所声称的原产地每年总产茶量也才24万吨左右。其次，被告网站和包装多次出现各位大师名字以及照片，并给人以该茶是由大师制作并代言的误导，但各位大师与该产品无任何关系。再次，被告在网站上声称该茶是通过传统工艺制造，然而传统工艺所耗费的人力物力根本不能承担小罐茶超大销售量的需求。被告夸大产品质量，虚构制作工艺，在外包装以及对外宣传中误导消费者，被告该种欺诈消费者的行为已经严重损害了原告利益，违反市场管理以及消费者权益保护相关法律规定。原告特向法院提起诉讼，请求判令三被告退还购买价款439元，并支付购买价款的三倍赔偿1317元。三被告收到应诉通知后，均提出管辖异议申请，认为本案应属于侵权责任纠纷中的产品责任纠纷，法院所立的案由有误，应该是侵权纠纷而非合同纠纷，郑州高新区人民法院没有管辖权，应当将本案移送至有管辖权的北京市通州区人民法院或者安徽省黄山市屯溪区人民法院审理。

郑州高新区人民法院于 2021 年 7 月 2 日作出（2021）豫 0191 民初 9675 号判决书，认为：该案为信息网络买卖合同纠纷，根据《民事诉讼法》（2017）第 23 条之规定："因合同纠纷提起的诉讼，由被告住所地或者合同履行地人民法院管辖。"《最高人民法院关于适用〈中华人民共和国民事诉讼法〉的解释》第 20 条之规定："以信息网络方式订立的买卖合同，通过信息网络交付标的的，以买受人住所地为合同履行地；通过其他方式交付标的的，收货地为合同履行地。合同对履行地有约定的，从其约定。"本案中，原、被告双方系通过信息网络方式订立的买卖合同，通过邮寄方式进行交付，收货地为合同履行地，原告的收货地属于郑州高新区人民法院辖区范围，故郑州高新区人民法院对该案有管辖权，遂依法驳回三被告对本案管辖权提出的异议。其中被告黄山某茶业有限公司不服裁定结果提起上诉。郑州市中级人民法院于 2021 年 9 月 8 日作出（2021）豫 01 民辖终 523 号民事裁定，认为：本案原审原告以被告夸大产品质量虚构制作工艺，在外包装以及对外宣传中误导消费者，该欺诈消费者行为严重损害了原告利益为由，诉请被告退还价款并进行 3 倍赔偿，本案讼争的法律关系属于消费者权益以及产品责任相关的侵权纠纷，应以被告住所地或侵权行为地确定管辖。遂裁定撤销（2021）豫 0191 民初 9675 号民事裁定，案件移送安徽省黄山市屯溪区人民法院处理。❶

【主要法律问题】

通过信息网络方式订立的合同，履行地如何确定？请求权竞合时管辖权如何确定？

【主要法律依据】

《中华人民共和国民事诉讼法》（2021 年 12 月 24 日修正）

第 24 条　因合同纠纷提起的诉讼，由被告住所地或者合同履行地人民法院管辖。

第 29 条　因侵权行为提起的诉讼，由侵权行为地或者被告住所地人民法院管辖。

《最高人民法院关于适用〈中华人民共和国民事诉讼法〉的解释》（2022 年 3 月 22 日修正）

第 20 条　以信息网络方式订立的买卖合同，通过信息网络交付标的的，以买受人住所地为合同履行地；通过其他方式交付标的的，收货地为合同履行地。合同对履行地有约定的，从其约定。

【理论分析】

一、网购平台服务协议约定的协议管辖效力的认定

针对可能产生的纠纷，网购平台在新用户注册时一般都会约定协议管辖的条款，对产生纠纷时管辖法院作统一约定。因该协议管辖的条款均是格式条款，用户只能选

---

❶ 参见（2021）豫 01 民辖终 523 号民事裁定。

择同意。对此问题，一种观点认为该管辖条款限制或剥夺了消费者对管辖法院的选择权，限制了当事人的权利，该格式条款应属无效。另一种观点认为该协议管辖条款有效，用户同意注册，即视为接受该协议管辖条款，应受此协议管辖条款约束。《民事诉讼法解释》第 31 条规定："经营者使用格式条款与消费者订立管辖协议，未采取合理方式提请消费者注意，消费者主张管辖协议无效的，人民法院应予支持。"因此，网购服务协议中的协议管辖条款是否有效，应着重考查提供条款一方是否采取合理方式提请消费者注意。根据上述规定，提供格式条款一方对格式条款中免除或限制其责任的内容，如果未采取引起对方注意的方式予以特别说明，则该协议管辖条款无效；如果无效，则应按法定的管辖规则进行处理。

二、消费者提起诉讼时的选择权

这里所说的选择权是指消费者提起诉讼时选择哪种案由进行诉讼。因为电商仅仅提供购物平台，电商与消费者之间系服务合同关系，消费者在平台上购买商品后与平台上进驻的具体商家之间才是买卖合同关系。消费者如果对电商的服务不满意，选择服务合同纠纷向电商主张损失，如果网购服务协议中的协议管辖条款有效，则就要受该条款的约束，只能由约定的管辖法院受理。如果消费者选择买卖合同纠纷向商家主张权利，则不受前面所述的协议管辖条款的约束，应按法定的管辖规则来处理。在本案例中，一审法院立案时的案由是信息网络买卖合同纠纷，根据《民事诉讼法解释》第 20 条的规定，以信息网络方式订立的买卖合同，通过信息网络交付标的的，以买受人住所地为合同履行地；通过其他方式交付标的的，收货地为合同履行地。本案中，原告所在地及收货地均在郑州，故合同履行地应为郑州，一审法院据此裁定驳回被告对该案管辖权提出的异议。

三、请求权竞合时管辖如何确定

所谓请求权竞合，指以同一给付目的的数个请求权并存，当事人可以选择行使，其中一个请求权因目的达到而消灭时，其他请求权也因此而消灭的现象。❶ 实践中最常见的就是侵权与违约责任发生竞合，从而使受损一方当事人具有了以侵权和违约为基础的两项请求权。网络购物比较常见的一种纠纷是产品责任纠纷，如果客户收到网购商品后发现产品质量有问题或者存在与宣传不符的情形，这时候就出现了产品责任中侵权责任与合同责任竞合的情况。因为缺陷产品往往还伴有人身伤害，造成公民的固有利益（又称维护利益）的损失❷，这种损害超出合同法调整范围，只有通过主张侵权责任才可以实现。我国《民法典》第 186 条规定："因当事人一方的违约行为，损害对方人身权益、财产权益的，受损害方有权请求其承担违约责任或者侵权责任。"通过上述规定可以看出，我国已经在立法层面对侵权与违约责任两种请求权的竞合作出了一

---

❶ 许可. 请求权竞合现象的实务应对 [N]. 人民法院报，2011-5.
❷ 王泽鉴. 民法学说与判例研究（第 3 辑）[M]. 北京：中国政法大学，1998：69.

定的规范，受损一方可以选择以侵权或违约为基础的两种请求权之一来保护自己的合法权益。两种请求权竞合时，选择哪种请求权对自身权益的实现无疑是有区别的，此处不做过多讨论，只对请求权竞合时案件管辖权的确定进行简要论述。侵权之诉与合同之诉的法定管辖法院并不相同，前者系侵权行为地或被告住所地法院，后者则是被告住所地法院或合同履行地法院。本案例中即存在请求权竞合现象，一审法院认为原告提起的是合同之诉，因此案由为信息网络买卖合同纠纷，从而适用《民事诉讼法解释》第20条规定来确定管辖，以原告所在地及收货地作为合同履行地作为管辖依据。二审法院之所以改变一审法院的裁定结果，是因为在请求权竞合情形出现时，二审法院依据原告的诉请认定原告主张的是侵权之诉，应以被告住所地或侵权行为地确定管辖，并据此作出了二审裁定，将案件移送被告住所地法院处理。从上述规定可知，如果当事人对请求权选择不当，对方当事人提出管辖异议的，就可能承担被法院驳回起诉的不利后果，从而给自己造成不必要的额外损失与诉累。

【思考题】

(1) 网络民事纠纷是近年来出现的新情况，而且随着社会的发展与进步，新类型的因网络而产生的民事纠纷还会不断涌现，如何确定管辖法院以适应这种变化。

(2) 除本案例中的情形之外，还有哪些情形涉及请求权竞合？请求权竞合对管辖法院的确定都有哪些影响？

第三节 管辖权异议的滥用及规制

管辖权异议，是指人民法院受理案件后，当事人向受诉人民法院提出的该人民法院对所受理案件无管辖权的意见和主张。在司法实践中，由于管辖制度的复杂性和民事纠纷的多样性，以及人民法院立案工作人员对管辖制度的理解以及当事人的认识的局限性，均有可能导致对案件的管辖权作出错误的判断。管辖权异议制度的设立，正是为了纠正这种错误，以保证人民法院正确行使审判权，并维护当事人的诉讼权利。民事诉讼讲究的是诉讼双方权利地位平等，为了平衡原被告双方的程序性权利，避免原告滥用起诉权侵害被告的利益，法律赋予了当事人对管辖权问题提出异议的权利。管辖权异议制度作为管辖制度的重要组成部分，是诉讼中案件当事人尤其是被告维护自己合法权益的一项非常重要的方法和途径，尤其在现阶段还存在地方保护主义现象的情况下，该制度在保证司法程序公正、保障当事人诉权、促进实体正义等方面起着非常重要的作用。但是从近些年司法实践及数据看，民事管辖权异议制度被滥用的现象愈演愈烈：哪怕是管辖确定无误，也要提管辖异议；管辖异议被法院驳回后还要针对管辖异议裁定再提起上诉，最常见的情况就是当事人利用管辖权异议来拖延诉讼时间，严重违反了民事诉讼应当遵循的诚实信用原则。在目前法院案多人少情况日趋严重的形势下，处理管辖异议无疑会挤占一部分司法资源，这样既严重浪费了司法资源和当事人的人力、物力、财力，又造成案件久拖不决的恶劣影响，妨害了司法活动的正常进行。

案例三　管辖权异议的滥用系列案例

【基本案情一】 河南某医药科技有限公司诉山西某商贸有限公司、戴某买卖合同纠纷一案

河南某医药科技有限公司诉山西某商贸有限公司、戴某买卖合同纠纷一案，案件受理后，山西某商贸有限公司、戴某在提交答辩状期间对管辖权提出异议，要求移送太原市迎泽区人民法院审理。一审法院认为河南某医药科技有限公司作为接收货币方，其住所地法院，即郑州高新区人民法院对本案依法享有管辖权，遂裁定驳回管辖权异议，并明确告知山西某商贸有限公司、戴某滥用诉讼权利、浪费司法资源的，法院可能会对其进行处罚，包括罚款等。山西某商贸有限公司、戴某坚持提起上诉。后郑州市中级人民法院维持原裁定。一审法院遂认为，被告山西某商贸有限公司、戴某滥用管辖权异议，拖延诉讼，违反诚实信用原则，浪费了司法资源，妨害了诉讼秩序，遂于2020年8月4日作出（2020）豫0191司惩9号决定书，对山西某商贸有限公司予以罚款1万元的处罚。该公司以罚款决定书未阐明相关证据及法律依据为由提出复议申请，请求撤销上述罚款决定书。郑州市中级人民法院于2020年9月29日作出（2020）豫01司惩复27号复议决定书，认为山西某商贸有限公司的行为违背了诚实信用原则，扰乱了正常的司法秩序，拖延了审判程序的推进，妨害民事诉讼的正常进行，一审法院所作的处罚决定并无不当，遂驳回山西某商贸有限公司的复议申请，维持原裁定。[1]

【基本案情二】 中禧某投资有限公司与北京某建筑装饰工程有限公司装饰装修合同纠纷一案

中禧某投资有限公司（以下简称中禧公司）与北京某建筑装饰工程有限公司装饰装修合同纠纷案中，中禧公司以其实际经营地在北京市朝阳区提出管辖权异议，一审法院驳回其异议并进行处罚后又提起上诉，北京市第三中级人民法院（以下简称北京市三中院）裁定驳回了中禧公司的上诉，维持了原裁定。因中禧公司在该案提起管辖权异议之前，一审法院已经受理20多件该类案件，除个别案件外，中禧公司均以其实际经营地在北京市朝阳区为由对管辖权提出异议并上诉，其中10多件已经被一审法院及北京市三中院生效裁定认定中禧公司所涉案件均为法定专属管辖，一审法院对所涉

---

[1] 参见（2020）豫01司惩复27号。

案件有管辖权。中禧公司在明知一审法院对该案有管辖权的情形下，仍以实际经营地为北京市朝阳区为由再次提出管辖权异议。因此，北京市三中院认为一审法院对中禧公司进行处罚并无不当，依法驳回了中禧公司的复议申请。❶

【主要法律问题】

上述两个案例均是通过司法处罚的形式对滥用管辖权异议的行为进行规制，即对滥用管辖异议权利的申请人进行训诫或者罚款，但这种规制缺少直接的处罚依据，法院作出的处罚决定书的依据多为"违反诚实信用原则，浪费了司法资源，妨害了诉讼秩序"。

【主要法律依据】

《中华人民共和国民事诉讼法》（2021年12月24日修正）

第13条 民事诉讼应当遵循诚信原则。

第114条 诉讼参与人或者其他人有下列行为之一的，人民法院可以根据情节轻重予以罚款、拘留；构成犯罪的，依法追究刑事责任：

（一）伪造、毁灭重要证据，妨碍人民法院审理案件的；

（二）以暴力、威胁、贿买方法阻止证人作证或者指使、贿买、胁迫他人作伪证的；

（三）隐藏、转移、变卖、毁损已被查封、扣押的财产，或者已被清点并责令其保管的财产，转移已被冻结的财产的；

（四）对司法工作人员、诉讼参加人、证人、翻译人员、鉴定人、勘验人、协助执行的人，进行侮辱、诽谤、诬陷、殴打或者打击报复的；

（五）以暴力、威胁或者其他方法阻碍司法工作人员执行职务的；

（六）拒不履行人民法院已经发生法律效力的判决、裁定的。

人民法院对有前款规定的行为之一的单位，可以对其主要负责人或者直接责任人员予以罚款、拘留；构成犯罪的，依法追究刑事责任。

第118条 对个人的罚款金额，为人民币十万元以下。对单位的罚款金额，为人民币五万元以上一百万元以下。

【理论分析】

一、民事诉讼管辖权异议被滥用的原因

（1）利用管辖权异议向诉讼的对方当事人施压。

原告向法院提起诉讼一般都是穷尽其他救济途径仍达不到目的所采取的最终救济方式，此时原告一般都迫切希望尽快达成诉讼目的，而有的被告（尤其是委托有律师参加诉讼的）会利用管辖权异议制度来拖延诉讼。即便已通过一审、二审确定管辖权无误，但仍需重新给予双方一定的举证期限，从而达到拖延开庭审理时间的目的，迫

---

❶ 参见（2019）京03司惩复7号。

使原告接受一些不合理的要求。

(2) 利用管辖权异议处理期间转移或者是变卖其名下可供执行的财产。

这种情况的实质是被告利用管辖权异议来直接损害到原告的合法权益，即妨碍即将到来的财产执行，最终导致原告利益受损。因为管辖异议是法律赋予被告的一项诉讼权利，所以即便明知被告存在此种故意，实践中也很难对其作出相应的处罚。

(3) 当事人提出管辖权异议的成本太过低廉。

从收费方面来说，根据《诉讼费用交纳办法》（自2007年4月1日起施行）第13条第六项的规定，当事人提出的管辖权异议不成立，被法院驳回的，当事人仅需缴纳每件50元到100元的费用。对于几千万甚至数亿元的诉讼标的，该处规定的费用几乎可以忽略不计。实践中由于此数额太小、程序较复杂，且异议成立的还需要退还，因此该费用很多时候并未实际收取。

(4) 当事人提出管辖权异议的条件要求或者门槛太低。

根据民事诉讼法的相关规定，当事人提出管辖权异议时，法院并未对当事人管辖权异议提出条件和相关证据材料作出要求，即当事人只要提出管辖权异议，法院就须进行审查并作出裁定，因此当事人提出管辖权异议的条件要求或者门槛太低。

二、我国对管辖权异议制度滥用的规制及存在的问题

(1) 通过收费进行规制。

我国民事诉讼法对诉讼管辖的规定比较详尽，但对管辖权异议滥用的规制比较缺乏，通常适用的条文就是《诉讼费用交纳办法》第13条第六项。该条规定列在国务院下发的上述收费办法里面，民事诉讼法及相关司法解释均没有规定对滥用管辖权异议的规制措施。但这个收费条文的作用非常有限，尤其是对一些标的额较大的案件，当事人一般不会因为这50元到100元的收费就放弃提起管辖权异议的想法，而且管辖权异议成立的还要牵涉退费问题，更重要的是缺少配套规定。当事人如果拒绝缴纳或者未按指定期限缴纳费用，能否适用"未按时缴纳案件受理费的，按撤诉处理"原则，视为未提起管辖异议，如果不能，就会导致管辖异议裁定无法及时作出，损害司法的威严。

(2) 通过司法处罚的形式进行规制。

即对滥用管辖权异议的申请人进行训诫或者罚款。这种方式是目前司法实践中采取较多的，也是效果最为明显的一种规制措施。但这种方式在实践中争议比较大，最根本的原因就是缺少直接的处罚依据，通过网上查询各地法院所作出的罚款决定书，发现罚款决定书最后的依据法律条文大多是《民事诉讼法》的第13条和第114条或第118条。其中第13条规定："民事诉讼应当遵循诚信原则。"第114条系以罗列的方式对妨害民事诉讼的行为进行说明，主要涉及伪造证据、扰乱法庭秩序、妨碍执行等方面。第118条规定的是罚款金额。上述条文均未提及滥用管辖权异议的情形。因此，对于滥用管辖权异议是否属于上述条文列举的情形存在争议，法院作出的处罚决定书的依据多为"违反诚实信用原则，浪费了司法资源，妨害了诉讼秩序"。能否依据诚实

信用原则滥用管辖权异议的行为进行处罚，在理论界和司法实践中均存在较大争议。

三、关于规制滥用管辖权异议的具体建议

（1）对当事人提出管辖异议设置一定的条件，并增加不予审查的条款。

目前我国的民事诉讼法在案件管辖方面的规定十分详尽，但对管辖异议的提起仅有一个期限方面的要求，即提交异议申请应在答辩期间，在提起条件方面基本上没有设置任何限制性条件或者门槛。这导致当事人不需到庭应诉，仅需向法院递交甚至邮寄一纸管辖权异议申请书，就能启动管辖权异议审查程序。正是因为启动管辖权异议审查程序的门槛过低，相当大一部分当事人把管辖权异议当作拖延诉讼的工具。因此，应当对管辖权异议的提起条件作出具体、明确的规定，如管辖权异议所依据的事实和理由及相关证据，以及民事诉讼中必需的送达地址确认、当事人或者代理人身份信息的真实性等，从源头过滤掉一部分管辖权异议申请，对不符合规定的条件的不能启动管辖权异议审查程序。目前我国民事诉讼法及其司法解释规定的不予审查的情形主要有三种，即未在提交答辩状期间提出的、在人民法院发回重审或者按第一审程序再审的案件提出的管辖权异议，人民法院不予审查。该规定的不予审查的范围太窄，应该针对设置的提出管辖权异议条件增加相应的不予审查的情形，从而保证诉讼程序正常进行，使有限的司法资源用来处理正当的管辖权异议申请，提高程序效率。

（2）提高管辖权异议收费标准并增设相应的不予审查条款。

正如前文所述，我国目前有关管辖权异议收费的标准过低，没有起到应有的作用。对管辖权异议进行收费也是通过收费给管辖权异议的提起设置一定的成本门槛，遏制部分权利滥用行为。低廉的诉讼收费虽然方便民众寻求司法救济，但是还需要考虑到司法资源的承受能力及诉讼相对方的合法权益，当前极低的收费标准无疑助长了恶意当事人滥提管辖权异议的行为。通过提高管辖权异议的收费标准，对部分恶意当事人会起到一定遏制作用，即通过立法或者司法解释的形式规定当事人向法院提出管辖权异议时应当事先交纳异议费用，可以按照案件受理费的一倍或者一定的比例收取，对于某些没有标的额的案件，按照最低标准如 2000 元收取。同时，为保障当事人的合理诉权，当事人提起的管辖权异议若最终被法院认定管辖权异议成立，则事前收取的费用应当及时全额退还给当事人。应设置一定的缴费期限，逾期未缴费的，可不予审查，诉讼程序继续进行。

（3）建立管辖权异议风险释明机制。

实践中不仅存在管辖权异议被故意滥用的情形，也存在部分当事人对管辖的规定存在误解或者理解不到位，导致不当使用管辖权异议的情形。对于后面这种情形，在当事人提起管辖权异议时进行示明就显得很有必要了。这种管辖权异议风险释明机制，不仅要在事前明确告知其享有的管辖异议权，也要告知其在诉讼活动中应当遵守的诚信诉讼的原则理念；不仅要告知其关于管辖规定的正确理解，还要告知其滥用管辖异议权存在的风险，从而使其慎用自己的管辖异议权。当事人如果接受上述示明，撤回管辖权异议，则诉讼程序就可以继续进行；如果不符合管辖权异议的条件的，可直接

告知其所提出的管辖权异议申请法院不予审查；如果经示明后其知晓所提管辖权异议不成立，仍坚持要提管辖权异议的，并经一审裁定驳回后仍坚持上诉的，可以认定为滥用诉权、妨碍诉讼，并给予其相应的处罚，正如本章案例三中法院所采取的措施，即先告知后处罚。司法实践中，可以在向被告送达起诉状副本等应诉材料时，附上诉讼风险告知书，将滥用管辖权异议将导致的风险作为一项诉讼风险一并告知当事人。

（4）通过立法或者司法解释的形式对滥用管辖权异议的处罚进行明确化。

从本节的两个案例可知，法院在利用处罚的方式对滥用权管辖异议进行规制时，适用的法律依据基本都是诚实信用原则和针对妨碍诉讼的条款，而当事人申请复议的理由之一通常是一审法院处罚没有法律依据。这充分反映出当前司法实践中对滥用管辖权异议进行处罚规制的尴尬境地：处罚手段虽然直接有效，但缺少明确直接的法律依据，需要从立法层面作出相应的规定，即对需要处罚的情形进行列举式规定，并辅之以兜底条款。这样当事人在提起管辖权异议时，就会慎重考虑其将要承担的后果。同时，法院在对滥用管辖权异议进行处罚时也将有法可依，可以在前文所述的释明环节告知当事人可能面临的严重后果，进而减少管辖权异议的滥用，确保诉讼程序的顺畅进行。

【思考题】

（1）如何准确界定正当的管辖权异议与滥用管辖权异议，二者是否有矛盾之处？

（2）你是否赞成对滥用管辖权异议进行处罚，应如何进行处罚？

CHAPTER 4 第四章
民事诉讼证据与证明

> **本章知识要点**

（1）当事人自认规则的修改与完善。2019 年修正的《最高人民法院关于民事诉讼证据的若干规定》（以下简称新《民事证据规定》）对自认的内容作了更准确的界定，并对共同诉讼中的自认效力加以澄清，新增附限制和附条件自认的规定，扩大了代理人自认的范围。（2）书证提出命令制度。新《民事证据规定》细化了责令提交书证制度中申请书的提交规则和对请求对方提交书证时法院的审查判断规则。首先要在取证期限届满之前向法庭提出书面请求，请求法院责令对方当事人提交在其控制下的于其不利的书证。在对方当事人拒不提交时，法院需要根据当事人提供书证的名称或者内容，书证所证明的案件事实以及该事实的重要性，对方当事人控制书证的证据，以及申请提交书证的理由进行综合审查判断。

第一节 当事人自认规则的修改与完善

自认是当事人基于处分权的行使而实施的一种诉讼行为，具有免除对方举证责任的效力。《最高人民法院关于修改〈关于民事诉讼证据的若干规定〉的决定》（以下简称《修改决定》）在第 4 条至第 10 条中对原《民事证据规定》的自认内容进行了修改、补充和完善，具体包括以下六个方面。

（1）强化诉讼代理人自认的效力。对于诉讼代理人的自认，不再考虑诉讼代理人是否经过特别授权，除授权委托书明确排除的事项外，诉讼代理人的自认视为当事人本人的自认。（2）适当放宽当事人撤销自认的条件。对于当事人因胁迫或者重大误解作出的自认，不再要求当事人证明自认的内容与事实不符。（3）扩大自认的形式和范围。新《民事证据规定》规定，一方当事人陈述的于己不利的事实，或者对于己不利的事实明确表示承认的，均属于自认。同时，除了正式开庭中的言辞自认外，在证据交换、询问、调查过程中，或者在起诉状、答辩状、代理词等书面材料中，当事人明确承认于己不利的事实的，也属于自认。(4) 新增共同诉讼人的自认效力。新《民事证据规定》规定，普通共同诉讼中，共同诉讼人中一人或者数人作出的自认，对作出自认的当事人发生效力。必要共同诉讼中，共同诉讼人中一人或者数人作出自认而其他共同诉讼人予以否认的，不发生自认的效力。其他共同诉讼人既不承认也不否认，经审判人员说明并询问后仍然不明确表示意见的，视为全体共同诉讼人的自认。(5) 明确附条件自认的效力。在诉讼实践中，当事人的自认往往会附加各种限制和条件。新《民事证据规定》规定，一方当事人对于另一方当事人主张的于己不利的事实有所限制或附加条件予以承认的，由法院综合案件情况决定是否构成自认。(6) 规范自认的撤销条件和程序。新《民事证据规定》放宽了自认撤回的期限和条件，将"且与事实不符"的条件删除。同时规范了自认撤销的程序，即法院准许当事人撤销自认的，应当作出口头或者书面裁定。

案例一 润州区明乐迪歌厅与上海灿星文化传媒股份有限公司侵害作品放映权纠纷

【基本案情】

上诉人润州区明乐迪歌厅（以下简称明乐迪歌厅）因与被上诉人上海灿星文化传媒股份有限公司（以下简称灿星公司）侵害作品放映权纠纷一案，不服江苏省镇江市中级人民法院作出的（2020）苏11民初236号民事判决，向江苏省高级人民法院（以下简称江苏省高院）提起上诉。江苏省高院于2021年2月4日立案后，依法组成合议庭进行了审理，现已审理终结。

明乐迪歌厅上诉请求：(1) 撤销一审判决，裁定驳回灿星公司的起诉或改判驳回灿星公司要求明乐迪歌厅赔偿损失的诉讼请求；(2) 本案一、二审诉讼费用由灿星公司承担。事实与理由：灿星公司曾在他案中自认，《中国好歌曲》系其与电视台合作的综艺节目录制作品，属合作作品，故涉案音像出版物上的标注内容不能证明灿星公司系该合作作品的唯一权利人，并有权单独提起侵害放映权之诉。

灿星公司答辩称：一审判决认定事实清楚，适用法律正确，请求驳回明乐迪歌厅的上诉请求，维持原判。事实与理由：(1) 灿星公司的诉讼主体资格适格；(2) 涉案作品通过构思、摄影、合成等汇集了一系列具有创造性的劳动，具有独创性，属于我国著作权法意义上以类似摄制电影的方法创作的作品；(3) 明乐迪歌厅侵害了涉案作品放映权，应当承担赔偿责任。

二审法院认为：《最高人民法院关于审理著作权民事纠纷案件适用法律若干问题的解释》第7条规定："当事人提供的涉及著作权的底稿、原件、合法出版物、著作权登记证书、认证机构出具的证明、取得权利的合同等，可以作为证据。在作品或者制品上署名的自然人、法人或者非法人组织视为著作权、与著作权有关权益的权利人，但有相反证明的除外。"灿星公司一审提交的光盘上标有国际标准书号、出版发行人等规范的版权信息,系合法出版物,可以作为认定灿星公司享有著作权的初步证据。因该光盘上印制有"灿星制作""上海灿星文化传媒股份有限公司荣誉出品""本节目制作者(或录音录像制作者)/著作权人:上海灿星文化传媒股份有限公司"等内容,故在无相反证据的情况下,可以认定灿星公司系涉案节目的著作权人。关于明乐迪歌厅主张本案存在其他著作权人,灿星公司作为原告起诉不适格的问题,本院认为,首先,根据《最高人民法院关于民事诉讼证据的若干规定》(自2020年5月1日起施行)的相关规定,自认是指一方当事人在本案而非他案诉讼中对于己不利事实的确认,故灿星公司在他案中的相应陈述并不产生民事诉讼法意义上的自认效力。

【主要法律问题】

灿星公司在他案诉讼中对于己不利事实的确认,是否会在本案中产生民事诉讼法意义上的自认效力。

【主要法律依据】

《最高人民法院关于民事诉讼证据的若干规定》(2019年10月14日修正)

第3条 在诉讼过程中,一方当事人陈述的于己不利的事实,或者对于己不利的事实明确表示承认的,另一方当事人无需举证证明。

在证据交换、询问、调查过程中,或者在起诉状、答辩状、代理词等书面材料中,当事人明确承认于己不利的事实的,适用前款规定。

第4条 一方当事人对于另一方当事人主张的于己不利的事实既不承认也不否认,经审判人员说明并询问后,其仍然不明确表示肯定或者否定的,视为对该事实的承认。

第5条 当事人委托诉讼代理人参加诉讼的,除授权委托书明确排除的事项外,诉讼代理人的自认视为当事人的自认。

当事人在场对诉讼代理人的自认明确否认的,不视为自认。

第6条 普通共同诉讼中,共同诉讼人中一人或者数人作出的自认,对作出自认的当事人发生效力。

必要共同诉讼中,共同诉讼人中一人或者数人作出自认而其他共同诉讼人予以否认的,不发生自认的效力。其他共同诉讼人既不承认也不否认,经审判人员说明并询问后仍然不明确表示意见的,视为全体共同诉讼人的自认。

第7条 一方当事人对于另一方当事人主张的于己不利的事实有所限制或者附加条件予以承认的,由人民法院综合案件情况决定是否构成自认。

第8条 《最高人民法院关于适用〈中华人民共和国民事诉讼法〉的解释》第96条第1款规定的事实,不适用有关自认的规定。

自认的事实与已经查明的事实不符的,人民法院不予确认。

第9条 有下列情形之一,当事人在法庭辩论终结前撤销自认的,人民法院应当准许:

（一）经对方当事人同意的；

（二）自认是在受胁迫或者重大误解情况下作出的。

人民法院准许当事人撤销自认的，应当作出口头或者书面裁定。

【理论分析】

根据2019年修正的新《民事证据规定》第3条的规定，在诉讼过程中，以及在法庭审理准备阶段，当事人陈述的于己不利的事实或对于明显于己不利的事实作出明确承认的意思表示的，即为自认。一旦当事人作出了自认，就免除了对方的举证责任，对方无需对当事人认可的事实主张再进一步举证证明该事实是存在且成立的。但是自愿作出自认的当事人，其自认事实应与对方当事人的陈述应当是一致的，不能提出新的事实主张。"自认"仅存在于庭审准备阶段和诉讼过程当中。因此在本案例中，灿星公司在他案诉讼中对于己不利事实的确认，并不会在本案中产生民事诉讼法意义上的自认效力。

【思考题】

（1）附条件的自认是否能够当然构成当事人的自认？

（2）降低诉讼代理人的自认难度是否等同于降低了对当事人意思自治的尊重？

第二节 书证提出命令制度

责令提交书证也是《修改决定》中非常重要的内容。2002年《民事证据规定》第75条规定："有证据证明一方当事人持有证据无正当理由拒不提供，如果对方当事人主张该证据的内容不利于证据持有人，可以推定该主张成立。"新《民事证据规定》细化了责令提交书证的规则与法院是否应责令对方当事人提交书证时的审查判断规则。首先，当事人应当在向法院取证期限届满之前提出书面请求，请求法院责令对方当事人提供在其控制之下的对其不利的书证。申请人民法院责令对方当事人提交书证的，申请书应当载明所申请提交书证的名称或者内容、需要以该书证证明的事实及事实的重要性、对方当事人控制该书证的根据以及应当提交该书证的理由。对方当事人否认控制书证的，人民法院应当根据法律规定、习惯等因素，结合案件的事实、证据，对于书证是否在对方当事人控制之下作出综合判断。

人民法院对当事人提交书证的申请进行审查时，应当听取对方当事人的意见，必要时可以要求双方当事人提供证据、进行辩论。当事人申请提交的书证不明确、书证对于待证事实的证明无必要、待证事实对于裁判结果无实质性影响、书证未在对方当事人控制之下或者不符合新《民事证据规定》第47条规定情形的，人民法院不予准许。

当事人申请理由成立的，人民法院应当作出裁定，责令对方当事人提交书证；理由不成立的，通知申请人。

案例二　温州市中意锁具电器有限公司与波瑞电气有限公司买卖合同纠纷案

【基本案情】

在温州市中意锁具电器有限公司（以下简称中意公司）与波瑞电气有限公司（以下简称波瑞公司）买卖合同纠纷一案中，一审法院认定事实：中意公司与波瑞公司之间存在业务往来关系，由中意公司向波瑞公司提供电气配件。中意公司在2008年1月至2015年12月22日期间陆续开具抬头为波瑞公司的增值税专用发票45份，金额总计2 262 408.31元。2020年10月23日，中意公司以波瑞公司拖欠其货款为由，将本案诸被告诉至一审法院，引起本案诉讼。另查，中意公司曾分别于2019年8月13日、2020年1月15日、2020年7月28日就案涉货款以波瑞公司为被告向浙江省温州市瓯海区人民法院提起买卖合同纠纷案件，后均撤回起诉。再查明，2020年11月19日，国家税务总局泰兴市税务局出具了一份关于波瑞公司2014—2015年抵扣税款的情况说明，该说明载明：征管信息系统无法查询2014—2015年抵扣信息（超过5年期限）。

2020年11月28日，中意公司在举证期限内通过快递向法庭提交了《书证提出命令申请书》，请求事项为：裁定责令被申请人波瑞公司提交会计账簿、会计凭证等书证，以证明申请人中意公司履行了交付2 262 408.31元的低压配件的供货义务。顺丰公司的签收底单显示，2020年11月29日，承办法官本人签收了中意公司的快件。如果原审认定后期合同上"票上累计五万元付款"的补充协议，则中意公司的证据依法已确实充分，无需另外提供送货单、对账单等交付凭证，就可要求波瑞公司依据支付方式按发票数额支付货款；若原审不予认定"票上累计五万元付款"的补充协议，严格依《最高人民法院关于审理买卖合同纠纷案件适用法律问题的解释》第8条的规定要求中意公司提供送货单，对账单等交付标的物的证据，则应当依《民事诉讼法解释》第112条"书证在对方当事人控制之下的，承担举证证明责任的当事人可以在举证期限届满前书面申请人民法院责令对方当事人提交。申请理由成立的，人民法院应当责令对方当事人提交，因提交书证所产生的费用，由申请人负担。对方当事人无正当理由拒不提交的，人民法院可以认定申请人所主张的书证内容为真实"和新《民事证据规定》第47条第1款第（一）（四）项："下列情形，控制书证的当事人应当提交书证：（一）控制书证的当事人在诉讼中曾经引用过的书证……（四）账簿、记账原始凭证"之规定，受理中意公司的《书证提出命令申请书》，向波瑞公司发出书证提出命令，特别是判决书还记载了波瑞公司"账面可查仅欠中意公司货款金额3万元"，明知波瑞公司在诉讼中引用了账簿等书证，表明波瑞公司愿意提供账簿供法庭审查"账面"，在此前提下，法庭更应该向波瑞公司发出书证提出命令，责令波瑞公司提交账簿、记账原始凭证等书证。若波瑞公司无正当理由拒绝提交，则应认定中意公司的主张为真实，现原审对中意公司的《书证提出命令申请书》未作任何处理就直接判决中意公司举证不能，则属程序违法，剥夺了中意公司的辩护权。总之，补充协议"票上累计五万元付款"和货物交付的事实属于民事法律权利义务的责任承担的基本事实，二者是分层次的，补充协议属约定结算的基本事实，对货物交付的事实具有确认的效力，若能认定，可代替中意公司交付凭证等证据，波瑞公司若抗辩应当承担反驳的举证责任；若不能认定，则货物交付的事实突显出其重要性，中意公司证明货物交付的书证或法院受理中意公司提出书证命令的申请就不可忽视。本案中，原审既不予认定"票上累计五万元付款"的补充协议，又不履行处理当事人提出书证命令申请的法定审判职责，一味强调中意公司举证不能，导致基本事实认定不清，中意公司损失巨大。

二审法院认为，根据《民事诉讼法解释》第90条的规定，当事人对自己提出的诉讼请求所依据的事实或者反驳对方诉讼请求所依据的事实，应担提供证据加以证明，但法律另有规定的除外。在作出判决前，当事人未能提供证据或者证据不足以证明其事实主张的，由负有举证责任的当事人承担不利的后果。本案中，中意公司主张波瑞公司欠其货款213 866.31元，波瑞公司自认尚欠中意公司货款3万元，中意公司对超过3万元的部分应承担相应的举证责任。中意公司提交的增值税发票并不能证明其主张的结欠货款金额，其亦未能提交送货清单等货物交付证据或欠条、对账函等货款结算凭证。中意公司提交的工矿产品购销合同仅有较少的几份，并未涵盖双方之间全部的往来，不具有完整性，且并不是所有的合同均注明"票上累计五万元付款"，不能以此证明双方之间的交易习惯，更不能证明中意公司开具增值税发票的行为即表明波瑞公司尚欠其货款。中意公司因自身原因未提交相关证据，却要求波瑞公司提交账簿、记账原始凭证等，认为波瑞公司账簿上记录了供货、发票号、收货信息、送货单等，波瑞公司不予认可，并否认其持有收货单。现有证据并不能证明波瑞公司持有能够证明波瑞公司尚欠中意公司货款的书证，故对中意公司的该申请二审法院不予采纳，对中意公司的上诉理由亦不予采信。

【主要法律问题】

人民法院对当事人书证提出命令申请书中"书证名称或者内容"的审查，目的在于对书证进行特定化，可以根据申请人是否亲身参与形成过程、是否了解等因素，斟酌书证特定化的尺度。在书证对要证事实的证明有积极作用，且要证事实本身对于裁判有重要意义的情况下，人民法院才有作出"书证提出命令"的必要。关于"对方当事人控制该书证的根据"的要求，隐含着对书证存在的证明要求。但书证存在以及对方当事人控制该书证的事实，有时并不需要证据证明，申请人能够陈述充分理由、足以让法官确信前述事实的，人民法院也可以作出事实存在的认定。

【主要法律依据】

《最高人民法院关于民事诉讼证据的若干规定》（2019年10月14日修正）

第45条 当事人根据《最高人民法院关于适用〈中华人民共和国民事诉讼法〉的解释》第112条的规定申请人民法院责令对方当事人提交书证的，申请书应当载明所申请提交的书证名称或者内容、需要以该书证证明的事实及事实的重要性、对方当事人控制该书证的根据以及应当提交该书证的理由。

对方当事人否认控制书证的，人民法院应当根据法律规定、习惯等因素，结合案件的事实、证据，对于书证是否在对方当事人控制之下的事实作出综合判断。

第46条 人民法院对当事人提交书证的申请进行审查时，应当听取对方当事人的意见，必要时可以要求双方当事人提供证据、进行辩论。

当事人申请提交的书证不明确、书证对于待证事实的证明无必要、待证事实对于裁判结果无实质性影响、书证未在对方当事人控制之下或者不符合本规定第47条情形的，人民法院不予准许。

当事人申请理由成立的，人民法院应当作出裁定，责令对方当事人提交书证；理由不成立的，通知申请人。

第47条 下列情形，控制书证的当事人应当提交书证：

（一）控制书证的当事人在诉讼中曾经引用过的书证；

（二）为对方当事人的利益制作的书证；

（三）对方当事人依照法律规定有权查阅、获取的书证；

（四）账簿、记账原始凭证；

（五）人民法院认为应当提交书证的其他情形。

前款所列书证，涉及国家秘密、商业秘密、当事人或第三人的隐私，或者存在法律规定应当保密的情形的，提交后不得公开质证。

第48条 控制书证的当事人无正当理由拒不提交书证的，人民法院可以认定对方当事人所主张的书证内容为真实。

控制书证的当事人存在《最高人民法院关于适用〈中华人民共和国民事诉讼法〉的解释》第113条规定情形的，人民法院可以认定对方当事人主张以该书证证明的事实为真实。

【理论分析】

新《民事证据规定》的一个重大变化就是细化了书证证明妨害推定规则，将实务操作常见的情形进行了明确化、条文化，更有利于指导民事诉讼活动；书证证明妨害推定规则对于查明案件事实和实现裁判结果的客观公正，具有积极推动作用（第99条中将书证证明妨害推定规则扩大适用于视听资料、电子数据）。但是书证提出命令制度在实践中的运用不大乐观，律师和法官都不是很重视。新《民事证据规定》第46条第3款的明确规定，是一个很大的进步。在本案例中，当事人首先要向法庭在取证期限届满之前提出书面请求,请求法院责令对方当事人提交其所控制下的对对方当事人不利的书证,对方当事人一定会就此作出抗辩,否认其控制了相关书证。面对这样的抗辩,法官会根据法律规定和习惯,结合案件事实和证据来综合认定书证到底是否在对方当事人的控制之下。

【思考题】

"书证提出命令"制度是否适用于诉讼外的第三人?

CHAPTER 5 第五章
诉讼保障制度

> **本章知识要点**

（1）"送达难"及其制度应对问题。送达，是人民法院按照一定的方式，把诉讼文书送交给诉讼当事人或其他诉讼参与人的行为。送达制度是贯穿民事诉讼活动始终，保障诉讼活动顺利进行的重要程序制度。不按照法定的程序和方式进行送达，诉讼文书便不会产生相应的法律后果。受送达人接收相关文书之后，如果没有按照所送达诉讼文书的要求实施特定的诉讼行为，就会承担相应的法律后果。由于生产方式变革、社会人员流动以及市场经济运作需要的征信系统尚未建立等复杂原因，"送达难"成为普遍现象。法院在送达上耗费了大量的司法资源，但并没有取得预期效果。（2）保全的实施与救济问题。保全是法院针对当事人的财产或行为采取的一种带有预备性、强制性的临时措施，其制度目的在于确保当事人的权利义务待诉讼到达作出裁判的阶段能够顺利实现或避免更多损失。当前我国的保全制度存在几个较为明显的缺陷：一是立法体系混乱，二是实体要件缺失，三是保全程序不够完善。

第一节 "送达难"及其制度应对问题

送达是由人民法院主导的诉讼行为。目前，我国的送达是由法院来承担全部成本，并负担全部责任，因此我国的送达制度具有极强的职权主义色彩。根据我国《民事诉讼法》第121、125条的规定，原告向法院提交起诉状时应在起诉状中载明被告的住所信息，人民法院应当在立案之日起五日内将起诉状副本发送被告，被告提出的答辩中应当载明被告的住所及联系方式。大陆法系关于诉讼系属的起始点问题，目前的通说是"诉讼送达说"，即诉讼系属通常是产生于诉状送达给被告时。只有在将原告的诉状送达给被告时，被告才能与受诉法院之间产生民事诉讼法律关系。我国也承认将诉讼系属的起算点认定为送达。法院通过法定方式尽可能知会当事人，为其提供与对方当事人展开攻击防御的机会，这一切都依托于送达这一法院职权行为的行使。如果缺少对当事人有效、合法的送达，诉讼中很多实体与程序性法律效果都将不能产生。但由于生产方式变革、社会人员流动以及市场经济运作需要的征信系统尚未建立等复杂原因，"送达难"成为普遍现象。法院在送达上耗费了大量的司法资源，但并没有取得预期效果。各种为缓解"送达难"的变通性措施应运而生，其中包括法院推广的诉前约定送达地址政策。继上海、江西、福建、北京、重庆等地的高级人民法院推行诉前约定送达地址政策之后，最高人民法院也对该项措施进行了确认。关于诉前约定送达地址，双方当事人既可以在合同条款中事先约定，也可以在纠纷发生后进行约定，双方当事人交易选择的收货地址、发货地址同样可以作为形成有关送达地址的协议。

案例一 上海浦东发展银行股份有限公司铁岭分行与戴某等金融借款合同纠纷一案

【基本案情】

原告上海浦东发展银行股份有限公司铁岭分行（以下简称铁岭分行）与被告戴某、刘某因金融借款合同纠纷引发诉讼，辽宁省铁岭县人民法院依法适用简易程序，对案件进行公开开庭审理。本案中铁岭分行向法院提出诉讼请求：（1）判令双方解除借款合同，判令戴某、刘某立即偿还剩余贷款本金共计 197 012.65 元，并按《个人消贷易授信额度及支用借款合同》约定的借款利率和罚息利率支付全部利息，直至本息全部偿还止；（2）依法判决铁岭分行对戴某、刘某的抵押物享有优先受偿权；（3）本案诉讼费用及其他费用等由戴某、刘某承担。

辽宁省铁岭县人民法院经审理查明并认定：

一是铁岭分行与戴某、刘某（借款人）于 2017 年 8 月 1 日签订《个人授信合同》（编号：24212017100567）、《个人消贷易授信及支用借款合同》（编号：24212017500243）、《最高额抵押合同》（编号：242120179000000302），铁岭分行向戴某、刘某授信总额度为 261 800 元，授信有效期为 1 年，借款期限为 10 年，利率为贷款实际发放日中国人民银行公布的同期、同档次贷款基准利率（年利率4.9%）基础上上浮40%。戴某、刘某以自有房产作借款抵押担保，并办理了抵押登记。铁岭分行按照借款合同的约定，履行了发放贷款的义务，戴某、刘某至今已经累计逾期 17 期未偿还贷款。截至 2021 年 6 月 23 日，戴某、刘某共欠铁岭分行剩余全部本金 182 627.98 元。此外，铁岭分行与戴某、刘某在《个人消贷易授信额度及支用借款合同》第 9.1 条约定："下列任一事件，均构成授信人（借款人）在本合同项下违约……第 9.1.2 条 授信人（借款人）未按合同约定按时足额偿还任意一期贷款本息和相关费用。"辽宁省铁岭县人民法院认为，铁岭分行与戴某、刘某之间签订的金融借款合同合法有效，双方当事人签订后应全面履行。戴某、刘某未按合同约定偿还借款本金及利息违反合同约定，铁岭分行请求解除合同及戴某、刘某偿还剩余全部借款本金及利息的请求符合法律规定及合同约定。上铁岭分行与戴某、刘某之间签订《最高额抵押合同》并办理了他项权抵押登记，担保物权成立，故铁岭分行请求对戴某、刘某抵押物享有优先受偿权符合法律规定。

二是铁岭分行与戴某、刘某于合同中约定：本合同各方在本合同填写的地址为各方同意的通讯或送达地址，任何书面通知只要发往该地址均视为已送达；该地址如有变动，变动方应于5个工作日内书面通知签约各方，否则对其他签约各方不生效（但贷款人地址发生变动的，仅需于营业场所或通过其他途径进行公告）；戴某、刘某指定通讯地址为辽宁省铁岭市银州区。审理过程中，辽宁省铁岭县人民法院通过邮寄的方式按双方当事人在合同中约定的送达地址向戴某、刘某进行了邮寄送达。辽宁省铁岭县人民法院认为，铁岭分行与戴某、刘某于诉前约定送达地址意思表示真实，内容明确、具体，约定的送达条款符合《送达地址确认书》的实质要件，具有相当于送达地址确认书的效力，法院可以据此约定直接适用邮寄的方式送达诉讼文书。

【主要法律问题】

诉前约定送达地址虽为法院送达工作带来便利，但由于诉前约定送达地址对于法院与当事人的效力尚未明确，厘定当事人程序利益的保护与法院转嫁责任风险的边界应当成为该项制度构建的重点。由于缺乏对诉前约定送达地址统一规范的"顶层设计"，尤其是法院与当事人之间关于送达的风险分担没有形成完整的规则体系，造成司法实务中存在以下问题：一是诉前约定送达地址行为效力不明，导致当事人在合同中对于送达地址的合意能否产生诉讼法上的效果、当事人合同约定的诉讼地址能否成为法院送达地址的依据、诉前约定送达地址的程序规制等问题存疑；二是处分权原则的适用范围以及法院职权干预边界与相关的程序规则模糊不清。❶

【主要法律依据】

《中华人民共和国民事诉讼法》(2021年12月24日修正)

第87条 送达诉讼文书必须有送达回证，由受送达人在送达回证上记明收到日期，签名或者盖章。

受送达人在送达回证上的签收日期为送达日期。

第88条 送达诉讼文书，应当直接送交受送达人。受送达人是公民的，本人不在交他的同住成年家属签收；受送达人是法人或者其他组织的，应当由法人的法定代表人、其他组织的主要负责人或者该法人、组织负责收件的人签收；受送达人有诉讼代理人的，可以送交其代理人签收；受送达人已向人民法院指定代收人的，送交代收人签收。

受送达人的同住成年家属，法人或者其他组织的负责收件的人，诉讼代理人或者

---

❶ 刘学在，刘鋆. 诉前约定送达地址问题研究［J］. 河北法学，2019，37（1）：46-54.

代收人在送达回证上签收的日期为送达日期。

第89条　受送达人或者他的同住成年家属拒绝接收诉讼文书的，送达人可以邀请有关基层组织或者所在单位的代表到场，说明情况，在送达回证上记明拒收事由和日期，由送达人、见证人签名或者盖章，把诉讼文书留在受送达人的住所；也可以把诉讼文书留在受送达人的住所，并采用拍照、录像等方式记录送达过程，即视为送达。

第90条　经受送达人同意，人民法院可以采用能够确认其收悉的电子方式送达诉讼文书。通过电子方式送达的判决书、裁定书、调解书，受送达人提出需要纸质文书的，人民法院应当提供。

采用前款方式送达的，以送达信息到达受送达人特定系统的日期为送达日期。

第91条　直接送达诉讼文书有困难的，可以委托其他人民法院代为送达，或者邮寄送达。邮寄送达的，以回执上注明的收件日期为送达日期。

第92条　受送达人是军人的，通过其所在部队团以上单位的政治机关转交。

第93条　受送达人被监禁的，通过其所在监所转交。

受送达人被采取强制性教育措施的，通过其所在强制性教育机构转交。

第94条　代为转交的机关、单位收到诉讼文书后，必须立即交受送达人签收，以在送达回证上的签收日期，为送达日期。

第95条　受送达人下落不明，或者用本节规定的其他方式无法送达的，公告送达。自发出公告之日起，经过三十日，即视为送达。

公告送达，应当在案卷中记明原因和经过。

【理论分析】

我国现行立法所确立的"保障诉讼文书实际接收"的送达合法性标准，完全将送达视为法院单方的职权与职责，而将当事人作为送达的对象或者客体，由此导致送达法律后果的不合理分担、多种送达方式的重复适用以及裁判结果无法被执行的潜在风险等现实问题。克服"送达难"的关键在于重塑送达合法性标准，即从保障当事人的程序主体地位以及通过法院与当事人的协同作用优化审前准备程序的理念出发，确立"保障诉讼文书合理接收机会"的送达合法性标准，并以此标准为基础优化送达方式的运行，从而提高审前准备程序的效率，并为实现审前准备程序的"整理争点与证据"核心功能提供程序保障。[1]

诉前送达地址约定中，必须明确告知当事人就其提供的送达地址有效性、真实性负责，并告知当事人，法院对约定的送达地址进行形式审查后，按照此地址进行送达。即便是送达不成，亦产生视为送达的法律效果。这是诉前送达地址约定的核心条款。就"推定送达"这一法律后果，为确保当事人充分理解送达地址的法律效力，应当在条款中明确约定不同送达方式及相应的推定送达后果。比如，北京市第四中级人民法

---

[1] 杨秀清. 以克服"送达难"优化民事诉讼审前准备程序［J］. 山东社会科学，2018（12）：5-12.

院在 2016 年 3 月发布的《关于有效维护金融债权解决"送达难"在合同中约定送达地址的司法建议》中建议合同条款提示以下法律后果：因当事人提供或者确认的送达地址不准确、送达地址变更后未及时依程序告知对方和法院、当事人或指定的接收人拒绝签收等原因，导致法律文书未能被当事人实际接收的，邮寄送达的，以文书退回之日视为送达之日；直接送达的，送达人当场在送达回证上记明情况之日视为送达之日。对于上述当事人在合同中明确约定的送达地址，法院进行送达时可直接邮寄送达，即使当事人未能收到法院邮寄送达的文书，由于其在合同中的约定，也应当视为送达。

【思考题】

（1）民事诉讼中"送达难"的成因。
（2）民事诉讼法中"送达难"的克服之道。

第二节 保全的实施与救济问题

虽然财产保全制度的立法目的是保障法院裁判的顺利执行，但因财产保全程序是在本案权利义务未经终局裁决确认的法定情形下作出的推断性裁判和执行，难免出现错误。我国法律规定，当事人申请财产保全错误造成案外人损失的，应当依法承担赔偿责任。然而，上述法律规范对至关重要的申请财产保全"错误"之判定标准未作明确、具体的规定，属于原则性规范，其既不能给当事人的诉讼行为以准确指引，亦不能为法官提供具体的操作准绳。申请财产保全仅仅是民事诉讼程序中的一个程序事由，目的是保障生效判决顺利执行，而不是对实体权利义务的终局确认。保全申请人为维护其合法权益而申请财产保全，仅需要尽到合理注意义务。故申请错误应理解为客观上人民法院判决结果与申请人的诉讼请求存在差异，且申请人主观上存在故意或重大过失等过错情形。不能仅以申请人的诉请与生效判决结果之间存在差异即认定构成申请错误。

案例二 贵州六建诉敖某文、刘某洪建设工程施工合同纠纷一案

【基本案情】

四川省雅安市雨城区人民法院（以下简称雨城法院）于 2018 年 8 月 21 日立案受理了贵州六建诉敖某文、刘某洪建设工程施工合同纠纷一案［（2018）川 1802 民初 1896 号］，该案诉讼过程中，贵州六建向该院提出财产保全申请，华安财保出具《财产保全保单保函》提供担保。该院于 2018 年 9 月 10 日作出（2018）川 1802 民初 1896 号民事裁定书，裁定：冻结敖某文在（2018）川 1802 执 960 号案件的执行款

12 000 000 元。该院于 2018 年 11 月 9 日冻结该笔执行款，并于 2019 年 1 月 18 日作出（2018）川 1802 民初 1896 号民事判决书，判决：（1）敖某文、刘某洪于本判决发生法律效力之日起十日内向贵州六建支付 9 753 146.15 元；（2）驳回贵州六建的其他诉讼请求。贵州六建、敖某文不服该判决，向雅安市中级人民法院（以下简称雅安中院）提起上诉，雅安中院于 2019 年 6 月 25 日作出（2019）川 18 民终 315 号民事判决书，判决：（1）撤销雨城法院民事判决（2018）川 1802 民初 1896 号第（1）、（2）项；（2）驳回贵州六建的诉讼请求。贵州六建不服雅安中院（2019）川 18 民终 315 号民事判决，向四川省高级人民法院（以下简称省高院）申请再审，省高院于 2019 年 9 月 30 日作出（2019）川民申 4181 号民事裁定书，裁定：驳回贵州六建的再审申请。(2019）川 18 民终 315 号民事判决生效后，敖某文于 2019 年 7 月 10 日向雨城法院申请解除（2018）川 1802 民初 1896 号案件中的保全措施，该院于 2019 年 7 月 10 日作出（2018）川 1802 民初 1896 号之二号民事裁定书，裁定：解除敖某文在本院（2018）川 1802 执 960 号案件中的执行款 12 000 000 元的冻结。该院于 2019 年 7 月 11 日解除了该笔执行款的冻结。2019 年 7 月 18 日，该院将 12 000 000 元支付给敖某文。

一审另查明，华安财保提交的《财产保全保单保函》载明：申请人贵州六建向雨城法院申请，对被申请人敖某文 12 000 000 元限额内采取保全，若申请有错误，致使敖某文因保全遭受损失，公司愿意在申请人承担的赔偿责任范围内，承担连带赔偿责任，并不以华安财保文件或内部规定，以及与申请人的约定等，作为拒绝向被申请人承担前述赔偿义务的免责事由。

【主要法律问题】

贵州六建提起诉讼及申请财产保全是否具有过错或其他重大过失行为？如构成保全申请错误，损害赔偿金额如何确定？

【主要法律依据】

《中华人民共和国民事诉讼法》（2021 年 12 月 24 日修正）

第 103 条　人民法院对于可能因当事人一方的行为或者其他原因，使判决难以执行或者造成当事人其他损害的案件，根据对方当事人的申请，可以裁定对其财产进行保全、责令其作出一定行为或者禁止其作出一定行为；当事人没有提出申请的，人民法院在必要时也可以裁定采取保全措施。

人民法院采取保全措施，可以责令申请人提供担保，申请人不提供担保的，裁定驳回申请。

人民法院接受申请后，对情况紧急的，必须在四十八小时内作出裁定；裁定采取保全措施的，应当立即开始执行。

第 104 条　利害关系人因情况紧急，不立即申请保全将会使其合法权益受到难以弥补的损害的，可以在提起诉讼或者申请仲裁前向被保全财产所在地、被申请人住所地或者对案件有管辖权的人民法院申请采取保全措施。申请人应当提供担保，不提供担保的，裁定驳回申请。

人民法院接受申请后，必须在四十八小时内作出裁定；裁定采取保全措施的，应当立即开始执行。

申请人在人民法院采取保全措施后三十日内不依法提起诉讼或者申请仲裁的，人民法院应当解除保全。

第 105 条　保全限于请求的范围，或者与本案有关的财物。

第 106 条　财产保全采取查封、扣押、冻结或者法律规定的其他方法。人民法院保全财产后，应当立即通知被保全财产的人。

财产已被查封、冻结的，不得重复查封、冻结。

第 107 条　财产纠纷案件，被申请人提供担保的，人民法院应当裁定解除保全。

第 108 条　申请有错误的，申请人应当赔偿被申请人因保全所遭受的损失。

第 109 条　人民法院对下列案件，根据当事人的申请，可以裁定先予执行：

（一）追索赡养费、扶养费、抚养费、抚恤金、医疗费用的；

（二）追索劳动报酬的；

（三）因情况紧急需要先予执行的。

第 110 条　人民法院裁定先予执行的，应当符合下列条件：

（一）当事人之间权利义务关系明确，不先予执行将严重影响申请人的生活或者生产经营的；

（二）被申请人有履行能力。

人民法院可以责令申请人提供担保，申请人不提供担保的，驳回申请。申请人败诉的，应当赔偿被申请人因先予执行遭受的财产损失。

第 111 条　当事人对保全或者先予执行的裁定不服的，可以申请复议一次。复议期间不停止裁定的执行。

【理论分析】

根据《民事诉讼法》第 103 条的规定可知，当事人在诉讼中申请财产保全的目的是保障生效判决的顺利执行、可得债权的顺利实现，并不是对实体权利义务的认定。在本案中，首先，贵州六建诉敖某文、刘某洪建设工程施工合同纠纷一案，是基于双方就 38 号大院项目存在转承包关系，贵州六建对外支付相关款项，认为超付款项应由敖某文、刘某洪返还。贵州六建与该案有直接利害关系，有明确的被告，有具体的诉讼请求和事实、理由，符合起诉条件。尽管一审、二审对相关款项承担主体的裁判理由和结果不同，但对起诉基本事实均予以确认。再审审查虽以未进行结算、无证据证明超付工程款为由驳回其再审申请，但亦未否认贵州六建在结算后如有超付工程款可再向敖某文、刘某洪主张的权利。因此，贵州六建提起该案诉讼并申请财产保全只能基于现有的证据和事实作出初步判断，不应苛责其在诉讼之初准确预见到最终该案的审理结果是否对自己有利。其次，贵州六建申请财产保全的金额未超过诉讼请求，申请保全的款项权属关系明确，申请保全时提供了财产担保，能够证明贵州六建在诉讼过程中尽到合理、审慎行使诉讼权利的义务。综上，在案证据尚不足以证明贵州六建提起诉讼及申请保全，主观上具有造成对方财产损失的过错或其他重大过失行为。

【思考题】

财产保全申请错误的认定标准是什么？

CHAPTER 6 第六章

简易程序

本章知识要点

（1）简易程序的适用范围。与第一审普通程序相比较而言，简易程序具有高效、简约等制度优势，体现了"程序分化""繁简分流"的立法与司法政策要求。适用简易程序的案件多为日常生活中经常发生的权利义务关系较为简单的民事纠纷案件。简易程序的价值理念是提高纠纷解决的效率、减轻当事人的诉讼负担、节约司法资源。基层人民法院在审理第一审民事案件时，会判断该案是否属于"审理事实清楚、权利义务关系明确、争议不大的简单民事案件"，以此来选择适用简易程序或普通程序。但是，在我国的民事司法实践中，"简单民事案件"与"复杂民事案件"之间的界限并不明晰，法院在简易程序的适用上仍然存在较大的选择余地。基层人民法院在"案多人少"的大背景下，在审理第一审民事案件时，为提高办案效率，会倾向于"化繁为简"，使得简易程序的适用率过高。（2）小额程序的适用。小额程序作为第一审民事诉讼程序，并非与简易程序并列的一种程序种类，而是对简易程序的进一步简化。小额程序实行"一审终审、禁止上诉"的原则，在节约司法资源的同时，也面临着当事人因不满判决而引发的"缠诉"风险。

第一节 简易程序的适用范围

根据《民事诉讼法》第160条的规定，基层人民法院和它派出的法庭审理的事实清楚、权利义务关系明确、争议不大的简单的民事案件，适用简易程序。基层人民法院和它派出的法庭审理上述规定以外的民事案件，当事人双方也可以约定适用简易程序。

简易程序的特点为：（1）起诉方式简便，当事人可以口头起诉；（2）受理程序简便，当事人双方可以同时到基层人民法院或者它派出的法庭请求解决纠纷，基层人民法院或其派出法庭可以当即审理，也可以择期审理；（3）传唤方式简便，可以以简便方式传唤、通知当事人、证人，不要求必须采用传票、通知书形式；（4）审判组织简便，由审判员一人独任审理；（5）庭审程序简便，不必按照普通程序进行法庭调查、辩论等；（6）审限短，从立案次日起 3 个月内审结，并且不得延长；（7）重视调解，当事人同时到庭的可以先行调解。

案例一　刘某与中国大地财产保险股份有限公司怀仁支公司财产保险合同纠纷案

【基本案情】

申诉人刘某因与被申诉人中国大地财产保险股份有限公司怀仁支公司财产保险合同纠纷一案，不服山西省朔州市中级人民法院（2017）晋 06 民终 858 号民事判决，向检察机关申请抗诉。山西省人民检察院作出晋检民（行）监（2018）14000000223 号民事抗诉书，向山西省高级人民法院（以下简称山西省高院）提出抗诉。山西省人民检察院认为，朔州市中级人民法院（2017）晋 06 民终 858 号民事判决书适用法律确有错误。刘某称，一审适用简易程序错误，民事诉讼法规定，双方争议不大的案件可以适用简易程序，本案申请人和被申请人分歧很大，不应适用简易程序审理。二审查明的事实与一审法院一致。本案二审双方争议的焦点之一是原审法院适用简易程序是否适当。二审法院经审查后认为，一审法院适用简易程序审理本案，并不违反民事诉讼法之规定，故上诉人该上诉请求不予支持。

山西省高院再审认为，本案争议的焦点问题之一是一审适用简易程序审理是否违法。《最高人民法院关于适用简易程序审理民事案件的若干规定》第 1 条规定："基层人民法院根据《中华人民共和国民事诉讼法》第一百五十七条规定审理简单的民事案件，适用本规定，但有下列情形之一的案件除外：（一）起诉时被告下落不明的；（二）发回重审的；（三）共同诉讼中一方或者双方当事人人数众多的；（四）法律规定应当适用特别程序、审判监督程序、督促程序、公示催告程序和企业法人破产还债程序的；（五）人民法院认为不宜适用简易程序进行审理的。"山西省高院再审认为，本案一审不存在上述不适用简易程序的情形，申诉人刘某所提一审适用简易程序错误的理由不能成立，不予支持。

【主要法律问题】

法院在司法实践中应根据不同案件的具体情形来选择适用简易程序或普通程序，但是究竟哪些案件应当适用简易程序，我国的法律与司法解释并未能提供明确的标准。除了司法解释明确规定必须适用普通程序的少数几类案件外，不少法院对其他民事案件一律先按简易程序予以处理，只有在审理过程中感觉确有必要或 3 个月审限临近而

案件却未能审结时，才将部分案件转为适用普通程序。❶

【主要法律依据】

《中华人民共和国民事诉讼法》（2021 年 12 月 24 日修正）

第 160 条　基层人民法院和它派出的法庭审理事实清楚、权利义务关系明确、争议不大的简单的民事案件，适用本章规定。

基层人民法院和它派出的法庭审理前款规定以外的民事案件，当事人双方也可以约定适用简易程序。

第 161 条　对简单的民事案件，原告可以口头起诉。

当事人双方可以同时到基层人民法院或者它派出的法庭，请求解决纠纷。基层人民法院或者它派出的法庭可以当即审理，也可以另定日期审理。

第 162 条　基层人民法院和它派出的法庭审理简单的民事案件，可以用简便方式传唤当事人和证人、送达诉讼文书、审理案件，但应当保障当事人陈述意见的权利。

第 163 条　简单的民事案件由审判员一人独任审理，并不受本法第 139 条、第 141 条、第 144 条规定的限制。

第 164 条　人民法院适用简易程序审理案件，应当在立案之日起三个月内审结。有特殊情况需要延长的，经本院院长批准，可以延长一个月。

第 165 条　基层人民法院和它派出的法庭审理事实清楚、权利义务关系明确、争议不大的简单金钱给付民事案件，标的额为各省、自治区、直辖市上年度就业人员年平均工资百分之五十以下的，适用小额诉讼的程序审理，实行一审终审。

基层人民法院和它派出的法庭审理前款规定的民事案件，标的额超过各省、自治区、直辖市上年度就业人员年平均工资百分之五十但在二倍以下的，当事人双方也可以约定适用小额诉讼的程序。

第 166 条　人民法院审理下列民事案件，不适用小额诉讼的程序：

（一）人身关系、财产确权案件；

（二）涉外案件；

（三）需要评估、鉴定或者对诉前评估、鉴定结果有异议的案件；

（四）一方当事人下落不明的案件；

（五）当事人提出反诉的案件；

（六）其他不宜适用小额诉讼的程序审理的案件。

第 167 条　人民法院适用小额诉讼的程序审理案件，可以一次开庭审结并且当庭宣判。

第 168 条　人民法院适用小额诉讼的程序审理案件，应当在立案之日起两个月内审结。有特殊情况需要延长的，经本院院长批准，可以延长一个月。

---

❶ 王亚新，陈杭平，刘君博. 中国民事诉讼法重点讲义［M］. 北京：高等教育出版社，2021：307.

第169条　人民法院在审理过程中，发现案件不宜适用小额诉讼的程序的，应当适用简易程序的其他规定审理或者裁定转为普通程序。

当事人认为案件适用小额诉讼的程序审理违反法律规定的，可以向人民法院提出异议。人民法院对当事人提出的异议应当审查，异议成立的，应当适用简易程序的其他规定审理或者裁定转为普通程序；异议不成立的，裁定驳回。

第170条　人民法院在审理过程中，发现案件不宜适用简易程序的，裁定转为普通程序。

【理论分析】

《民事诉讼法》第160条将"事实清楚""权利义务关系明确""争议不大"三者结合起来作为界定适用简易程序的标准，理由是诉讼标的大小和案件的简单与否不完全一致。这固然有其道理，但采用这种"主观性"标准，导致忽略了明确适用简易程序范围标准的目的性和标准本身的确定性问题。❶ 虽然最高人民法院《关于适用〈中华人民共和国民事诉讼法〉若干问题的意见》对上述标准作出了相应的规定，但是在具体案件的适用程序选择上，仍欠缺标准性的简易程序适用要件，这势必会造成简易程序的扩张性适用。在民事简易程序规则短时间内不可能再做修改的情况下，现实、有效的优化途径是遵从现有立法规定，在尽可能利用司法解释弥补立法上的模糊、缺憾和漏洞的同时，通过内部强化审判管理，配套相关措施，完善监督运行机制，外部完善非诉讼纠纷解决机制和普通程序的分流功能，改善运行环境，加强民事检察监督，来保证该系统的整体协调有序运转。

【思考题】

（1）民事简易程序被过多甚至"过滥"适用的原因是什么？
（2）如何实现民事简易程序与民事普通程序之间的恰当转换？

第二节　小额程序的适用

小额程序实行"禁止上诉、一审终审"的原则。小额程序是在某些简单且诉讼标的金额有限的民事案件中，对民事诉讼的简易程序作出的进一步简化。小额程序设立的出发点在于减轻当事人在一些案情不复杂且诉讼标的金额较小的案件中的诉讼负担，同时也节约我国有限的司法资源。小额程序关于"一审终审、禁止上诉"的制度设计对于当事人来说，一方面能够使其早日解除诉累，减少时间、精力、金钱等成本的支

---

❶ 杨卫国. 论民事简易程序系统之优化 [J]. 法律科学，2014，32（3）：170，174.

出；另一方面又意味着案件通过上诉得到更慎重处理等诉讼权利的"限缩"[1]。在此种情形下，应尽量达成程序法定原则与程序灵活性之间的平衡。

案例二　乌鲁木齐聚博源物业服务有限公司诉梁某物业服务合同纠纷案

【基本案情】

原告乌鲁木齐聚博源物业服务有限公司（以下简称聚博源公司）与被告梁某物业服务合同纠纷一案，乌鲁木齐市水磨沟区人民法院受理后，依法适用小额诉讼程序，于2020年1月8日公开开庭进行了审理。

原告聚博源公司向乌鲁木齐市水磨沟区人民法院提出诉讼请求：（1）被告支付原告物业费2738.14元；（2）偿付逾期缴费违约金821.44元；（3）由被告承担本案的诉讼费、邮寄费。乌鲁木齐市水磨沟区六道湾办事处斜井西社区工作管委会委托原告为安达畅园二期提供物业服务，从2017年11月1日开始提供物业服务至今。物业服务价格为：多层0.6元/平方米·月；高层1.65元/平方米·月。被告已经购买并且入住位于乌鲁木齐市××道面积138.29平方米的房屋。被告拖欠物业费2738.14元，经原告多次索要至今未能给付。为维护本小区全体业主和原告的合法权益，故诉至法院。

被告梁某请求法院判令本物业合同纠纷一案不适用小额诉讼程序。乌鲁木齐市水磨沟区人民法院认为，《民事诉讼法解释》（2020）第274条规定："下列金钱给付的案件，适用小额诉讼程序审理：（一）买卖合同、借款合同、租赁合同纠纷；（二）身份关系清楚，仅在给付数额、时间、方式上存在争议的赡养费、抚育费、抚养费纠纷；（三）责任明确，仅在给付的数额、时间。方式上存在争议的交通事故损害赔偿和其他人身损害赔偿纠纷；（四）供用水、电、气、热力合同纠纷；（五）银行卡纠纷；（六）劳动关系清楚，仅在劳动报酬、工伤医疗费、经济补偿金或者赔偿金给付数额、时间、方式上存在争议的劳动合同纠纷；（七）劳务关系清楚，仅在劳务报酬给付数额、时间、方式上存在争议的劳务合同纠纷；（八）物业、电信等服务合同纠纷；（九）其他金钱给付纠纷。"本案系物业服务合同纠纷，而且被告在庭审中也不否认原告为其居住的小区提供物业服务的事实，此案事实比较清楚，给付金额明确。因此，本案适用小额诉讼程序审理符合民事诉讼法的有关规定，被告对适用小额诉讼程序审理本案提出的异议不能成立，法院不予采信。

【主要法律问题】

小额诉讼程序实行一审终审，其立法本意是进一步深化繁简分流、减轻当事人诉

---

[1] 王亚新，陈杭平，刘君博. 中国民事诉讼法重点讲义［M］. 北京：高等教育出版社，2021：311.

累、节约司法资源、提高诉讼效率。但是司法实践中,当事人和法官对小额诉讼程序的适用并不热衷,立法目的未能充分实现。

【主要法律依据】

《中华人民共和国民事诉讼法》（2021年12月24日修正）

第 165 条　基层人民法院和它派出的法庭审理事实清楚、权利义务关系明确、争议不大的简单金钱给付民事案件,标的额为各省、自治区、直辖市上年度就业人员年平均工资百分之五十以下的,适用小额诉讼的程序审理,实行一审终审。

基层人民法院和它派出的法庭审理前款规定的民事案件,标的额超过各省、自治区、直辖市上年度就业人员年平均工资百分之五十但在二倍以下的,当事人双方也可以约定适用小额诉讼的程序。

第 166 条　人民法院审理下列民事案件,不适用小额诉讼的程序：

（一）人身关系、财产确权案件;

（二）涉外案件;

（三）需要评估、鉴定或者对诉前评估、鉴定结果有异议的案件;

（四）一方当事人下落不明的案件;

（五）当事人提出反诉的案件;

（六）其他不宜适用小额诉讼的程序审理的案件。

第 167 条　人民法院适用小额诉讼的程序审理案件,可以一次开庭审结并且当庭宣判。

第 168 条　人民法院适用小额诉讼的程序审理案件,应当在立案之日起两个月内审结。有特殊情况需要延长的,经本院院长批准,可以延长一个月。

第 169 条　人民法院在审理过程中,发现案件不宜适用小额诉讼的程序的,应当适用简易程序的其他规定审理或者裁定转为普通程序。

当事人认为案件适用小额诉讼的程序审理违反法律规定的,可以向人民法院提出异议。人民法院对当事人提出的异议应当审查,异议成立的,应当适用简易程序的其他规定审理或者裁定转为普通程序;异议不成立的,裁定驳回。

【理论分析】

小额诉讼案件必须要满足两个法定的条件,依据《民事诉讼法》第162条与第165条的规定,小额诉讼案件应为基层人民法院和它派出的法庭审理简单的民事案件,同时案件的标的额应为各省、自治区、直辖市上年度就业人员年平均工资百分之五十以下。但是,这两个法定的条件在解释适用上仍存在一些问题。虽然小额程序设立的初衷是为了提高民事纠纷的处理效率,实现民事案件中的"繁简分流"与"程序分化",但实践中基层人民法院多采取非常审慎甚至是极为保守的态度,不敢或者不愿适用小额程序来审理小额案件。❶ 对小额案件实行一审终审，当事人没有上诉权，裁判作出后就发生法律效力。如果裁判结果有误或者当事人不满，在不能上诉的情况下，当事人就可能上访或者申请再审。而在现有的法院与法官考评机制与治理体系下，基层人民法院及其派出法庭的法官必须对小额案件的裁判结果"终身负责"。因此，在当事人不能上诉，失去了二审这一正常纠错与减压机制的情况下，无形中就增加了基层人民法院法官的工作压力与心理负担。对法官而言，选择规避、减少小额程序的适用似乎成为一种"理性"的选择，既可以避免因小额程序适用范围不明确导致当事人提出异议，又可以减轻自身的判案压力。但如此一来，建立小额机制快速化解量大面广的小额纠纷的立法目的就难以实现，加之各地法院的实践不统一，现行立法的权威也大打折扣。❷

如何准确理解立法、科学适用小额机制来公正、有效地解决民事纠纷，笔者认为需要从多方面着手。

一是进一步明确小额机制的适用范围。可通过司法解释来明确界定小额机制的适用范围，特别是明确小额程序适用的案件类型。

二是细化小额机制的程序规则。应规范小额案件的立案编号与裁判文书的制作规范。在立案程序中，应当编立"民初字"案号。在审判流程管理系统中标注"小额"字样。同时法院应明确告知当事人小额程序实行一审终审。鉴于实行一审终审对当事人程序权利的影响较大，因此应该赋予当事人在开庭前对适用小额程序的异议权。

三是强化法院的释明责任。从我国现阶段当事人诉讼能力和诉讼条件差异较大的实际出发，在保持法官中立、保证程序公正和平等对待的前提下，法院应为小额案件的当事人（通常是本人诉讼）参与诉讼提供必要的程序性指导与帮助。只有确保小额案件裁判程序与结果的公正，小额程序的适用才会给当事人带来实实在在的利益，让当事人感受到实实在在的公正。❸

【思考题】

（1）小额程序的标的额界定标准应当以立案审查为准，还是应以结案时查明的数额为准？

（2）与普通程序相比，小额程序的特殊性体现在哪些方面？

---

❶ 王杏飞. 基层法院为何不愿适用小额诉讼程序［N］. 人民政协报，2014-01-14（12）.
❷ 王杏飞. 基层法院为何不愿适用小额诉讼程序［N］. 人民政协报，2014-01-14（12）.
❸ 王杏飞. 基层法院为何不愿适用小额诉讼程序［N］. 人民政协报，2014-01-14（12）.

CHAPTER 7 第七章
第一审普通程序

本章知识要点

（1）起诉与受理。当事人向法院起诉，应当符合法定条件。对于符合条件的起诉，法院必须登记立案，并启动审判程序，对当事人的诉讼请求和事实理由依法进行审理后作出判决。反之，起诉如果不符合法定条件，或者具有民事诉讼法规定的不予受理的情形，法院将不予受理或者驳回起诉。（2）反诉。被告在诉讼过程中有权提起反诉。反诉不但应符合起诉的一般条件，而且应具备特别要件。对于被告的反诉，法院可以与本诉合并审理，但应分别裁判。

第一节 起诉与受理

民事主体之间发生纠纷后，有权向法院提起民事诉讼，但起诉必须符合法律规定的条件和程序。为了保障当事人的起诉权并规范起诉和受理程序，我国民事诉讼法及相关司法解释对起诉的条件、应予受理和不予受理的特殊情形等作了诸多明确的规定，并将过去的立案审查制改为现行的立案登记制，大大简化了立案程序、提高了立案效率。在立案登记制的背景下，如何准确识别当事人的起诉是否符合法定条件，依然具有重要的意义。

案例一 内蒙古金盛国际家居有限公司、呼和浩特市自然资源局建设用地使用权出让合同纠纷驳回起诉案[1]

【基本案情】

上诉人（一审原告）：内蒙古金盛国际家居有限公司（以下简称金盛公司）。

---

[1] 内蒙古金盛国际家居有限公司、呼和浩特市自然资源局建设用地使用权出让合同纠纷二审民事裁定书[EB/OL]. 中国裁判文书网，[2021-04-20]. https://wenshu.court.gov.cn/website/wenshu/181107ANFZ0BXSK4/index.html?docId=41c3f9b1bd3046d3a09aad1000d14ca3.

被上诉人（一审被告）：呼和浩特市自然资源局（以下简称呼市资源局）。

2013年1月，呼和浩特市土地收购储备拍卖中心（以下简称呼市收储中心）对呼土收储挂2012067号宗地挂牌出让。金盛公司经过公开竞价竞得该出让宗地，并与呼市收储中心签署了《成交确认书》。后双方发生纠纷，经内蒙古自治区高级人民法院（以下简称内蒙古高院）调解，金盛公司与呼市收储中心达成调解协议，法院确认后于2016年1月15日作出（2014）内民一初字第00013号民事调解书。

2017年3月2日，金盛公司与呼市资源局就该宗地签订《国有建设用地使用权出让合同》。后金盛公司向内蒙古高院起诉，称该合同生效后，双方均未按合同约定履行义务，提出以下诉讼请求：（1）判决确认金盛公司与呼市资源局于2017年3月2日签订的《国有建设用地使用权出让合同》合法有效，双方继续履行本合同……（2）判决自2018年3月2日起算违约金，但认为合同关于违约金每日1‰的约定明显过高，请求将违约金调整为每日1‱……（3）判决呼市资源局承担本案全部诉讼费用。庭审时，金盛公司增加了要求呼市资源局办理土地使用权过户登记的诉讼请求。

呼市资源局辩称：（1）《国有建设用地使用权出让合同》属于行政合同不是民事合同，本案属于行政诉讼的受案范围。（2）呼市资源局依据合同履行了交付符合规划条件的土地的义务，呼市资源局没有违约。金盛公司未依约履行支付出让价款的义务，应依据合同约定支付迟延给付土地出让价款的1‰的违约金……

内蒙古高院依据金盛公司的诉讼请求、理由及呼市资源局的答辩，针对本案的争议焦点，认定如下：

（1）关于本案所涉《国有建设用地使用权出让合同》的性质问题。法院认为，该合同的一方签订主体为行政机关，系呼市资源局作为行政机关与公民、法人等签订的合同，具有行政合同的特征。《最高人民法院关于审理行政协议案件若干问题的规定》将行政合同纳入行政诉讼的受案范围。（2）关于金盛公司要求调整违约金的依据问题。法院认为，金盛公司作为《国有建设用地使用权出让合同》违约一方，要求调整违约金属于法律赋予的抗辩权，不应作为诉讼请求要求法院调整。因此，金盛公司要求调整违约金的诉讼请求不符合《民事诉讼法》第119条❶规定之情形。另，金盛公司要求继续履行合同、办理土地使用权过户登记、给付土地出让金利息等诉讼请求，因呼市资源局未有拒绝履行或违约的事实和行为，金盛公司作为合同一方当事人理应积极履行约定义务，其不依约积极履行义务而提起该项诉求，亦不具备起诉的前提，应予驳回，法院不作审理。

内蒙古高院遂裁定驳回金盛公司的起诉。

金盛公司不服该裁定，向最高人民法院提起上诉，请求撤销一审裁定，依法裁定指令内蒙古高院进行实体审理。其上诉的理由为：（1）双方签订的《国有建设用地使用权出让合同》应为民事合同，一审裁定认定是行政合同，属于认定合同性质错误。

---

❶ 现为《民事诉讼法》第122条。

(2) 一审裁定没有对上诉人在一审中提出的请求确认《国有建设用地使用权出让合同》合法有效的诉请作出法律评价，属于漏判。(3) 一审裁定驳回起诉的理由不明确且自相矛盾。若一审法院认为本案所涉合同为行政合同，应直接驳回起诉，不应再就上诉人所诉请的调整违约金、继续履行合同、办理土地过户登记、支付土地出让金利息等实体权利进行评判，实质侵犯了上诉人的权利。(4) 在合同纠纷中，违约方有权主动诉求人民法院调整违约金，一审裁定认定违约方请求调整违约金过高仅为抗辩权，不应作为诉讼请求，实际是剥夺了上诉人的诉权。

最高人民法院在二审中，针对本案的争议焦点，认定如下：

(1) 关于案涉《国有建设用地使用权出让合同》的性质问题。二审法院认为，虽然该合同一方签订主体为呼市资源局，但金盛公司在签订过程中并不受单方行政行为的强制，双方在签订过程中主要遵循的是平等、自愿、有偿原则。金盛公司认为案涉《国有建设用地使用权出让合同》属于民事合同，并据此主张权利，具有法律依据，应予支持。(2) 关于金盛公司要求调整违约金的依据问题。二审法院认为，在守约方未提起诉讼主张损失赔偿且违约方未诉请解除合同的情况下，根据不告不理原则，人民法院不能主动审查守约方的实际损失情况。因此，一审认为的金盛公司要求调整违约金属于法律赋予的抗辩权，在呼市资源局未提起诉讼要求其依约支付违约金时，不应作为诉讼请求要求人民法院调整，并无不当。况且，金盛公司此前已经与呼市收储中心就案涉地块的剩余土地出让价款、违约金的标准、土地出让金的利息计算等问题达成调解协议，内蒙古高院据此作出（2014）内民一初字第00013号民事调解书。虽然呼市收储中心与本案呼市资源局是两个独立的单位，但该调解书处理的事项与本案一致。若金盛公司对违约金的标准、土地出让金的利息计算等不服，应依法在法定期限内就该民事调解书申请再审。一审法院驳回金盛公司的起诉，并无不当。

综上，最高人民法院认定金盛公司的上诉请求不能成立，遂作出终审裁定，驳回上诉，维持原裁定。

【主要法律问题】

民事诉讼主要解决平等的民事主体之间发生的民事纠纷。实践中，行政机关为了实现行政管理或者公共服务目标，与公民、法人或者其他组织协商订立《建设用地使用权出让合同》并发生纠纷后，是否属于人民法院受理民事诉讼的范围，能否向法院提起民事诉讼？当事人如何提出诉讼请求才符合起诉条件？法院能否以原告的诉讼请求不符合法律规定为由裁定驳回起诉？

【主要法律依据】

《中华人民共和国民事诉讼法》（2021年12月24日修正）

第3条　人民法院受理公民之间、法人之间、其他组织之间以及他们相互之间因财产关系和人身关系提起的民事诉讼，适用本法的规定。

第 122 条　起诉必须符合下列条件：

（一）原告是与本案有直接利害关系的公民、法人和其他组织；

（二）有明确的被告；

（三）有具体的诉讼请求和事实、理由；

（四）属于人民法院受理民事诉讼的范围和受诉人民法院管辖。

第 123 条　起诉应当向人民法院递交起诉状，并按照被告人数提出副本。

书写起诉状确有困难的，可以口头起诉，由人民法院记入笔录，并告知对方当事人。

第 124 条　起诉状应当记明下列事项：

（一）原告的姓名、性别、年龄、民族、职业、工作单位、住所、联系方式，法人或者其他组织的名称、住所和法定代表人或者主要负责人的姓名、职务、联系方式；

（二）被告的姓名、性别、工作单位、住所等信息，法人或者其他组织的名称、住所等信息；

（三）诉讼请求和所根据的事实与理由；

（四）证据和证据来源，证人姓名和住所。

第 126 条　人民法院应当保障当事人依照法律规定享有的起诉权利。对符合本法第 122 条的起诉，必须受理。符合起诉条件的，应当在七日内立案，并通知当事人；不符合起诉条件的，应当在七日内作出裁定书，不予受理；原告对裁定不服的，可以提起上诉。

第 127 条　人民法院对下列起诉，分别情形，予以处理：

（一）依照行政诉讼法的规定，属于行政诉讼受案范围的，告知原告提起行政诉讼；

（二）依照法律规定，双方当事人达成书面仲裁协议申请仲裁、不得向人民法院起诉的，告知原告向仲裁机构申请仲裁；

（三）依照法律规定，应当由其他机关处理的争议，告知原告向有关机关申请解决；

（四）对不属于本院管辖的案件，告知原告向有管辖权的人民法院起诉；

（五）对判决、裁定、调解书已经发生法律效力的案件，当事人又起诉的，告知原告申请再审，但人民法院准许撤诉的裁定除外；

（六）依照法律规定，在一定期限内不得起诉的案件，在不得起诉的期限内起诉的，不予受理；

（七）判决不准离婚和调解和好的离婚案件，判决、调解维持收养关系的案件，没有新情况、新理由，原告在六个月内又起诉的，不予受理。

第 157 条　裁定适用于下列范围：

（一）不予受理；

（二）对管辖权有异议的；

（三）驳回起诉；

……

对前款第一项至第三项裁定，可以上诉。

《最高人民法院关于适用〈中华人民共和国民事诉讼法〉的解释》（2022 年 3 月 22 日修正）

第 208 条　人民法院接到当事人提交的民事起诉状时，对符合民事诉讼法第 122 条的规定，且不属于第 127 条规定情形的，应当登记立案；对当场不能判定是否符合起诉条件的，应当接收起诉材料，并出具注明收到日期的书面凭证。

需要补充必要相关材料的，人民法院应当及时告知当事人。在补齐相关材料后，应当在七日内决定是否立案。

立案后发现不符合起诉条件或者属于民事诉讼法第 127 条规定情形的，裁定驳回起诉。

【理论分析】

一、起诉

起诉权是民事诉讼法赋予当事人的一项重要诉讼权利。一方面，当事人认为自己的或依法受自己管理支配的民事权益受到侵犯或发生争议时，有权向法院提起诉讼，寻求司法救济。另一方面，起诉权必须依法行使，当事人的起诉行为只有符合法定的条件和方式，法院才会予以受理，才能引起民事诉讼程序的发生。

根据我国民事诉讼法的规定，起诉只有符合有关起诉的积极要件❶且不存在消极要件❷时，才能够使诉讼成立，产生法院受理案件的法律效果。

普通程序中原告起诉的方式以书面起诉为原则，口头起诉为例外。原告起诉时应当写明双方当事人的基本情况，列明诉讼请求和所根据的事实与理由，并提供符合起诉条件的相应的证据。

二、受理

受理程序包括两个环节：审查起诉和登记立案。

人民法院收到原告的起诉状或者口头起诉后，应当根据民事诉讼法的规定进行审查。主要是审查原告的起诉是否符合法定条件，诉状的内容是否符合要求、材料是否齐全等。

根据《民事诉讼法》第 126 条的规定，人民法院对符合法定条件的起诉，应当在七日内立案，并通知当事人；不符合起诉条件的，应当在七日内作出裁定书，不予受理；原告对裁定不服的，可以提起上诉。

---

❶ 参见《民事诉讼法》第 122 条。

❷ 参见《民事诉讼法》第 127 条。

为进一步保障当事人的诉权,对法院依法应当受理的案件做到有案必立、有诉必理,党的十八届四中全会发布的《中共中央关于全面推进依法治国若干重大问题的决定》提出改革法院案件受理制度,变立案审查制为立案登记制。2015年2月4日施行的《最高人民法院关于适用〈中华人民共和国民事诉讼法〉的解释》、2015年5月1日施行的《最高人民法院关于人民法院登记立案若干问题的规定》等司法解释,有力地推动了立案审查制向立案登记制的转换。需要指出的是,立案登记制的实行并不意味着法院对原告的起诉不再进行任何审查,原告起诉仍然应当符合法定的起诉条件。法院应当对原告的起诉进行形式审查,根据不同的情形,予以当场审查、当场立案,或者当场接收起诉材料、7日内审查决定是否立案,从而加快诉讼进程、提高诉讼效率。

立案工作由人民法院的立案庭负责。法院接到当事人提交的民事起诉状时,对符合《民事诉讼法》第122条的规定,且不属于第127条规定情形的,应当登记立案;对当场不能判定是否符合起诉条件的,应当接收起诉材料,并出具注明收到日期的书面凭证。需要补充必要相关材料的,法院应当及时告知当事人。在补齐相关材料后,应当在7日内决定是否立案。立案后发现不符合起诉条件或者属于《民事诉讼法》第127条规定情形的,裁定驳回起诉。对不符合法律规定的起诉,法院应当予以释明。

三、对本案中法院驳回起诉的分析

在本案中,法院裁定驳回起诉的理由是金盛公司的起诉不符合法定的起诉条件,所依据的法律条款是《民事诉讼法》第122条。该条规定的起诉条件共四项,根据一审法院和二审法院的裁定理由,金盛公司的起诉主要是不符合第122条第三项和第四项的规定,即起诉必须"有具体的诉讼请求和事实、理由",起诉必须"属于人民法院受理民事诉讼的范围和受诉人民法院管辖"。

针对原告的起诉是否符合法定条件,法院围绕本案的两个焦点问题具体阐明了驳回起诉的理由。一审法院和二审法院虽然作出的认定和具体理由不尽相同,但最后结论都认为金盛公司的起诉不符合条件,应当予以驳回。

(1) 关于案涉《国有建设用地使用权出让合同》的性质问题。

该合同是民事合同还是行政合同,直接决定着原告的起诉是否符合法定的条件。根据我国《民事诉讼法》第3条的规定,人民法院受理公民之间、法人之间、其他组织之间以及他们相互之间因财产关系和人身关系提起的民事诉讼。《民事诉讼法》第122条规定的积极要件之第四项为"属于人民法院受理民事诉讼的范围和受诉人民法院管辖";第127条进一步从消极要件方面明确了"依照行政诉讼法的规定,属于行政诉讼受案范围的,告知原告提起行政诉讼",而不能提起民事诉讼。

一审法院认为,该合同的一方签订主体呼市资源局为行政机关,具有行政合同的特征。因行政合同发生的争议,应当属于行政诉讼的受案范围。因此金盛公司向法院提起民事诉讼,不符合起诉条件。二审法院则认为,虽然该合同一方签订主体为呼市资源局,但合同的签订并不是单方行政行为,呼市资源局与金盛公司遵循平等、自愿、有偿原则签订了《国有建设用地使用权出让合同》。因此，案涉《国有建设用地使用权出让合同》属于民事合同，金盛公司据此向法院提起民事诉讼具有法律依据，应予支持。

很显然，一审法院仅仅依据合同一方主体具有行政机关的身份就认定案涉合同为行政合同，失之片面；据此否定原告提起民事诉讼的合法性，则会不当限制原告的起诉权。二审法院则基于对双方当事人签订合同情况的充分认识和对《中华人民共和国物权法》《民事案件案由规定》《最高人民法院关于审理行政协议案件若干问题的规定》等法律和司法解释的正确适用，认定案涉合同属于民事合同，本案属于民事争议，原告据此主张权利、提起民事诉讼是完全符合民事诉讼法规定的。二审法院在此问题上对原告的支持，是对原告起诉权的承认与保障。

（2）关于金盛公司要求调整违约金的依据问题。

金盛公司在诉状中提出合同关于违约金的约定明显过高，向法院提出了降低违约金的诉讼请求。根据我国民事诉讼法的规定，原告起诉时，应当有具体的诉讼请求和事实、理由。法院审理案件，就是要审查原告提出的事实、理由是否成立，进而对其诉讼请求作出是否予以支持的裁判。如果原告的诉讼请求缺乏明确的事实和理由，法院将无从判断其起诉的具体因由和所持依据，对其诉讼请求只能不作审理。原告的起诉因此不符合条件，应予驳回。

本案中，对于原告金盛公司要求调整违约金的诉讼请求，一审法院和二审法院的判定是相同的，均认为其属于法律赋予的抗辩权，不应作为原告起诉时的诉讼请求向法院提出。该项诉讼请求不符合民事诉讼法规定的起诉条件。一审法院还认为，金盛公司的其他诉讼请求——要求继续履行合同、办理土地使用权过户登记、给付土地出让金利息等，同样不符合法律规定。因为被告呼市资源局并未有拒绝履行或违约的事实和行为，金盛公司在对方未违约的情况下向法院起诉要求判令对方履行合同等，上述诉讼请求缺乏事实、理由，不符合起诉的法定条件，应予驳回。最高人民法院在二审中支持了一审法院的上述裁定理由，并且提出，根据"不告不理"原则，在呼市资源局未提起诉讼主张损失赔偿且合同未陷入僵局、违约方未诉请解除合同的情况下，法院不能主动审查守约方的实际损失情况，无法确定呼市资源局因违约所造成的实际损失，因此，金盛公司所提出的调整违约金的诉讼请求缺乏事实依据和衡量标准，法院无法对此诉请进行审理裁判。

二审法院还提出了"一事不再理"的意见，认为内蒙古高院此前的生效民事调解书已经对金盛公司与呼市收储中心就案涉地块的剩余土地出让金、违约金等问题达成的调解协议进行了确认，虽然呼市收储中心与呼市资源局是两个独立的单位，但该调解书处理的事项与本案一致，即诉讼标的是相同的。该调解书生效后即产生既判力，当事人不得重复起诉。如果金盛公司对违约金的标准、土地出让金的利息计算等不服，应当在法定期限内就该民事调解书申请再审。金盛公司在已有生效调解书对诉讼标的作出处理的情况下，再次向法院起诉要求调整违约金等行为，违背了"一事不再理"

原则。一审法院驳回金盛公司的起诉,并无不当。二审法院再次驳回金盛公司的上诉,维持原裁定,理由更加充分,是完全合理、合法的。

【思考题】

(1) 在本案例中,金盛公司提出的上诉理由"一审裁定没有对上诉人在一审中提出的请求确认《国有建设用地使用权出让合同》合法有效的诉请作出法律评价,属于漏判",请就此陈述观点。

(2) 在本案例中,金盛公司提出合同的违约方有权主动诉求人民法院调整违约金,而法院认定违约方请求调整违约金仅为抗辩权,不应作为诉讼请求,实际是剥夺了当事人的诉权。请对此观点表明看法。

第二节 反 诉

反诉是被告的一项重要的诉讼权利。在诉讼过程中,允许被告对原告提起反诉,并将反诉与本诉合并审理,不但体现了当事人诉讼权利平等原则,有利于充分保障当事人的合法权益,而且有利于彻底解决纠纷,减少讼累,提高诉讼效率,避免法院在相关问题上作出相互矛盾的判决,便于判决的执行。反诉的提起必须符合一定的条件,包括起诉的一般要件和反诉的特别要件。实践中,反诉与本诉合并审理后,如何进行裁判非常考验法官的审判水平和业务能力。

案例二 上海广泛建筑工程有限公司与九江市金鑫达实业有限公司及第三人赵某斌、赵某生加工合同纠纷案[1]

【基本案情】

原告(反诉被告):上海广泛建筑工程有限公司(以下简称上海广泛公司)。
被告(反诉原告):九江市金鑫达实业有限公司(以下简称金鑫达公司)。
第三人(反诉被告):赵某斌。
第三人(反诉被告):赵某生。

2015年9月10日,金鑫达公司(甲方)与上海广泛公司(乙方)签订《石材开发加工承包合同》。合同签订后,上海广泛公司于当月进入大山采石厂进行设备安装、

---

[1] 上海广泛建筑工程有限公司与九江市金鑫达实业有限公司加工合同纠纷一审民事判决书[EB/OL]. 中国裁判文书网,[2021-01-07]. https://wenshu.court.gov.cn/website/wenshu/181107ANFZ0BXSK4/index.html?docId=25c5b817cb0e4dba8a85aca90036d72c.

开始施工作业。后查明,合同的实际施工人为赵某斌、赵某生。2019年1月底,双方发生纠纷。上海广泛公司将施工人员撤离工地,矿区停业,但未将设备撤离矿区。

上海广泛公司向江西省高级人民法院(以下简称江西省高院)提起诉讼,称自2015年9月与金鑫达公司签订《石材开发加工承包合同》后,上海广泛公司即投入6000余万元的生产设备,并按进度投入生产使用至今,但由于金鑫达公司的证照、运输能力等原因导致上海广泛公司无法全面生产,大部分设备闲置,生产成本及财务成本大幅度增加,至2019年1月18日,金鑫达公司影响上海广泛公司的实际产量为7 303 108.67吨。另按合同约定,金鑫达公司只能扣减0.5%的发货补量,但实际上金鑫达公司扣了1%的发货补量。基于上述事实和理由,上海广泛公司向法院提出如下诉讼请求:(1)判令金鑫达公司赔偿上海广泛公司直接经济损失56 274 869.36元(自2015年12月18日至2019年1月18日止)。(2)判令金鑫达公司归还多扣的发货补量款347 121.25元。(3)本案诉讼费、保全费、保险费均由金鑫达公司承担。

金鑫达公司辩称:(1)双方签订《石材开发加工承包合同》后,在履行合同过程中,金鑫达公司发现上海广泛公司没有矿山工程施工总承包资质和安全生产许可证,无权承包矿山开采工程。因此涉案《石材开发加工承包合同》系无效合同。(2)上海广泛公司诉请的56 274 869.36元,并非直接经济损失,而是预期利益损失,上海广泛公司主张该部分经济损失没有法律依据。涉案合同因上海广泛公司没有相关资质和安全生产许可证而导致无效,上海广泛公司系涉案合同无效的过错方,应当承担合同无效的相应后果,即使存在前述损失,也应当由上海广泛公司自行承担。(3)上海广泛公司以金鑫达公司运输能力、证照等无法满足上海广泛公司产能需求为由要求金鑫达公司承担违约责任,缺乏事实依据和证据支持。请求驳回上海广泛公司的诉讼请求。

2020年1月6日,金鑫达公司以上海广泛公司、赵某斌、赵某生为被告向江西高院提起反诉,称:金鑫达公司与上海广公司泛签订《石材开发加工承包合同》后,金鑫达公司按约将矿区交付,并为上海广泛公司的采矿工作提供了多项便利条件。合同履行过程中,金鑫达公司发现上海广泛公司并不具备非煤矿山施工工程承包施工的资格。同时上海广泛公司涉嫌外借营业执照给赵某斌、赵某生,赵某斌、赵某生作为个人同样不具备承包施工的资格。施工队伍进场后,不断出现消极怠工、产量不达标、长时间停工等种种违反合同约定的行为,生产一直不正常。2019年1月底,上海广泛公司直接将施工人员撤离工地,致使矿区停业至今。由于上海广泛公司的设备仍然滞留在矿区,导致金鑫达公司无法正常组织生产,由此给金鑫达公司造成的直接经济损失达62 863 341.6元。基于上述事实与理由,金鑫达公司提出反诉请求:(1)依法判令上海广泛公司将留在湖口县付垅乡大山采石厂场地内的给料机等机器设备撤离采石厂场区;(2)依法判令上海广泛公司赔偿因停工给金鑫达公司造成的直接经济损失共计62 863 341.6元(2019年2月1日至2019年12月31日,共11个月);(3)依法判令上海广泛公司承担清场产生的设备搬运费5000元;(4)本案诉讼费用由三反诉被告承担。

对于金鑫达公司的反诉，上海广泛公司辩称：（1）合同的效力应由法院裁决。金鑫达公司单方面认为合同无效要求上海广泛公司撤离机械设备没有事实依据和法律依据。（2）2019年春节后，上海广泛公司已具备开工条件，但由于金鑫达公司的原因无法开工。2019年4月5日，金鑫达公司被相关部门责令停工停产，至今金鑫达公司还没有取得开工、复工报告。因此2019年2月至2019年12月金鑫达公司的停产是其自身造成的，责任应当由金鑫达公司自行承担。综上，金鑫达公司的反诉请求不能成立。

赵某斌辩称：他们至今没有拿到复工报告，不能开工的原因是金鑫达公司造成的。

赵某生同意上海广泛公司和赵某斌的答辩意见。

江西省高院将反诉与本诉进行合并审理后，作出如下认定：

（1）上海广泛公司与金鑫达公司签订的《石材开发加工承包合同》无效。该合同签订于2015年9月10日，此时金鑫达公司还未取得犁头尖矿区的《采矿许可证》，直到2015年12月1日金鑫达公司才取得《采矿许可证》。因此，应认定合同无效。而且，上海广泛公司未取得安全生产许可证书和一级矿山工程施工总承包资质，依法不得从事非煤矿山开采活动、不得承包矿山开采、加工、施工。涉案项目的实际施工人为赵某斌、赵某生，二人均不具备从事矿产资源开采工作的资质条件。综上，金鑫达公司采取签订生产承包协议的形式，将本应由自己依法进行的采矿工作，交给上海广泛公司、赵某斌、赵某生完成，违反了法律法规的强制性规定，双方签订的合同应属无效合同。（2）造成《石材开发加工承包合同》无效的主要过错责任在金鑫达公司，上海广泛公司、赵某斌、赵某生承担次要过错责任。首先，涉案合同签订时，金鑫达公司尚未取得《采矿许可证》，在尚未取得《采矿许可证》的前提下即将石材开采工作对外进行发包。其次，金鑫达公司至今尚未取得犁头尖矿区的安全生产许可证，项目也未获得湖口县环境保护局的验收通过，从而导致涉案合同不能进入行政法规允许的正常开采期间。最后，金鑫达公司签订合同时没有审查上海广泛公司、赵某斌、赵某生是否符合采矿资质条件，故其应对合同无效承担主要过错责任。上海广泛公司签订《石材开发加工承包合同》时未审核发包人是否取得《采矿许可证》，存在审核不严的责任。上海广泛公司、赵某斌、赵某生明知自己不具备从事矿产资源勘查和开采工作的资质条件，仍然与金鑫达公司签订承包合同，其应对合同无效承担次要过错责任。（3）因《石材开发加工承包合同》为无效合同，相应的违约责任条款和价格结算条款亦为无效，因此，对于上海广泛公司和金鑫达公司依据合同主张的直接经济损失法院不予支持。对于金鑫达公司反诉主张的2019年2月1日至2019年12月31日共11个月期间的经济损失，由于其至今尚未取得犁头尖矿区的安全生产许可证，也未获得湖口县环境保护局验收通过，且在2019年4月5日又被湖口县应急管理局责令停止施工作业，因此金鑫达公司反诉主张的损失与合同无效并无关联，法院依法不予支持。

综上，江西省高院判决如下：

（1）原告上海广泛公司与被告金鑫达公司于2015年9月10日签订的《石材开发加工承包合同》无效。（2）被告金鑫达公司于本判决生效之日起十日内向原告上海广泛公司返还履约保证金 2 000 000 元。(3) 被告金鑫达公司支付上海广泛公司补偿费 30 000 000 元。(4) 原告上海广泛公司留于湖口县犁头尖矿区的可移动的设备，限上海广泛公司于本判决发生法律效力之日起一个月内搬离。(5) 驳回原告上海广泛公司的其他诉讼请求。(6) 驳回被告金鑫达公司的其他反诉请求。

【主要法律问题】

被告在诉讼过程中提出反诉的，必须符合一定的条件。法院对于被告的反诉审查后予以受理的，应当与本诉合并审理。合并审理有利于节省诉讼成本，提高诉讼效率，彻底解决当事人之间的纠纷，避免法院对相关事项作出矛盾判决。但合并审理也意味着实体争议和诉讼程序更加复杂。我国民事诉讼法对反诉的条件和程序并未作出明确规定，有必要结合诉讼实践对反诉制度展开进一步探讨，以更好地实现反诉制度的价值。

【主要法律依据】

《中华人民共和国民事诉讼法》（2021 年 12 月 24 日修正）

第 54 条　原告可以放弃或者变更诉讼请求。被告可以承认或者反驳诉讼请求，有权提起反诉。

第 143 条　原告增加诉讼请求，被告提出反诉，第三人提出与本案有关的诉讼请求，可以合并审理。

第 146 条　原告经传票传唤，无正当理由拒不到庭的，或者未经法庭许可中途退庭的，可以按撤诉处理；被告反诉的，可以缺席判决。

《最高人民法院关于适用〈中华人民共和国民事诉讼法〉的解释》（2022 年 3 月 22 日修正）

第 232 条　在案件受理后，法庭辩论结束前，原告增加诉讼请求，被告提出反诉，第三人提出与本案有关的诉讼请求，可以合并审理的，人民法院应当合并审理。

第 233 条　反诉的当事人应当限于本诉的当事人的范围。

反诉与本诉的诉讼请求基于相同法律关系、诉讼请求之间具有因果关系，或者反诉与本诉的诉讼请求基于相同事实的，人民法院应当合并审理。

反诉应由其他人民法院专属管辖，或者与本诉的诉讼标的及诉讼请求所依据的事实、理由无关联的，裁定不予受理，告知另行起诉。

第 239 条　人民法院准许本诉原告撤诉的，应当对反诉继续审理；被告申请撤回反诉的，人民法院应予准许。

第 326 条　在第二审程序中，原审原告增加独立的诉讼请求或者原审被告提出反诉的，第二审人民法院可以根据当事人自愿的原则就新增加的诉讼请求或者反诉进行调解；调解不成的，告知当事人另行起诉。

双方当事人同意由第二审人民法院一并审理的,第二审人民法院可以一并裁判。

《最高人民法院关于民事诉讼证据的若干规定》(自 2020 年 5 月 1 日起施行)

第 1 条 原告向人民法院起诉或者被告提出反诉,应当提供符合起诉条件的相应的证据。

【理论分析】
一、反诉的要件

反诉是指在诉讼进行中,本诉的被告以本诉的原告为被告,向受理本诉的法院提出与本诉具有牵连关系的独立的反请求,旨在抵销、吞并或排斥本诉的诉讼请求。

反诉是由罗马法中的"抵销抗辩"演化而来的诉讼制度。早期的诉讼制度并不允许被告反诉。例如罗马法最初只允许被告采取否定和拒绝的方法进行抗辩,并未赋予被告反诉权。到了公元 7 世纪初,基于公平原则,在原告对被告也负有债务的情况下,法官允许当事人提出抵销抗辩。这可以视为反诉制度的雏形。❶ 随着民事诉讼制度的发展,人们越来越重视对当事人的平等保护,大多数国家的民事诉讼立法均确立了反诉制度。我国民事诉讼法也明确规定了被告有权提出反诉。

反诉是一种相对独立的诉,反诉的提起首先应当符合起诉的一般要件,即《民事诉讼法》第 122 条规定的四个条件。另外,由于反诉是在本诉诉讼系属内提起的,因此还应当具备反诉的特别要件,包括以下方面。

(1) 反诉应当在法院受理本诉后、法庭辩论终结前提出。

如果对方当事人没有起诉、本诉尚未开始,或者本诉法庭辩论已经终结,则不可能或者不允许提出反诉。有一种情况比较特殊,根据《民事诉讼法解释》第 326 条的规定,如果被告在第一审程序法庭辩论终结前没有提出反诉的,还可以在第二审程序中提出反诉,第二审人民法院可以根据当事人自愿的原则就反诉进行调解;调解不成的,告知当事人另行起诉。

(2) 反诉的当事人限于本诉当事人的范围。

反诉当事人具有特定性以及诉讼地位的双重性,不能超出本诉当事人的范围。但并不要求反诉当事人与本诉当事人完全一致。例如在本案例中,本诉的原告是上海广泛公司,被告是金鑫达公司,赵某斌和赵某生是第三人;而在反诉中,金鑫达公司是反诉原告,上海广泛公司、赵某斌和赵某生均为反诉被告。

(3) 反诉与本诉具有牵连关系。

反诉成立后,会在程序上出现反诉与本诉的合并审理,以便降低诉讼成本,实现纠纷的一次性解决,因此要求反诉与本诉具有牵连关系。《民事诉讼法解释》第 233 条将这种牵连关系归纳为以下情形:①反诉与本诉的诉讼请求基于相同法律关系;②反

---

❶ 吴英姿. 民事诉讼法:原理与实训 [M]. 南京:南京大学出版社,2014:70.

诉与本诉的诉讼请求之间具有因果关系；③反诉与本诉的诉讼请求基于相同的事实。

（4）反诉能够与本诉适用同一程序。

如果反诉不能与本诉适用同一程序，则无法实行诉的合并审理，也就不能提出反诉。

（5）反诉不属于其他法院专属管辖。

基于反诉与本诉的牵连关系，受理本诉的法院可以合并取得反诉的管辖权，但如果反诉属于其他法院专属管辖，受理本诉的法院则无权管辖反诉案件。因此，反诉不能属于其他法院专属管辖。

二、反诉的程序

反诉作为一种相对独立的诉，其程序与起诉（本诉）并无实质区别。被告应当以书面方式提起反诉，要有具体的反诉请求和事实、理由，要提供符合反诉条件的相应的证据，并按对方当事人人数提出副本，还要预交案件受理费。口头提出反诉的，由法院记入笔录，并告知对方当事人。

被告提出反诉后，法院应当对反诉进行审查，对于不符合反诉条件的，予以驳回；对于符合条件的，予以受理。反诉被告（本诉原告）对反诉有权进行答辩。

反诉成立后，本诉原告撤回起诉的，不影响法院对反诉的继续审理。被告也可以申请撤回反诉，其撤销同样不影响法院对本诉的继续审理。被告提出反诉，原告经传票传唤，无正当理由拒不到庭的，或者未经法庭许可中途退庭的，可以缺席判决。

法院受理反诉后，将反诉和本诉合并审理，但要分别裁判。所谓合并审理，是指由法院的同一个审判组织在同一种程序中对本诉和反诉进行审理。所谓分别裁判，是指法院经过审理后，应当对原告的本诉请求和被告的反诉请求分别进行处理，针对各项本诉请求和反诉请求明确作出支持或驳回的裁判。

三、对本案中反诉问题的分析

（1）反诉与本诉具有牵连关系，符合反诉条件。

在本案中，被告金鑫达公司在诉讼过程中以原告上海广泛公司以及第三人赵某斌、赵某生为被告提出反诉，完全符合反诉的相关要件。时间要件、主体要件、程序要件、管辖要件等均非常明确，无须多加讨论。此处主要对牵连关系要件进行分析。

在本诉中，原告上海广泛公司基于《石材开发加工承包合同》对被告金鑫达公司主张权利，以金鑫达公司违反合同为由，请求法院判令金鑫达公司承担赔偿损失等违约责任。

在反诉中，被告（反诉原告）金鑫达公司同样是以案涉《石材开发加工承包合同》为标的，对原告（反诉被告）上海广泛公司主张权利，以上海广泛公司存在过错导致合同无效、长时间停工且拒不撤离设备影响金鑫达公司的正常生产经营为由，请求法院判令上海广泛公司将机器设备撤离场区，并赔偿因停工给金鑫达公司造成的经济损失等。

上海广泛公司的本诉请求与金鑫达公司的反诉请求都是基于同一《石材开发加工承包合同》而提出的，具有直接的牵连关系。允许被告提出反诉，并将反诉与本诉合并审理，显然有助于彻底解决纠纷，节约诉讼成本，并有效防止法院在认定合同效力以及确定各方责任方面作出矛盾判决。

（2）法院对本诉与反诉合并审理、分别裁判。

江西省高院对金鑫达公司的反诉经审查后决定合并审理，根据法院调查情况和庭审调查及各方当事人提供的证据，确认了案件事实。在查明案件事实的基础上，合议庭根据双方在本诉和反诉中提出的诉辩意见，确定了本案的争议焦点，最终认定案涉《石材开发加工承包合同》无效；金鑫达公司应对合同无效承担主要过错责任，上海广泛公司、赵某斌、赵某生承担次要过错责任；对上海广泛公司和金鑫达公司基于无效合同中的违约责任条款和价格结算条款而主张的经济损失不予支持。在判决结果中，江西省高院对于上海广泛公司和金鑫达公司的各项本诉请求与反诉请求逐一宣告部分支持、部分驳回。

【思考题】

（1）应当如何区分反诉、反驳与抗辩？请结合案例进行分析。

（2）本案例中的判决结果，能否省略其中的第（5）项和第（6）项？为什么？

CHAPTER 8 第八章

二审程序

本章知识要点

（1）民事诉讼二审中原告申请撤回起诉的问题。虽然民事诉讼法有关的司法解释已经规定了可以在二审诉讼中撤回起诉，但在理论上还存在争议，且在具体的司法适用中标准模糊。应平衡好当事人的处分权与法院的裁判权，对撤回起诉的理由进行限制性审查，再予以裁定。（2）禁止不利益变更原则的问题。此原则是大陆法系国家在上诉案件审理过程中普遍承认和遵循的，目前我国民事诉讼相关法律中并未有明确说明。可以尝试引入此项原则，并建立相对完善的配套制度，内化为一套可操作的体制机制。

第一节 民事诉讼二审中原告申请撤回起诉的问题

对已经进入二审的民事案件，若原告向二审法院申请撤回起诉，将使得整个诉讼流程归于消灭，一审判决被撤销，不复存在。因此，对于是否允许原告在二审中撤回起诉，学界一直存有争议。为回应司法实践的需要，《民事诉讼法解释》第336条、第337条规定了原审原告可以申请撤回起诉及撤回的条件，但关于二审中撤回起诉的讨论仍在进行。

案例一 某汽车连锁公司与王某等追偿权纠纷一案[1]

【基本案情】

在本案一审中，原告某汽车连锁公司向法院起诉，请求被告王某清偿自己为其垫

---

[1] 参见（2019）豫01民终22571号民事判决。

付的融资租赁租金 1 472 157.39 元及违约金 20 万元，之后违约金以 1 472 157.39 元按年息 24% 自 2017 年 10 月 1 日计算至实际清偿之日；被告万某、曹某承担连带清偿责任。法院在案件审理过程中查明事实如下：2011 年 4 月 20 日，某汽车连锁公司与王某签订《融资租赁服务合同》一份，其中载明，甲方某汽车连锁公司，乙方王某，约定甲方接受乙方请求，向乙方提供与三井住友签订融资租赁合同的机会，乙方请求甲方为其提供向三井住友提供融资租赁担保，甲方同意并与三井住友签订相应担保合同。2011 年 9 月 2 日签订的《融资租赁合同书》载明，承租人王某，出租人三井住友，出卖人某汽车连锁公司，主要租赁物住友液压挖掘机两台（机号分别为 STC×××832、STC×××831），租赁期间 36 个月，租金总额 2 590 480 元，每月租金 59 180 元，预付款 46 万元，验收期限 2011 年 9 月 2 日。其中，机号为 STC×××831 的挖掘机在施工中因塌方于 2011 年 9 月份底坠毁，投保了财产险，被保险人为王某，受益人为三井住友；关于机号为 STC×××832 的挖掘机，2013 年 4 月 30 日，某汽车连锁公司与王某达成协议，解除合同，王某已交回该挖掘机。法院认为：机号为 STC×××831 的挖掘机已经坠毁，且该车辆投有保险，第一受益人为三井住友，三井住友应向保险公司主张有关该车辆的理赔，原告某汽车连锁公司主张为被告王某向三井住友代偿该车辆的租金已无事实依据，故关于该车辆原告主张被告王某清偿为其垫付的该挖掘机融资租赁租金 1 021 078.69 元的诉请，法院不予支持；机号为 STC×××832 的挖掘机，原告某汽车连锁公司称与被告王某协商 2013 年 4 月 30 日解除了合同，被告王某已向原告交回了车辆，但原告于 2016 年 11 月才将该车辆以 57 万元的价格进行了回购处理，被告王某交回车辆后，原告未及时处理给该车辆造成了贬值的损失，该损失足以弥补原告垫付的租金，故对原告请求关于该车辆主张被告王某清偿为其垫付的融资租赁租金 451 078.7 元的诉请，本院不予支持。对原告请求被告王某支付违约金、被告万某和曹某承担连带责任的诉请无事实和法律依据，法院不予支持。综上所述，判决驳回原告某汽车连锁公司全部的诉讼请求。

某汽车连锁公司不服一审判决，提起上诉。在二审审理过程中，某汽车连锁公司申请撤回一审起诉，三个被上诉人表示同意，且不损害国家利益、社会公共利益、他人合法权益。二审法院裁定：（1）撤销河南省郑州高新技术产业开发区人民法院（2019）豫 0191 民初 22122 号民事判决；（2）准许原告某汽车连锁公司撤回起诉。

【主要法律问题】

在本案二审的审理过程中，原告申请撤回一审起诉，导致一审法院的判决被撤销，这无疑损害了司法裁判的权威性，但申请撤回起诉是诉讼中当事人行使处分权的一种表现。对于是否允许当事人在二审中撤回起诉，不同专家学者提出了自己的看法与应对措施。

【主要法律依据】

《中华人民共和国民事诉讼法》（2021年12月24日修正）

第13条 当事人有权在法律规定的范围内处分自己的民事权利和诉讼权利。

《最高人民法院关于适用〈中华人民共和国民事诉讼法〉的解释》（2022年3月22日修正）

第336条 在第二审程序中，原审原告申请撤回起诉，经其他当事人同意，且不损害国家利益、社会公共利益、他人合法权益的，人民法院可以准许。准许撤诉的，应当一并裁定撤销一审裁判。

原审原告在第二审程序中撤回起诉后重复起诉的，人民法院不予受理。

第337条 当事人在第二审程序中达成和解协议的，人民法院可以根据当事人的请求，对双方达成的和解协议进行审查并制作调解书送达当事人；因和解而申请撤诉，经审查符合撤诉条件的，人民法院应予准许。

【理论分析】

遇私益性质的民事纠纷，当事人解决无果便可提起民事诉讼寻求救济，诉讼始于当事人行使程序性权利，同理，诉讼亦可终于当事人行使撤回诉讼的程序性权利，正如本案中的原告某汽车连锁公司在二审中撤回起诉。但法院已经在一审中判决驳回某汽车连锁公司的诉讼请求，但二审法院裁定准予某汽车连锁公司撤回起诉，一审法院的判决被撤销，实质上损害了一审法院裁判的确定性和公正性，浪费了司法资源。对此，就能否在二审中撤回起诉，理论上也存在肯定说与否定说两种观点。我们认为，在民事诉讼中，要充分尊重当事人的处分权，只要满足在二审中撤回诉讼的法律规定，应支持其请求。具体理由如下。

（1）基于当事人对自己诉讼权利的处分。处分原则是民事诉讼的一个基本原则，贯穿整个诉讼过程，包括一审程序、二审程序、再审程序等。当事人面对私人权益纠纷，可以向法院起诉，请求法院作出审理和裁判，法院不能依职权主动开启诉讼程序。[1] 申言之，民事诉讼的开启与终结均在当事人的处分权限之内，产生的后果都由当事人承受。撤回起诉是当事人行使处分权的重要内容。根据处分原则，不管是在一审程序还是在二审程序，只要符合规定的撤回起诉条件，就应准许其撤回起诉的请求，从而终结诉讼程序。在司法实践中，原告可能因为多种缘由向法院申请撤诉，比如在二审中无法取得新的证据或无法取得胜诉判决，本案可能属于这种情况。原告某汽车连锁公司享有对自己诉讼权利的处分权，可以向法院申请撤回起诉，终结此诉讼。允许当事人开启诉讼程序，也允许当事人终结诉讼程序，才是保护当事人完整的处分权。

---

[1] 宋朝武.民事诉讼法学[M].北京：高等教育出版社，2018：57.

(2) 法官裁判具有中立性与公正性。民事诉讼一般奉行的是不告不理原则，即只有当事人将纠纷交予法院，法院才能对此纠纷作出审理和裁判，当事人不服一审裁判提起上诉，二审法院才能着手准备开展二审程序。法官在审判处于中立的地位，在上诉案件审理的过程中，当事人欲撤回起诉，基于中立与公正的考量，法院都不应过多干涉，不得以职权强迫诉讼程序的继续进行。❶ 法官在诉讼过程中的中立和公正是为了确保最终实体判决的公平，是实现司法正义的应有之义。

(3) 允许在二审中撤回起诉是回应司法实践的需要。在中国裁判文书网选择"民事案件""二审程序"，并输入关键词"撤回起诉"进行检索，共检索到 12 294 篇裁判文书。在 2015 年《民事诉讼法解释》出台后，相关裁判文书的数量明显增多，法院在二审中裁定准予撤回起诉多是依据其中的第 338 条、第 339 条。❷ 可见在司法实践中有当事人需要在二审中撤回起诉，例如谢某与周某赡养纠纷一案，一审法院判决谢某每月支付周某赡养费 400 元，谢某不服，提起上诉，后在二审审理过程中，谢某撤回上诉，周某撤回起诉。❸ 在诸如此类与人身关系有关的民事纠纷中，由于受到人的道德、伦理等因素影响，案件的诉讼进程多受控于当事人，在二审中允许撤回起诉，也是为应对复杂多变的诉讼实况。

(4) 有域外的法律规定可供借鉴与完善。关于原告在二审中是否可以撤回起诉的问题，德国、日本等国家的民事诉讼法都有相关规定可供参考。德国民事诉讼法规定，在判决发生既判力之前，都可以撤回起诉，在上诉案件审理过程中请求撤回起诉的，需要征得必要被告方的同意。❹ 日本民事诉讼法对各个审级中撤回起诉制度都作出了相对完整的规定，在上诉案件审理过程中允许撤回起诉，撤回上诉的效力及于整个诉讼过程，居中裁判者可依职权对撤回起诉进行审查。❺ 我国在相关司法解释中对二审中撤回起诉的条件作出了更为严格的规定，不仅要求征得其他人的同意，还赋予法官审查权，即审查撤回起诉是否损害国家利益、公共利益及他人合法权益。我国的二审中撤回起诉面临的其他问题还可以借鉴域外国家的经验进行补足完善。

持"否定说"观点的学者认为，二审中不宜允许当事人撤回起诉，主要原因如下：一是从理论上讲，当事人的上诉权与二审法院对一审法院的审判监督权共同构成二审程序的基础，而起诉权只存在于一审程序中；二审程序只存在上诉与撤回上诉。二是从效益平衡的角度而言，原告自己决定提起诉讼后，又在二审中单方面撤回起诉，浪费了被告的人力、物力和财力，被告的权利受损；从法院的角度来看，浪费司法资源，降低司法信任度，损耗诉讼效益。

以上观点皆有其合理之处，这也是至今针对能否在二审中撤回起诉的命题尚未达

---

❶ 王杏飞. 对民事二审中撤回起诉的再认识 [J]. 中国法学，2017 (3)：267-285.

❷ 现为第 336 条、第 337 条。

❸ 参见 (2021) 渝 01 民终 2257 号民事裁定书。

❹ 丁启明. 德国民事诉讼法 [M]. 厦门：厦门大学出版社，2016：61.

❺ 新堂幸司，林剑锋. 新民事诉讼法 [M]. 北京：法律出版社，2008：239.

成一致意见的原因。为了最大程度削弱二审中撤回起诉的不利影响，使处于初期的相关制度在不断讨论和实践中臻于完善，不少学者结合《民事诉讼法解释》以及适用中面临的问题，作出以下探讨：

（1）法院应对撤回上诉进行严格审查。按照《民事诉讼法解释》第336条规定，条件一是：经其他当事人同意。根据民事诉讼当事人平等的基本原则，原告方享有申请撤回起诉权，被告方享有对此的异议权，可以提出反对，法院便不得裁定批准原告的申请。如此方可保护被告方的诉讼权利，原被告之间的失衡据以调整。就"其他当事人同意"，需要设置程序性规定，构建一个系统的撤回起诉体系，我国目前仅以《民事诉讼法解释》第336条设置了一个标准性质的内容，但却未设置操作流程，德国民事诉讼法规定，在法庭辩论中可以提出撤回起诉，被告同意，记入庭审笔录，没有在言辞辩论中说明，需要提出书状，依法送达被告等❶。该规定对我国民事诉讼撤回起诉制度具有启发意义。条件二是：不得侵害国家利益、社会公共利益、他人合法权益，按照《民事诉讼法解释》第96条的规定，对于属于法院依职权调查的事项，在原告申请撤诉，被告同意之后，法院要对证据进行审查，以避免出现虚假诉讼浪费司法资源、当事人恶意串通损害他人权益和社会公益等行为。这实质上缓解了当事人处分权与法院裁判权之间的矛盾，也是对处分权的合理限制。

条件一和条件二属于前置性原则、兜底性的规定。❷ 条件一为原则性规定，也就是说，原告申请撤回起诉，首先要征得其他当事人同意，申请权与异议权均存在于当事人之间，由当事人主导诉讼的进程，是民事诉讼当事人主义模式的内涵。条件二是一个兜底性质的规定。民事诉讼的任务规定于《民事诉讼法》第2条，除了保护私益，还有"维护社会秩序、经济秩序"的公益目标。因此法院可以依职权对当事人之间的处分进行干预，不符合条件二规定的可以排除适用。当以上条件充分时，法院可以准许在二审中撤回起诉。在本案例中，某汽车连锁公司在二审中申请撤回起诉，首先经过了三个被上诉人的同意，法院审查，认为不违反国家利益、社会公共利益和他人合法权益，因此作出准许撤回起诉的裁定。

（2）辨明在二审中撤回起诉的法律后果。《民事诉讼法解释》第336条规定准许二审中撤回起诉的，一审裁判被撤销，且撤回起诉后重复起诉的，人民法院不予受理。撤回起诉是对诉讼权利的重要处分且关系重大，考虑到不同人群的法治素养，法院应向当事人释明撤回起诉的法律后果。❸ 撤回起诉相当于此次诉讼没有发生，那么相应地，法院作出的判决也会归于无，所以一审裁判会被撤销。经过一审程序，法院已经对当事人的实体纠纷进行了审理，有明确的实体裁判，且一审的诉讼流程完整，因此在二审中撤回起诉后，为实现司法资源的合理分配，禁止当事人重复起诉。就本案例

---

❶ 丁启明. 德国民事诉讼法［M］. 厦门：厦门大学出版社，2016：61.
❷ 张艳. 民事上诉审撤回起诉规则的解释论［J］. 华东政法大学学报，2016，19（6）：110-118.
❸ 王杏飞. 论释明的具体化：兼评《买卖合同解释》第27条［J］. 中国法学，2014（3）：267-287.

一而言，准许某汽车连锁公司撤回起诉后，一审法院的判决被撤销，此后，某汽车连锁公司不得以同一事由再提起诉讼。关于重复起诉，有学者指出，此重复起诉与《民事诉讼法解释》第 247 条中构成重复起诉的内涵不同，不应受此条款的限制，应表述为撤回起诉后"重新起诉"或"再次起诉"更为恰当[1]。当前撤回起诉后一律不准再提起诉讼的"一刀切"做法，在实践中也会面临诸多弊端，例如，谢某与周某赡养纠纷一案，若谢某在后期找出各种借口推脱，不履行赡养义务，周某便失去了寻求司法救济的渠道。因此有观点认为，对于与人身关系有关的婚姻、扶养、监护等类型案件，不能一概规定不允许再次起诉，而是应考虑到纷繁复杂的情况，酌情给予再次起诉的机会。[2]

【思考题】

（1）你是否赞成原告在二审中撤回起诉，具体理由有哪些？
（2）对于二审中撤回起诉的条件和法律后果，你有哪些新的想法？

第二节　禁止不利益变更原则的问题

多数大陆法系国家规定，上诉审法院只能在当事人上诉声明表示不服或申请变更的范围内进行审理和裁判，这实质上是保护当事人的处分权，将法院的审理范围进行固定。我国将此称为禁止不利益变更原则，即只有一方当事人上诉的情况下，对上诉人而言，二审法院的裁判结果不能比一审结果对其更为不利，也就是不能增加上诉人的"不利益"。

案例二　田某、杨某生命权、健康权、身体权纠纷一案[3]

【基本案情】

2017 年 5 月 2 日 9 时 24 分许，段某与杨某先后进入某小区电梯内，因段某在电梯内吸烟，二人发生言语争执。段某与杨某走出电梯后，仍有言语争执，双方被该小区物业公司的工作人员劝阻，杨某离开，段某同物业公司工作人员一同进入物业公司办公室。后段某在办公室晕倒，工作人员拨打 120，120 赶到后抢救半小时左右，宣布段某临床死亡。田某系段某妻子，在诉讼中认可段某有相关疾病史。一审法院审理认为，

---

[1] 张艳. 民事上诉审撤回起诉规则的解释论 [J]. 华东政法大学学报，2016, 19 (6)：110-118.
[2] 张艳. 民事上诉审撤回起诉规则的解释论 [J]. 华东政法大学学报，2016, 19 (6)：110-118.
[3] 参见（2017）豫 01 民终 14848 号民事判决书。

事件起因为段某在电梯内吸烟，其与杨某发生言语争执，在双方的争执被小区物业公司工作人员劝阻且杨某离开后，段某猝死，该结果是杨某未能预料到的，杨某的行为与段某的死亡之间并无必然的因果关系，但段某确实在与杨某发生言语争执后猝死，根据公平原则，判决杨某向田某补偿1.5万元。田某不服一审判决，提起上诉，二审法院根据小区监控视频，进一步查明，在杨某劝烟的过程中，其情绪平稳，未有肢体冲突与拉扯行为，段某情绪一直很激动，杨某与段某的接触时长不足五分钟。二审法院认为杨某劝阻段某吸烟行为未超出必要限度，属于正当劝阻行为；杨某劝阻段某吸烟行为本身不会造成段某死亡的结果，劝阻吸烟行为与死亡结果之间不存在法律上的因果关系；杨某劝阻段某吸烟是在履行公民应尽的社会责任，杨某不认识段某，不知段某有过相关疾病史，不存在加害段某的故意或过失。综上，杨某不应承担侵权责任。一审法院适用公平原则判决杨某补偿田某1.5万元属于适用法律错误，杨某未上诉，但一审判决适用法律错误，损害社会公共利益，依法应予改判，二审法院判决撤销一审的民事判决，驳回田某的诉讼请求。

【主要法律问题】

该案引起诸如实体正义与程序正义、社会公共利益、二审法院审理范围等多方面的讨论。此案在实体判决上收获了一致好评，但在程序上，针对二审法院将上诉人田某原本可得的1.5万元改判，给上诉人增加消极负担，是否违反禁止不利益变更原则仍存在较大争议。我国应如何借鉴国外的相关规定，使之与我国司法环境相契合，也是学者们讨论的一个重要论题。

【主要法律依据】

《中华人民共和国民事诉讼法》（2021年12月24日修正）

第13条 当事人有权在法律规定的范围内处分自己的民事权利和诉讼权利。

第175条 第二审人民法院应当对上诉请求的有关事实和适用法律进行审查。

《最高人民法院关于适用〈中华人民共和国民事诉讼法〉的解释》（2022年3月22日修正）

第321条 第二审人民法院应当围绕当事人的上诉请求进行审理。

当事人没有提出请求的，不予审理，但一审判决违反法律禁止性规定，或者损害国家利益、社会公共利益、他人合法权益的除外。

【理论分析】

关于在民事诉讼二审中设立禁止不利益变更原则的讨论由来已久，有反对的声音，有赞成的声音，也有观点认为我国已经确立了该项原则。反对者认为：第一，禁止不利益变更原则类似于我国刑事诉讼二审"上诉不加刑"原则，从民事诉讼的性质出发，各主体都是平等的，上诉权也是可以自由处分的，没有设置此项原则的必要。第二，有的大陆法系国家并没有明确写入这项原则，只是表述为法院在上诉人申明不服的范围内裁判，这与禁止不利益变更原则并非一致，且有的大陆法系国家有相应的反制措施——附带上诉制度，以维持双方权利的平衡；英美法系国家则不存在类似原则，因此，域外实践经验也稍显薄弱。❶ 在争论早期有观点认为，我国《民事诉讼法》第13条、第175条以及《民事诉讼法解释》（2020年修正）第321条囊括了当事人处分主义的主要内容，同时为二审法院的裁判划定了边界，即围绕当事人的上诉请求进行，这已经涵盖了禁止不利益变更原则的内核。❷ 在本案例发生之后，严仁群教授从法教义学视角出发，认为根据《民事诉讼法》第175条和《民事诉讼法解释》第321条能否直接推导出禁止不利益变更原则是不确定的，这取决于当事人在上诉状中对上诉请求的实际表述；而《民事诉讼法》第13条规定的处分原则，需要特别加以论证处分的权利和处分的内容，并对放弃上诉是否就意味着放弃部分处分权的逻辑等进行深入的说理，否则不能简单得出这条法律规定含有禁止不利益变更原则的因素的结论。结合严仁群教授的分析，我们赞成在结合我国现有法律规定的情况下，在二审中引入禁止不利益变更原则，并建立附带上诉制度，以保证该原则的充分适用，具体理由如下。

（1）保障当事人在上诉案件中的处分权。禁止不利益变更原则的源头在大陆法系国家，德国民事诉讼法第528条规定：控诉法院在控诉请求的范围内作出审查和判断，对一审法院的判决，仅在被申请变更的范围内修改❸。从法条的文义上看，其传达出保护当事人处分权、将法院的审理裁判囿于当事人申请变更之范围的意旨，出发点与落脚点都是当事人处分主义。那么我们讨论禁止不利益变更原则，也应该从当事人处分主义出发，只有一方上诉，说明上诉方对一审审理结果不满，上诉是期望得到对自己有利的裁判，最低的预期也是不要比一审判决更加不利，这才符合禁止不利益变更原则的通说定义。通说定义应着眼于裁判结果，而非如国外立法那样直言当事人处分权。具体到本案例，杨某在二审答辩中提到，因为段某的死亡，其自身也有很大的心理压力，愿意给田某适当的补偿，因此杨某并没有上诉，但是二审法院改判杨某无需补偿田某1.5万元，不当增加了杨某的"利益"，使得田某获得了"不利益"，这无疑侵犯了双方对于诉讼权利的自由处分。因此，厘清禁止不利益变更原则的内涵，并将其固定下来，对充分保护当事人的处分权大有裨益。

（2）二审法院充分发挥其职能，实现程序正当所必需。二审法院的重要任务是监督一审法院的裁判，这是毋庸置疑的，但也引发了关于本案例的一种观点：既然二审法院发现一审法院不当适用公平原则是错误的，那么便可直接依照《民事诉讼法》第

---

❶ 刘哲玮. 劝阻吸烟案二审判决的诉讼技术分析［EB/OL］. ［2021-09-04］. https://mp.weixin.qq.com/s/wEuX4RY27gl_t5zLLyYFVg.

❷ 孙邦清. 论民事上诉中的禁止不利益变更原则［J］. 法学杂志, 2000（1）: 35-37.

❸ 丁启明. 德国民事诉讼法［M］. 厦门: 厦门大学出版社, 2016: 117.

177 条之规定，依法改判即可，二审程序并无不当。❶ 本案例的特殊之处在于杨某作为败诉方并没有上诉，他接受公平原则，愿意补偿田某 1.5 万元。二审法院行使审判监督权和当事人自由处分之间的矛盾凸显。民事诉讼的本质是私人之间的纠纷引发成讼，重点是尊重当事人对自己实体权利与诉讼权利的处分，解决当事人之间的争议。因此我们可以说，二审法院的审判监督权是受到当事人处分权限制的，只有在涉及国家利益、社会公共利益、他人合法权利的情况下，才可以挣脱当事人处分权的制约。本案例中，二审法院在判决时，也考虑到了当事人处分权这一因素，认为杨某虽然未直接提起上诉，但是其劝阻吸烟行为属于为了维护社会公共利益❷，因此可以不受处分权的限制，直接依法改判。在我国民事诉讼发展的历程中，程序的正当性历来处于一个比较微弱的地位，相较于程序主义，更加注重实体主义。因此我们非常有必要结合我国立法现状，对禁止不利益变更原则作出清晰的梳理，推动实现程序正义。

以上两点是关于我国为何要引入禁止不利益变更原则的理由，具体应该如何规定，才能使禁止不利益变更原则发挥更大作用，下面将从三个方面展开阐释。

（1）可以考虑对《民事诉讼法》第 175 条进行修改。结合德国民事诉讼法，二审法院仅在当事人上诉请求的范围内审理和裁判。突出当事人上诉请求的内容，同时也在审理范围内作出相应的裁判。《民事诉讼法》第 175 条只是言明"对上诉请求的有关事实和适用法律进行审查"，扩大了审查的范围，且范围比较模糊，相比较来看，《民事诉讼法解释》第 321 条的规定要明确一些："当事人没有提出请求的，不予审理。"可见这条有意愿将禁止不利益变更原则吸纳进去为了诉讼操作灵活性，《民事诉讼法解释》第 321 条用了相对不太确定且柔和的"围绕上诉请求进行审理"。法官在案件审理过程中本身就享有一定的自由裁量权，在具体的法律规定对其作出指引之时，法律规定本身必须要足够经得起推敲和琢磨。可以考虑将第 175 条修改为"仅在上诉请求范围之内审理和判决"，这样的表达能够明确限定二审中法院审理的范围，不会超出当事人上诉请求的内容，从而侵犯当事人的处分权。有学者指出，现如今对于上诉请求的识别以及当事人上诉请求用语均存在不确定性，❸ 要想更好地在二审中实行禁止不利益变更原则，需要在今后的立法与司实践中，对上诉请求有更为明确的认识。

（2）沿用《民事诉讼法解释》第 321 条的例外规定，即违反法律禁止性规定，或者损害国家利益、社会公共利益、他人合法权益的情形，可以不受上诉请求范围的限

---

❶ 刘哲玮. 劝阻吸烟案二审判决的诉讼技术分析［EB/OL］.［2021-09-04］. https://mp.weixin.qq.com/s/wEuX4RY27gl_t5zLLyYFVg.

❷ 这种劝阻吸烟行为是否属于为了社会公共利益，学者们存在争议，这也是直接影响判决结果的重要争议点。赞成劝阻吸烟行为属于维护社会公共利益的，十分认同本案二审判决结果。吴泽勇教授等人认为，此案属于传统的侵权纠纷，诉讼标的并未直接牵涉社会公共利益，因此二审法院这样判决更为恰当：……适用公平原则判决杨某补偿田某某 1.5 万元属于法律适用错误。但因为被告杨某没有上诉，出于尊重当事人处分权的考虑，本院对原判决不予纠正。故判决驳回上诉，维持原判。

❸ 严仁群. 禁止不利益变更原则之教义学分析—兼评"劝烟猝死案"［J］. 法商研究, 2019（6）: 150-162.

制，进行全面审理。为达到当事人与法院之间的平衡，也为防止出现滥用诉讼权利、浪费司法资源等情形，禁止不利益变更原则对上诉一方而言并非可以绝对排除"不利益"，而是要受到合理范围的限制。只是这些规定较为笼统，目前尚未有统一的规定可作为准则进行判断。本案例中，在电梯内劝阻吸烟是否属于维护公共利益之举上尚且存在争议。吴泽勇教授认为：社会公共利益的识别标准是，诉讼标的必须直接涉及公共利益，比如最明显的环境保护公益诉讼。本案例的诉讼标的是公民生命健康权，与社会公共利益无关，因此不能适用例外原则。而在二审法院裁判时，认为在电梯内劝阻吸烟行为，不单单是为自身利益，也是为多数人的健康考虑，有利于创建良好的生活环境和文明城市。可见二审法院是从劝阻吸烟行为的目的与效果来进行判断的，认定属于维护社会公共利益，可以适用例外规定，突破当事人处分权的限制。由于学术界尚未形成一致的观点，在个案裁判中需要进行单独的识别，法院要谨慎适用此标准，应将尊重当事人处分原则放在第一位，例外规定只能作为最后一道防线。

（3）建立附带上诉制度。在大陆法系国家，附带上诉制度是和禁止不利益变更原则放在一起的，给未提起上诉的一方提供救济的机会，以达到双方当事人地位的平衡。其具体含义是，被上诉人可以在对方提起上诉的二审案件审理过程中，附带提出自己的上诉主张，请求二审法院变更对己方不利的判决。❶ 二审法院审理的范围限于上诉请求，那么在二审审理过程中，会造成上诉人一方过多影响审理内容、未上诉一方的请求被限制的结果，因此附带上诉可以为未上诉一方提供一个再次提出请求的机会。被上诉人在二审庭审期间的答辩意见与附带上诉是不同的，后者需要提出明确的上诉请求，参照德国民事诉讼法的规定，附带上诉一方也应提交附带上诉状。禁止不利益变更原则的确立要求法院只能在上诉请求的范围内裁判，只有允许被上诉方通过附带上诉提出上诉请求，才能兼顾双方利益，禁止不利益变更原则才能真正保护双方当事人的处分权。

【思考题】

（1）你对本案例有什么新的看法？
（2）你是否赞成在我国民事诉讼二审中引入禁止不利益变更原则？有哪些理由？

---

❶ 丁启明. 德国民事诉讼法 [M]. 厦门：厦门大学出版社，2016：116.

CHAPTER 9 第九章

审判监督程序

本章知识要点

（1）民事再审事由中新证据的认定问题。对于"新证据"的构成要件，学理上有"三要件说"和"四要件说"，学术界通说是赞成"三要件说"。对于"新证据"的认定要从客观要件、主观要件和实质要件三个方面进行综合考虑。（2）再审被申请人、被申诉人能否提出再审请求的问题。再审范围的确定是启动再审程序的重点，对于再审程序中再审被申请人、被申诉人能否提出再审请求的问题，虽然理论界有不同的声音，但在实践中为了尽可能一并解决纠纷是允许其提出再审请求的。（3）再审检察建议在实践中出现的问题。虽然再审检察建议在法律中有规定，但是因缺乏具体的操作流程等问题，导致再审检察建议的实际发展趋势与其发展目标还有一定差距，欲改变这一现象还需要多种措施共同发展与完善。

第一节 民事再审事由中新证据的认定问题

对"新证据"认定的"三要件说"认为，新证据的客观要件为"原庭审结束后发现或产生"。对于原庭审结束后产生的新证据，法律和司法解释的相关规定较为笼统。主观要件为"在原审期间因客观原因无法取得或提供"，即对"新证据"的提出不存在过错。实质要件为"足以证明原裁判认定的基本事实或者结果错误"。

案例一 刘俊某等诉湖北银行股份某支行民间借贷纠纷案[1]

【基本案情】

再审申请人刘俊某因与被申请人湖北银行某支行、一审被告王某民间借贷纠纷一

---

[1] 参见（2016）最高法民申 2278 号民事判决书。

案，不服湖北省高级人民法院（2015）鄂民一终字第308号民事判决，申请再审。

刘俊某申请再审称，有新的证据足以推翻原判决，且原判决认定的基本事实缺乏证据证明。（1）有新证据证明湖北银行某支行认可担保人处印章为其单位印章。通过公安机关对案外人赛某的调查询问，赛某向公安机关提供了湖北银行某分行文件，可以证明赛某在涉案担保合同上违规加盖了湖北银行某支行凭证受理专用章（收妥抵用）会计印章，湖北银行某支行对此是知晓的，但其在一、二审诉讼中却谎称赛某系自动辞职，且对担保合同上担保人处的印章的真实性不予认可，从而否定自己的担保人地位，这直接导致一、二审法院对基本事实的认定产生错误。（2）公安机关所作的调查询问笔录可以证明赛某在担保人处签字盖章行为系职务行为。赛某在公安机关所作的询问笔录中，陈述了其在担保人处签字系经湖北银行某支行负责人郑某强同意，且郑某强对盖章也是知晓的，其所做所为均是为了让湖北银行某支行的贷款能够有效收回，而非为了个人的利益。这可以证明赛某签字盖章的行为属于职务行为，其行为的后果和法律责任应由湖北银行某支行承担。（3）应对合同上印章字迹清楚的部分作出鉴定。一审法院以鉴定机构出具的"检材不符，无法鉴定"为由认定印章并不一定是湖北银行某支行印章，这个认定过于草率。单纯从技术鉴定层面上讲，刘俊某提交的该担保合同上的印章有看得清楚的部分，那么应当就此与湖北银行某支行的印章作相应的比对鉴定。

最高人民法院认为，首先本案中，刘俊某提交的公安机关对刘某、刘俊某、赛某、王某、朱学某的询问笔录均形成于本案二审程序终结之后，系公安机关根据刘俊某针对赛某涉嫌合同诈骗罪的报案对相关人员进行询问形成的，与本案基本事实有直接关联，属于再审"新的证据"。湖北银行某分行文件虽然形成于2014年10月27日，即本案一审审理终结之前，但由于该文件是湖北银行某分行的内部文件，内容是针对赛某的处理决定，而赛某又并非本案当事人，故刘俊某未能在原审中提交该文件具有合理理由，且该文件所涉内容与本案据以定案的基本事实有重大关联，属于再审"新的证据"。

【主要法律问题】

对于"新证据"的客观要件，虽然法律规定原则上为原审结束前已经存在、在原审结束后才发现的证据，但在无法另行起诉的情况下，原审结束后形成的证据也可以认定为"新证据"。在实践中，如果对于原审结束后形成的证据在可以另行起诉的情况下一律另行起诉，能否真正实现实体正义，是否会背离民事审判监督程序的价值与功能，在学理上和实务中还是值得商榷的。

【主要法律依据】

《中华人民共和国民事诉讼法》（2021年12月24日修正）

第207条　当事人的申请符合下列情形之一的，人民法院应当再审：

（一）有新的证据，足以推翻原判决、裁定的；

（二）原判决、裁定认定的基本事实缺乏证据证明的；

（三）原判决、裁定认定事实的主要证据是伪造的；

（四）原判决、裁定认定事实的主要证据未经质证的；

（五）对审理案件需要的主要证据，当事人因客观原因不能自行收集，书面申请人民法院调查收集，人民法院未调查收集的；

（六）原判决、裁定适用法律确有错误的……

《最高人民法院关于适用〈中华人民共和国民事诉讼法〉的解释》（2022年3月22日修正）

第385条　再审申请人提供的新的证据，能够证明原判决、裁定认定基本事实或者裁判结果错误的，应当认定为民事诉讼法第207条第一项规定的情形。

对于符合前款规定的证据，人民法院应当责令再审申请人说明其逾期提供该证据的理由；拒不说明理由或者理由不成立的，依照民事诉讼法第68条第2款和本解释第102条的规定处理。

第386条　再审申请人证明其提交的新的证据符合下列情形之一的，可以认定逾期提供证据的理由成立：

（一）在原审庭审结束前已经存在，因客观原因于庭审结束后才发现的；

（二）在原审庭审结束前已经发现，但因客观原因无法取得或者在规定的限内不能提供的；

（三）在原审庭审结束后形成，无法据此另行提起诉讼的。

再审申请人提交的证据在原审中已经提供，原人民法院未组织质证且未作为裁判根据的，视为逾期提供证据的理由成立，但原人民法院依照民事诉讼法第68条规定不予采纳的除外。

【理论分析】

首先，我们来分析"新证据"的客观要件。从民事诉讼法及其司法解释的法律条文可以看出，"新证据"原则上只包括形成于原庭审结束之前、于庭审结束后才发现的证据。对于原庭审结束后产生的证据，只有在不能另行起诉的情况下，其才可以作为"新证据"申请再审。有不少学者对此是赞同的，如江必新教授强调"如当事人以原庭审结束之后新形成的证据申请再审的，一般情况下人民法院不宜裁定再审"[1]。但是也有学者认为，"将新形成的证据完全排除于再审新证据之外，很不合理"，因为在某些

---

[1] 江必新，何东宁，丁俊峰. 新民事诉讼法再审程序疑难问题解答与裁判指导[M]. 北京：法律出版社，2014：81.

情况下会以牺牲实体正义为代价。❶ 也有学者认为,"对于原庭审时未形成或尚未完全形成,庭审结束之后形成的证据,一般应认定为再审新证据"❷。倘若原庭审结束后形成的证据均可以被认定为"新证据",不仅不利于保障法的安定性,而且不利于保障当事人的合法利益和再审价值与功能的发挥。但是将庭审之后形成的证据一律排除在"新证据"之外这种"一刀切"的做法不仅在实践中根本行不通,在理论上也不利于再审价值的发挥。因此,我们认为,能够启动再审程序的"新证据"原则上以原庭审结束前形成的证据为主,以原庭审结束后形成的证据为例外,此例外不仅要看案件是否能够另行起诉,也要结合新形成的证据与案件事实之间的关系。

结合本案来看,再审申请人刘俊某认为湖北银行某支行在一、二审诉讼中否定自己的担保人地位,谎称赛某系自动辞职,且对担保合同上担保人处的印章的真实性不予认可,在这种情况下一、二审法院对基本事实的认定产生错误。为此,刘俊某提供了原庭审结束后产生的"新证据",即公安机关所作的调查询问笔录,用以证明赛某在担保人处签字盖章行为是为了让湖北银行某支行的贷款能够有效收回,而非为了个人的利益,系职务行为,其行为的后果和法律责任应由湖北银行某支行承担。最高人民法院经审查认为,虽然申请人提供的"新证据"形成于原庭审结束之后,但系公安机关根据刘俊某针对赛某涉嫌合同诈骗罪的报案对相关人员进行询问形成的,与本案基本事实有直接关联,符合《最高人民法院关于适用〈中华人民共和国民事诉讼法〉审判监督程序若干问题的解释》第10条第1款规定,属于再审"新的证据"。

【思考题】

对于能够启动再审的"新证据"的例外情况,你有什么新的思考?

案例二 李兴某、何道某民间借贷纠纷案❸

【基本案情】

原告李兴某与被告何道某于2013年8月建立恋爱关系,双方于2015年4月28日登记结婚。2014年4月18日、2014年4月23日原告李兴某分三次向被告何道某转款共计10万元,转款时并未明确款项的性质、用途,何道某亦未向李兴某出具借款借据。2015年3月11日,何道某向李兴某的账户转款5万元,亦未明确转款的性质、用途。2015年4月23日,原告李兴某向被告何道某转款1万元。

二审法院认为,李兴某、何道某2015年4月28日登记结婚。根据《中华人民共和

---

❶ 卢正敏. 民事诉讼再审新证据之定位与运用 [J]. 厦门大学学报(哲学社会科学版),2009 (3):122-128.
❷ 湖北省高级人民法院审判监督第三庭. 民事再审新证据的认定与运用 [J]. 人民司法,2010 (17):10-13.
❸ 参见 (2017) 鄂03民终1605号民事判决书、(2018) 鄂民申484号民事判决书。

国婚姻法》（自2001年4月28日起施行，现已废止）第19条第1款、第2款的规定，夫妻可以约定婚姻关系存续期间所得的财产以及婚前财产归各自所有、共同所有或部分各自所有、部分共同所有。约定应当采用书面形式。夫妻对婚姻关系存续期间所得的财产以及婚前财产的约定，对双方具有约束力。李兴某于2016年8月15日提供其与何道某的电话录音、QQ聊天记录、消费凭证等，用以证明何道某对该10万元转款有借款的相应意思表示，但该证据形成于李兴某与何道某产生矛盾，发生争吵、争执期间。该证据的证据来源、证明效力均存在瑕疵，不能充分证明何道某对该10万元款项的性质有具体明确的承诺或双方有明确的书面约定，且李兴某提供的上述证据与实际情况亦存在矛盾之处。因此，李兴某主张何道某偿还借款6万元及利息，没有充分的事实依据和法律依据，依法不能成立。

李兴某不服湖北省十堰市中级人民法院（2017）鄂03民终1605号民事判决，申请再审称，二审法院认定转账发生在恋爱期间，但何道某在借款时已经明确借款是为其弟弟何某借款，不是用于共同开支，且有新证据证明何道某提供的消费凭证系伪造。

再审法院认为，就本案而言，该新证据即电话录音材料没有注明录音时间。如果系在原审庭审结束前录音，李兴某没有在庭审结束前提交应视为证据失权；如果系在原审庭审结束后录音，李兴某申请再审应提交其逾期举证具有客观原因的相关证据，否则应承担举证不能的不利后果。

【主要法律问题】

判定当事人对"新证据"的提出存在过错的标准是什么，对其判定具体应如何操作。

【主要法律依据】

《最高人民法院关于适用〈中华人民共和国民事诉讼法〉的解释》（2022年3月22日修正）

第102条 当事人因故意或者重大过失逾期提供的证据，人民法院不予采纳。但该证据与案件基本事实有关的，人民法院应当采纳，并依照民事诉讼法第68条、第118条第1款的规定予以训诫、罚款。

当事人非因故意或者重大过失逾期提供的证据，人民法院应当采纳，并对当事人予以训诫。

当事人一方要求另一方赔偿因逾期提供证据致使其增加的交通、住宿、就餐、误工、证人出庭作证等必要费用的，人民法院可予支持。

第385条 再审申请人提供的新的证据，能够证明原判决、裁定认定基本事实或者裁判结果错误的，应当认定为民事诉讼法第207条第一项规定的情形。

对于符合前款规定的证据，人民法院应当责令再审申请人说明其逾期提供该证据的理由；拒不说明理由或者理由不成立的，依照民事诉讼法第68条第2款和本解释第

102 条的规定处理。

【理论分析】

对于"新证据"主观要件的判断,主要判定当事人对"新证据"的提出是否存在过错,其核心是以什么标准来判断当事人是否存在过错。过错按照程度一般可以分为故意、重大过失、一般过失。法律并没有对这三个概念进行明确规定,但是学理上对其有比较统一的看法:故意是指行为人有意识、有目的的主观状态;重大过失是指一般人能够注意,但行为人因过失而没有注意到或者注意了但轻信自己能够避免;一般过失要求行为人要尽到与处理自己事务一样的注意义务,没有尽到该义务即为一般过失。

学术界有观点认为,"过错宜采用抽象的和客观的标准,无需考虑当事人个人的具体情况"❶。这种观点为实务中法官的判断提供借鉴,但是其不利之处也是显而易见的。如果把当事人个人具体情况完全排除在考虑之外,不仅不利于定分止争,而且很容易引发更多的矛盾和冲突。还有的学者认为,重大过失与一般过失的界限较为模糊,所以应将重大过失和一般过失排除在判定标准之外,认为只有在当事人是故意为之时才能将其证据作失权处理。对此,我们并不认同,因为不论是故意、重大过失还是一般过失,当事人均属于有过错,正如有的学者认为的"如果当事人本可以通过上诉获得救济,但因当事人自己的过错而放弃了上诉,就不应再允许其利用作为例外特殊救济渠道的再审程序,这也是民事诉讼失权原理的基本要求"❷。

关于"新证据"主观要件的认定,虽然学术界有多种观点,但把故意和重大过失两种情况归属于证据失权的居多。因为多数学者认为,为了使"再审难"问题得到缓解,不能对再审申请人过于严苛。但是实务界在一般情况下并不会过分区分一般过失和重大过失,不仅仅是因为其界限模糊,更多的是为了督促当事人及时行使举证权利,防止滥诉现象发生进而影响再审救济功能的发挥。

在本案中,李兴某提出的新证据即电话录音材料没有注明录音时间,李兴某也没有提供其他证据证明其提供的"新证据"的形成时间,因此法院不能够判断其是在原庭审结束之前还是原庭审结束之后形成的。因此,李兴某新提交的证据材料不管是形成于原庭审结束之前还是原庭审结束之后,均没有证明其提交新的证明材料时的主观状态。法院认为:"审判监督程序设置的目的在于救济权利义务严重失衡、严重背离社会公平正义的错误裁判,在保障当事人合法权益的同时,也要考虑生效裁判的既判力和司法成本。生效裁判作出后,当事人因自身主观原因未能在原审提交证据的,不应作为逾期举证理由成立的情形。"❸ 因此,李兴某提交的证据材料不能作为启动再审的

---

❶ 李浩. 民事诉讼法典修改后的"新证据"——《审监解释》对"新证据"界定的可能意义 [J]. 中国法学, 2009 (3): 156-168. DOI: 10.14111/j. cnki. zgfx. 2009.03.012.

❷ 卢正敏. 民事诉讼再审新证据之定位与运用 [J]. 厦门大学学报(哲学社会科学版), 2009 (3): 122-128.

❸ 参见 (2018) 鄂民申 484 号民事判决书。

"新证据"。由此可见,在实务中,并没有过分区分一般过失与重大过失,而是直接以当事人是否有过错作为判断当事人提出新的证据材料时的主观状态的标准。

【思考题】

是否同意实务中在对"新证据"做认定时并不过分区分一般过失和重大过失的做法?

案例三 银川军某某有限责任公司、樊某合同纠纷案[1]

【基本案情】

再审申请人银川军某某有限责任公司(以下简称军某某公司)因与被申请人樊某、一审被告夏冬某合同纠纷一案,不服宁夏回族自治区高级人民法院(2020)宁民终164号民事判决,申请再审。

军某某公司申请再审称:本案法律关系是公司股东利润分配,不是以物抵债,二审法院认定本案所涉法律关系为以物抵债错误。以物抵债以存在另一待抵销的债为前提,本案在公司利润分配之外并不存在公司对樊某的另一待抵销的债。军某某公司提交新证据,即2012年1月31日军某某公司财务出具的《关于2011年股利分配的请示》,证明其后的《股权转让协议》《房屋顶账协议》及其变更补充协议是公司对樊某的利润分配方案,本案的法律关系、案件性质是公司利润分配而不是以物抵债,二审法院适用《中华人民共和国物权法》第9条第1款的规定错误。

最高人民法院认为,关于二审判决对于案涉法律关系和夏冬某应当承担的付款责任的认定是否有误的问题。本案中,夏冬某与樊某签订的《股权转让协议》约定,樊某将其占有的军某某公司40%的股权转让给夏冬某,作为股权转让的对价有两项:一是夏冬某在2012年6月30日前支付给樊某1 550万元,二是夏冬某在该协议签署之日起两年内支付给樊某股东权益分红24 315 492.48元。因此,该协议中所谓的股东权益分红是作为股权转让的对价支付的,虽然名称为股东权益分红,但实际上是夏冬某应当支付给樊某的是股权转让款的一部分,负有付款责任的应为夏冬某。一审判决作出后,夏冬某并未提起上诉,应视为其对于自身应当承担的付款责任的认可。军某某公司提交的新证据《关于2011年股利分配的请示》,仅是一份请示性文件,并非公司决议,不能证明军某某公司就2011年的利润分配作出了决定。综上,二审法院认定案涉法律关系为普通债权债务关系,夏冬某应当承担付款责任并无不当。

【主要法律问题】

法律规定的"新证据"的实质要件是"足以推翻原判决、裁定""能够证明原判

---

[1] 参见(2021)最高法民申2346号民事判决书。

决、裁定认定基本事实或者裁判结果错误"。这些规定对实践中的具体情况具有一定指引作用，但具体如何把握这些实质要件仍存在较大争议。

【主要法律依据】

《中华人民共和国民事诉讼法》（2021年12月24日修正）

第207条 当事人的申请符合下列情形之一的，人民法院应当再审：

（一）有新的证据，足以推翻原判决、裁定的……

《最高人民法院关于适用〈中华人民共和国民事诉讼法〉的解释》（2022年3月22日修正）

第108条 对负有举证证明责任的当事人提供的证据，人民法院经审查并结合相关事实，确信待证事实的存在具有高度可能性的，应当认定该事实存在。

对一方当事人为反驳负有举证证明责任的当事人所主张事实而提供的证据，人民法院经审查并结合相关事实，认为待证事实真伪不明的，应当认定该事实不存在。

法律对于待证事实所应达到的证明标准另有规定的，从其规定。

第333条 民事诉讼法第177条第1款第三项规定的基本事实，是指用以确定当事人主体资格、案件性质、民事权利义务等对原判决、裁定的结果有实质性影响的事实。

第385条 再审申请人提供的新的证据，能够证明原判决、裁定认定基本事实或者裁判结果错误的，应当认定为民事诉讼法第207条第一项规定的情形。

对于符合前款规定的证据，人民法院应当责令再审申请人说明其逾期提供该证据的理由；拒不说明理由或者理由不成立的，依照民事诉讼法第68条第2款和本解释第102条的规定处理。

第386条 再审申请人证明其提交的新的证据符合下列情形之一的，可以认定逾期提供证据的理由成立：

（一）在原审庭审结束前已经存在，因客观原因于庭审结束后才发现的；

（二）在原审庭审结束前已经发现，但因客观原因无法取得或者在规定的限内不能提供的；

（三）在原审庭审结束后形成，无法据此另行提起诉讼的。

再审申请人提交的证据在原审中已经提供，原审人民法院未组织质证且未作为裁判根据的，视为逾期提供证据的理由成立，但原审人民法院依照民事诉讼法第68条规定不予采纳的除外。

【理论分析】

我国民事诉讼法及其司法解释明确规定，"新证据"需要"足以推翻原判决、裁定""能够证明原判决、裁定认定基本事实或者裁判结果错误"。但是在再审案件中，法官对这些标准应该如何认定，应该达到何种心证程度，理论上有不同的观点。

有学者认为，我国民事诉讼法明确规定的"新证据"需要达到"足以推翻原判决、裁定"的标准属于实质标准，对其认定应当在严格的实质审查之下进行；民事诉讼法的司法解释也应该将"足以推翻原判决、裁定"解释为"可能使当事人获得更有力的裁判"。❶ 这种观点也有其缺陷，正如江必新教授认为的"在审查阶段，需对'足以'准确把握，即需考虑进入再审后一般将导致改判或者发回重审。"❷ 我们认为，在再审审查阶段不应对"新证据"进行实质审查，而应进行形式审查，判断能够进入审理阶段后再对其进行实质审查。即避免审查阶段和审理阶段产生重复审查的现象，否则不仅容易造成司法资源的浪费，也容易引起再审程序的混乱，使再审功能难以正常发挥。

在"新证据"进入审理程序之前，应当明确"新证据"所指向的是裁判结果或者还是基本事实，两者表面上看是不同的概念，实质上所指向的是同一方向，认定的基本事实错误本质上亦指裁判结果错误。因为案件的审理裁判本质上是演绎推理的过程，即把法律规范作为大前提，把法庭认定的案件事实作为小前提，结合两个前提中的共同概念，把案件事实与被适用的法律联系起来推出判决或者裁决结论。只有在证据确实充分、适用的法律规范正确或者对法律规范作出合理解释的情况下认定的基本事实，才能够作为裁判的依据。如果法官对法律规范的适用或者对其解释或者对基本事实的判断出现错误，那么裁判结果就会出现偏差。

一般情况下，法官在检索能够适用的法律规范时，会首先判断基本权利类型、诉讼类型，然后根据当事人提出的权利类型找出可能适用的法律规范。在此过程中，包括在法律的适用或者法律的解释中，均不涉及当事人的举证问题。只有在对小前提进行认定时或者在对案件基本事实进行认定时，当事人的举证情况才会有影响。因此，申请人以提出"新证据"为由认为裁判结果错误而申请再审的，本质上还是认为原裁判中所认定的基本事实错误。

我们明确了"新证据"所指向的对象之后，再来继续探讨法官对"新证据"需要达到何种心证程度才能够否定原裁判所认定的基本事实，从而推翻原裁判。使用民事诉讼证明标准这一概念对再审中法官对于"新证据"的心证程度进行分析判断较为合适。证明标准是指法官在审理案件时认定基本事实所需要达到的证明程度，即最低心证程度。学术界与实务界对于《民事诉讼法解释》第108条中确定的"高度可能性"这一标准是普遍认同的。法官结合当事人提供的证据以及陈述，认为其呈现出的待证事实有80%或者85%的可能性符合客观真实，此时该待证事实就符合《民事诉讼法解释》中规定的"高度可能性"标准，法官内心对于待证事实也就确信为真。❸ "待证事实真伪不明"和"待证事实不存在"属于不满足该标准的两种心证状态，在此两种情况下应该由举证义务人承担败诉风险。

---

❶ 卢正敏. 民事诉讼再审新证据之定位与运用 [J]. 厦门大学学报（哲学社会科学版），2009（3）：122-128.
❷ 最高人民法院审判监督庭. 全国法院再审法律疑难问题 [M]. 北京：中国法制出版社，2011：165.
❸ 霍海红. 提高民事诉讼证明标准的理论反思 [J]. 中国法学，2016（2）：258-279.

因此，法官是根据证据和当事人陈述形成的心证状态来认定"小前提"，即案件事实，进而通过在法律规范与案件事实之间的来回往复，最后推导出裁判结果。由此可知，再审申请人提供的"新证据"是否能够启动再审，关键是审查再审申请的合议庭是否能够否定依据原审形成的心证状态，如果该心证状态被否定了，则可以认定为"足以推翻原裁判"或者"原判决、裁定认定的基本事实错误"。

对于审查再审申请的法官在何种情况下才能够依据当事人提供的"新证据"启动再审，首先，在原审法官对提供"新证据"的当事人在原审中主张的事实"确信为真"的情况下，当事人提供的"新证据"应该至少使审查再审申请的法官对于原裁判已经认定的基本事实产生"真伪不明"的心证状态。其次，在原审法官对提供"新证据"的当事人在原审中负证明责任之事实属于"真伪不明"的状态时，那么"新证据"就应该使审查再审申请的法官对此当事人依据"新证据"主张的事实达到"确信为真"的心证状态。最后，在原审法官确定提供"新证据"的当事人举证的事实不存在时，"新证据"必须使再审审查申请的法官对其主张的事实达到"确信为真"的心证状态，即使达到"真伪不明"的状态也不足以启动再审。

结合本案来看，再审申请人军某某公司提供"新证据"用以证明本案的法律关系、案件性质是公司利润分配而不是以物抵债，但是经过审查军某某公司提交的新证据《关于2011年股利分配的请示》，认定其仅是一份请示性文件，并非公司决议，不能证明军某某公司就2011年的利润分配作出了决定。因此对于再审申请人提供的"新证据"并没有使审查再审申请的法官对其所主张的事实达到"确信为真"的心证状态，因此不足以启动再审。

【思考题】

在一般情况下，"原判基本事实错误"包括哪些情形？

第二节　再审被申请人、被申诉人能否提出再审请求的问题

近年来，关于民事审判监督的司法解释对民事再审的审理范围进行了比较完善的规定，这在一定程度上弥补了民事诉讼法中再审案件审理范围的空白。但是由于在理论认识层面对民事审判监督程序的定位与价值有不同的认识，导致实践操作中对再审案件审理范围的把握不尽相同，如就再审被申请人、被申诉人能否提出再审请求这一问题，尽管有相关司法解释予以规定，但在学术界仍存在较大争议。

案例四　昆明市某房屋拆迁有限公司、云南某房地产开发有限公司合同纠纷案[1]

【基本案情】

再审申请人昆明市某房屋拆迁有限公司因与再审申请人云南某房地产开发有限公司、一审第三人江荣某合同纠纷一案，不服云南省高级人民法院（2019）云民终965号民事判决，向最高人民法院（以下简称最高院）申请再审。最高院于2020年9月28日作出（2020）最高法民申3352号民事裁定，提审本案。在最高院提审后、开庭审理前，再审被申请人云南某房地产开发有限公司于2020年11月6日向最高院申请再审，根据《最高人民法院关于民事审判监督程序严格依法适用指令再审和发回重审若干问题的规定》第7条之规定，最高院对于云南某房地产开发有限公司的再审请求一并予以审理，依法组成合议庭，开庭审理了本案。

【主要法律问题】

虽然相关司法解释对于再审被申请人、被申诉人能否提出再审请求这一问题具有明确的规定，但是学理上对此仍有不同见解。

【主要法律依据】

《最高人民法院关于民事审判监督程序严格依法适用指令再审和发回重审若干问题的规定》（自2015年3月15日起施行）

第7条　再审案件应当围绕申请人的再审请求进行审理和裁判。对方当事人在再审庭审辩论终结前也提出再审请求的，应一并审理和裁判。当事人的再审请求超出原审诉讼请求的不予审理，构成另案诉讼的应告知当事人可以提起新的诉讼。

【理论分析】

审理范围是指法官审理案件的界限。民事审判监督案件的审理范围是指当案件经过再审审查阶段进入再审审理阶段之后，法院对生效的判决书、裁定书或者部分调解书进行重新审理，并且作出再审裁判的范围限制。再审审理范围与一般民事案件不同的是，对再审案件进行审理范围的界定需要以启动再审程序为前提条件，因启动方式的不同而对已经生效的裁判进行重新审理所遵循的界限也有所区别。一般民事案件的审理范围是在第一审程序或者第二审程序中依据当事人的诉讼请求进行界定的，并且在当事人满足一定条件时，也允许当事人增加或者变更其诉讼请求。

---

[1] 参见（2020）最高法民再338号民事判决书。

对于进入再审程序之后，再审被申请人能否提出再审请求，要求改判，能否将其在庭审辩论结束前提出的再审请求纳入审理范围的问题，学界存在着不同的意见。有的学者认为，不能将再审被申请人提出的再审请求纳入审理范围，原因是其认为目前的再审程序是根据再审之诉的模式设计的，申请再审人与被申请人之间是诉辩两造的关系，因此在再审程序中被申请人只有答辩的权利，不能提出再审请求。❶ 也有人认为，不能将再审被申请人提出的再审请求纳入审理范围的原因是这样违反了公平原则。当事人享有平等的再审救济权利是法律赋予的，在法律规定的期限内，一方没有行使其权利，便可以视为其放弃了法律赋予的权利，视为其对原裁判的认可。若放弃权利一方仅仅是因为另一方行使了法律赋予的再审救济权利而被动地进入再审程序中，那么在其放弃权利的情况下仍然允许将其请求纳入审理范围，显然是有违公平原则的；并且当再审被申请人在原审中的地位是原告时，其在再审中提出的请求也有可能超出在原审中提出请求的范围，在这种情况下如果一律将其纳入审理范围将会与现行法律规定相冲突。

也有观点认为，当再审被申请人的请求是合理的，就不能够过分拘泥于再审请求是哪一方当事人提出的。为了维护裁判的正当性，真正起到定分止争的作用，法院应当将再审申请人与被申请人的再审请求一并纳入审理范围，尽可能一并处理，从而解决纠纷。此种观点认为，与其他民事诉讼程序不同的是，民事再审程序是独立于第一审程序和第二审程序之外的一种程序，它并不属于必经程序，而是对人民法院已经发生法律效力的错误裁判进行纠错的具有救济性和补充性的程序。该程序的目的在于依法纠错、公平公正地保护当事人的合法权益，进而维护法律的严肃性。因此，从查清案件事实的角度出发，只有全面地考虑再审申请人与被申请人的再审诉求，将其一并纳入再审案件的审理范围中，才能够最大限度地保证再审裁判的公平公正，进而实现实体公正，在保障当事人利益均衡的情况下使当事人之间的纠纷真正得到解决。

如果像其他观点认为的那样，为了维护片面的公平原则而只将再审申请人的再审请求纳入审理范围，最终作出的裁判结果将有可能使民事再审程序的纠错功能难以得到发挥，实体公正难以实现。最高人民法院对再审被申请人能否提出再审请求这一问题是持赞成态度，为此《最高人民法院关于民事审判监督程序严格依法适用指令再审和发回重审若干问题的规定》第7条明确规定，对方当事人在再审庭审辩论终结前也提出再审请求的，应一并审理和裁判。公正是现代民事诉讼的基本价值追求之一，为了满足这一需要，我国设置了民事审判监督程序对再审审理范围进行不断的完善。因此最高人民法院在实现实体公正、裁判的正当性与遵守公平原则的冲突之间选择了前者。所以在司法实践中针对类似于上述案例的情况，法院一般会按照最高人民法院的相关规定进行一并审理和裁判。

---

❶ 吴杰. 民事再审原理及程序构造 [M]. 北京：法律出版社，2012：95.

【思考题】

请陈述对最高人民法院就"再审被申请人、被申诉人能否提出再审请求"这一问题作出的选择的看法。

第三节　再审检察建议在实践中出现的问题

再审检察建议在 2012 年《民事诉讼法》修改之后作为检察机关对已经生效的民事判决书、裁定书、调解书进行监督的法定监督方式而存在。这对强化检察监督、化解社会矛盾、实现裁判的正当性都有着积极的作用。然而由于再审检察建议的效力、适用范围以及程序设置等在立法上的模糊与空白，其在实践中的运行质效并不高，针对这一问题，学术界有较多的思考，下面根据这些思考为提高再审检察建议的质效提出建议。

案例五　再审检察建议相关案例

【基本案情一】　郝彬某、郝冈某医疗损害责任纠纷案[1]

1999 年 12 月 20 日，兰州市中级人民法院作出（1999）兰民初字第 118 号民事判决，郝彬某、郝冈某不服，向甘肃省高级人民法院提起上诉。2000 年 7 月 14 日，甘肃省高级人民法院作出（2000）甘民终字第 58 号民事判决。该判决发生法律效力后，郝彬某、郝冈某申请再审，2003 年 6 月 9 日，甘肃省高级人民法院作出（2002）甘民再字第 01-2 号民事裁定，撤销原一、二审判决，发回重审。2006 年 1 月 7 日，兰州市中级人民法院重审后作出（2003）兰法民一初字 118 号民事判决，郝彬某、郝冈某与某医院均不服，向甘肃省高级人民法院提起上诉。2007 年 9 月 7 日，甘肃省高级人民法院作出（2006）甘民终字第 01 号民事判决。该判决发生法律效力后，郝彬某、郝冈某向最高人民法院申请再审。2008 年 8 月 11 日，最高人民法院作出（2008）民监字第 140 号民事裁定，指令甘肃省高级人民法院再审。2013 年 1 月 9 日，甘肃省高级人民法院再审后作出（2008）甘民再字第 119 号民事裁定，撤销原一、二审判决，发回重审。2013 年 7 月 30 日，兰州市中级人民法院重审后作出（2013）兰民一初字第 120 号民事判决。郝彬某、郝冈某与某医院均不服，向甘肃省高级人民法院提起上诉。2018 年 4 月 10 日，甘肃省高级人民法院作出（2013）甘民再终字第 70 号民事判决。郝彬某、郝冈某因不服该判决，向最高人民法院申请再审。

最高人民法院认为，依据 2015 年 2 月 4 日起施行的《最高人民法院关于适用〈中

---

[1] 参见（2019）最高法民申 2140 号民事判决书。

华人民共和国民事诉讼法〉的解释》第 383 条的规定，郝彬某、郝冈某对甘肃省高级人民法院作出的（2013）甘民再终字第 70 号民事判决申请再审，应不予受理。郝彬某、郝冈某可以向人民检察院申请再审检察建议或者抗诉。但该解释第 402 条规定："再审申请审查期间，有下列情形之一的，裁定终结审查：……（六）有本解释第三百八十三条第一款规定情形的。"郝彬某、郝冈某的再审申请符合前述解释第 383 条第 1 款规定的情形，因此本案应终结审查。

【基本案情二】 李某、武汉某置业发展有限公司股权转让纠纷案[1]

再审申请人李某、武汉某置业发展有限公司（以下简称某公司）因与被申请人武汉甲某置业有限公司（以下简称甲某公司）股权转让合同纠纷一案，不服湖北省高级人民法院（2018）鄂民终 345 号民事判决（以下简称二审判决），向最高人民法院申请再审。

李某申请再审称案涉股权转让协议系伪造。2016 年 2 月 3 日，丁某以方便融资借款为由，欺骗李某签订虚假的股权转让融资协议，协议出让方为李某、丁某、朱某，受让方为甲某公司，担保人为四个自然人。2016 年 5 月，甲某公司与丁某等将股权转让融资协议仅保留最后一页部分签名并更换协议所有内容，伪造成案涉股权转让协议，以达到无偿获取李某、某公司价值近 4 亿元的资产。本案关联案件湖北省武汉市硚口区人民法院（2016）鄂 0104 民初 2299 号、（2016）鄂 0104 民初 2303 号两份民事判决虽采信案涉股权转让协议，但湖北省武汉市硚口区人民检察院已分别发出硚检民（行）违监［2018］42010400001 号、硚检民（行）违监［2018］42010400002 号再审检察建议书。某公司申请再审的请求和理由与李某一致。

最高人民法院经审查认为，李某、某公司未提交充分证据证明案涉股权转让协议系伪造。从内容上看，该份协议对双方权利义务规定的内容连贯，无法印证李某、某公司提出的伪造一说。案涉股权转让协议经湖北省武汉市硚口区人民法院（2016）鄂 0104 民初 2303 号、（2016）鄂 0104 民初 2299 号生效判决确认合法有效，朱某、丁某原持股权份额已变更至甲某公司名下，即便检察机关发出检察建议且案外人提起第三人撤销之诉，但并无生效判决否定上述两份生效判决的效力，故在无相反证据足以推翻生效判决的前提下，该份协议系伪造之主张难以采信。

【主要法律问题】

再审检察建议本身蕴含着巨大的法律价值，但是由于立法上的含糊不清、在实践中与抗诉的界限比较模糊、适用的情形与效力不明确等，其并没有发挥出应有的优势。

---

[1] 参见（2019）最高法民申 892 号民事判决书。

【主要法律规定】

《最高人民法院关于适用〈中华人民共和国民事诉讼法〉的解释》（2022 年 3 月 22 日修正）

第 381 条 当事人申请再审，有下列情形之一的，人民法院不予受理：

（一）再审申请被驳回后再次提出申请的；

（二）对再审判决、裁定提出申请的；

（三）在人民检察院对当事人的申请作出不予提出再审检察建议或者抗诉决定后又提出申请的。

前款第一项、第二项规定情形，人民法院应当告知当事人可以向人民检察院申请再审检察建议或者抗诉，但因人民检察院提出再审检察建议或者抗诉而再审作出的判决、裁定除外。

【理论分析】

再审检察建议的存在有其当然的价值，其存在能够满足多方面的需求。首先，符合加强审判监督的要求，在我国审判独立原则的指导下，法官被赋予较大的自由裁量权。面对这样的权力，必须建立一套监督机制来制约自由裁量权，而再审检察建议就属于监督机制里面的一种法定监督方式。其次，能够强化检察监督。再审检察建议具有灵活高效的特征，能够缓解上级检察机关的办案压力，在一定程度上加强了检察监督。最后，对化解社会矛盾、保障公民权利起到了积极的作用。再审检察建议的出现，增加了一个当事人维护自身权利的救济途径。但是实践中，再审检察建议的优势并没有得到充分发挥，学术界把其原因大致归纳为以下三点。

一、适用范围模糊，与抗诉的界限不清晰

2021 年修正的《民事诉讼法》第 215 条规定，检察机关发现法院审判的案件出现该法第 207 条规定的情形之一时，既可以提出检察建议，又可以提出抗诉。该法第 216 条规定了当事人向检察院提出检察建议或者抗诉的三种情形，当出现规定的三种情形时，当事人就有权选择向检察院申请提出检察建议或者抗诉。由上述法条的规定可以看出，检察建议和抗诉在条文中的表述是并列出现的，并没有对两者的适用情形进行区分。正如本章案例五中最高人民法院的认为的郝彬某、郝冈某可以向人民检察院申请再审检察建议或者抗诉，其中的检察建议和抗诉也是并列关系。在实践中，因为再审检察建议的提出程序比较烦琐，是由检察委员会来决定的，并且同级的法院对再审检察建议也并不一定认同，所以用检察建议的方式启动再审具有一定的"柔性"。因此，在检察建议与抗诉处于并列状态时，检察院更倾向于选择提请上一级检察院抗诉的方式来启动再审。由此就造成了再审检察建议这一法定监督方式被闲置，功能被弱化，优势得不到发挥。

二、效力不明确

对于抗诉的效力，我国民事诉讼法中有明确规定，即在收到抗诉书后三十日内，人民法院应当作出再审的裁定。因此，抗诉具有强制性的效力。相对于抗诉，再审检察建议的效力就显得具有一定的"柔性"。虽然民事诉讼法的相关司法解释明确规定，人民法院对于人民检察院提出的检察建议应当受理，再审检察建议的内部程序在民事诉讼监督规则中也有明确规定。但由于没有对再审检察建议的受理条件、回复期限等相关问题作进一步的规定，导致实践中经常出现法院在收到检察建议后不予回复或者不予采纳的现象。正如本章案例六中法院认为即使检察院已经提出检察建议，法院仍难以采信。面对此种情况，下级检察院除了提请上级检察院提起抗诉以外，并没有其他法定方式促使法院予以回复或者采纳。

三、程序设置不合理

《人民检察院民事诉讼监督规则》第87条第2款对再审检察建议的提出程序有明确规定，即人民检察院提出再审检察建议，应当经本院检察委员会决定，并将《再审检察建议书》报上一级检察院备案。此立法的目的是加强检察机关的自我约束，对于行使再审检察建议监督权应该尽到谨慎注意义务。但是这一规定也有不利的方面，首先，如果简单的案件也一律由检察委员会决定，那么无疑会拉长办案时间，不利于解决久拖不决的社会矛盾；其次，检察司法体制改革强调"谁办案，谁负责"，如果对于提出的检察建议一律由检察委员会决定，不仅与改革方向相违背，也不利于发挥检察官的主观能动性；最后，对于再审检察建议在检察机关的决定程序在审判机关没有对等程序，经检察委员会决定提出的再审检察建议可以被法院的合议庭否决，这不仅会使再审检察建议得不到重视，也会削弱检察建议的权威。

【思考题】

针对上述学术界认为民事再审检察建议没有发挥真正优势的三点理由，学术界的解决方法并没有达成统一意见，请结合以上阐述思考相应的解决措施。

CHAPTER 10 第十章

执行程序

> **本章知识要点**
>
> （1）对未及时办理过户登记的不动产的执行问题。在我国，不动产物权变动以登记生效主义为原则，若非法律规定的例外情形，未经登记的，不动产物权不发生变更的效果。（2）对预告登记的不动产的执行问题。预告登记制度设置的目的，就是通过办理预告登记手续，保障以获得房屋所有权为目的的购房人将来实现所有权。当事人进行预告登记后，非经预告登记权利人同意，对该不动产的其他无权处分行为均不发生物权效力。（3）执行外和解协议的效力问题。执行外和解协议与执行和解协议有所区别，在未进入执行程序时，执行外和解协议并不具有阻却生效判决的法律效力。（4）竞买人在执行程序中撤销网络司法拍卖的问题。在网络司法拍卖中，为了确保网络司法拍卖的公正与权威，我国法律与司法解释对于损害当事人、利害关系人利益的情况，赋予相关人员撤销拍卖结果的权利。

第一节 对未及时办理过户登记的不动产的执行问题

《民法典》第 209 条规定："不动产物权的设立、变更、转让和消灭，经依法登记，发生效力；未经登记，不发生效力，但是法律另有规定的除外。"同时，《民法典》规定了三种例外情形，分别是《民法典》第 229 条规定的"因人民法院、仲裁机构的法律文书或者人民政府的征收决定等，导致物权设立、变更、转让或者消灭的，自法律文书或者征收决定等生效时发生效力"；《民法典》第 230 条规定的"因继承取得物权的，自继承开始时发生效力"；《民法典》第 231 条规定的"因合法建造、拆除房屋等事实行为设立或者消灭物权的，自事实行为成就时发生效力"。由此可见，根据我国法律规定，除具有上述三种例外情形外，非经登记，无法取得不动产物权。在实践中，若买受人怠于行使权利，不进行变更登记，往往导致其实际上并没有取得不动产物权，此时，若原不动产所有人面临着强制执行，可能会使得该不动产成为执行标的，进而损害买受人自身的利益。

案例一 案外人吴某华与被申请人执行人林某岛等案外人执行异议纠纷案[1]

【基本案情】

林某岛名下登记有漳州市角美镇崎巷路建坤花园某幢某楼某室房产一套。后在龙海市角美龙池开发区龙某房产中介所作为居间下，林某岛将该套房产出售给吴某华。吴某华在向林某岛一次性付清购房款为131 500元（含定金10 000元）的当日，接受了林某岛办理的全权委托公证书。林某岛收到吴某华全部购房款当日将房产交付吴某华使用。朱某作为龙海市角美龙池开发区龙某房产中介所的经办人在落款处签名。

2012年11月25日，林某岛出具《收条》确认收到吴某华定金10 000元。2012年11月29日，林某岛出具《收条》确认收到吴某华的房款121 500元。同日，吴某华在中国工商银行取现金121 500元。同日，林某岛、洪某在福建省龙海市公证处办理委托书，因林某岛、洪某拟出售角美镇崎巷路建坤花园某幢某楼某室的房产，委托吴某华为代理人，全权办理事项包括：房屋交易，过户，签署法律文书，代为与购房人办理交接事宜等。福建省龙海市公证处于2012年12月4日出具公证书。

2013年9月10日，一审法院因执行农商行与林某岛、叶某文、吴某娟、洪某、陈某金融借款合同纠纷一案，查封涉案房产。吴某华于2018年1月10日向一审法院提出书面异议，一审法院于2018年1月24日作出（2018）闽0206执异4号执行裁定，裁定驳回吴某华的异议请求。吴某华不服该裁定，于法定期限内向一审法院提起本案诉讼，请求确认福建省龙海市角美镇崎巷路建坤花园某幢某楼某室房产为吴某华所有，并判令停止对该房产的执行。

吴某华提交物业费收款收据，证明吴某华缴纳了2013年1~3月、2017年4月至2018年3月的公摊，2013年1~2月的水费，2013年1~12月、2014年1~12月、2015年1~12月、2017年1~12月、2018年1~3月的物业管理费，2013年1~12月、2014年1~12月、2015年1~12月的公维金。

厦门鑫飞耀物业管理有限公司龙池分公司出具《物业管理缴交证明》，证明吴某华已经缴清2012年12月至2018年3月31日前的物业管理费及水电公摊。

吴某华申请证人朱某出庭作证，朱某陈述吴某华向林某岛购买涉案房产，购房款由吴某华现金支付给林某岛，并由林某岛出具收条。吴某华购买涉案房产后，房产交由朱某代为出租。

---

[1] 参见（2019）闽02民终1697号民事判决书。

【主要法律问题】

本案中是否应认定是案外人因自身原因导致房产未办理过户登记。

【主要法律依据】

《中华人民共和国民事诉讼法》（2021年12月24日修正）

第234条 执行过程中，案外人对执行标的提出书面异议的，人民法院应当自收到书面异议之日起十五日内审查，理由成立的，裁定中止对该标的的执行；理由不成立的，裁定驳回。案外人、当事人对裁定不服，认为原判决、裁定错误的，依照审判监督程序办理；与原判决、裁定无关的，可以自裁定送达之日起十五日内向人民法院提起诉讼。

《最高人民法院关于适用〈中华人民共和国民事诉讼法〉的解释》（2022年3月22日修正）

第310条 对案外人提起的执行异议之诉，人民法院经审理，按照下列情形分别处理：

（一）案外人就执行标的享有足以排除强制执行的民事权益的，判决不得执行该执行标的；

（二）案外人就执行标的不享有足以排除强制执行的民事权益的，判决驳回诉讼请求。

案外人同时提出确认其权利的诉讼请求的，人民法院可以在判决中一并作出裁判。

《最高人民法院关于人民法院办理执行异议和复议案件若干问题的规定》（2020年12月23日修正）

第28条 金钱债权执行中，买受人对登记在被执行人名下的不动产提出异议，符合下列情形且其权利能够排除执行的，人民法院应予支持：

（一）在人民法院查封之前已签订合法有效的书面买卖合同；

（二）在人民法院查封之前已合法占有该不动产；

（三）已支付全部价款，或者已按照合同约定支付部分价款且将剩余价款按照人民法院的要求交付执行；

（四）非因买受人自身原因未办理过户登记。

【理论分析】

根据《民法典》的规定，不动产物权变动以登记生效主义为原则，不动产买受人与出卖人签订买卖合同后，并不能因该合同而享有不动产物权，其依据不动产买卖合同所获得的应当是债权请求权。《最高人民法院关于人民法院办理执行异议和复议案件若干问题的规定》第 28 条规定:"金钱债权执行中,买受人对登记在被执行人名下的不动产提出异议,符合下列情形且其权利能够排除执行的,人民法院应予支持:(一)在人民法院查封之前已签订合法有效的书面买卖合同;(二)在人民法院查封之前已合法占有该不动产;(三)已支付全部价款,或者已按照合同约定支付部分价款且将剩余价款按照人民法院的要求交付执行;(四)非因买受人自身原因未办理过户登记。"该条规定了对债权请求权的优先保护,使得其在一定情况下,可以对抗法院的强制执行。因此,法院在处理不动产执行的案件时,应当考虑对于不动产买受人未办理所有权变更登记是否存在过错。

本案中,吴某华对登记在被执行人林某岛名下的房屋提出异议,并以申请执行人农商行为被告,向法院提起案外人执行异议之诉。第一,原告吴某华与林某岛于 2012 年 11 月签订的《房产买卖协议》不存在法律规定的合同无效的情形,应认定为合法有效。第二,根据吴某华向法院提交的物业费等收据,物业公司出具的关于吴某华缴纳物业管理费的证明,以及证人朱某作出的关于吴某华将房屋交给其代为出租的证言,可以认定在 2013 年 9 月 10 日法院决定查封该房屋前,吴某华已合法占有该房屋。第三,根据吴某华提交的取款凭证、林某岛出具的收条,其金额均为 121 500 元,日期均为 2012 年 11 月 29 日,二者能够相互对应,证人朱某的证言亦能够证明吴某华于当日已支付了全部价款,以上证据足以认定吴某华已支付全部价款。综上所述,本案中,吴某华实际占有该房屋并已支付全部价款的事实具有充分的证据予以认定,本案的争议焦点在于吴某华是否因自身原因导致房产未办理不动产所有权变更登记。

由基本案情可知,2012 年 11 月 29 日吴某华与林某岛签订房屋买卖合同后,出卖人林某岛便委托吴某华办理房产过户登记手续等事宜,并于福建省龙海市公证处就该委托书办理了公证,2012 年 12 月 4 日福建省龙海市公证处出具了公证书。由此,吴某华获得了代理林某岛进行房屋所有权变更登记的权利,完全可以独自办理房屋所有权的变更登记。但是,吴某华自 2012 年 12 月 4 日取得公证书至 2013 年 9 月 10 日该合同涉及房屋被查封的十个月之间,并未进行房屋所有权的变更登记,且吴某华直至 2018 年 1 月 10 日才向法院提出执行异议,吴某华能够行使对该房屋所有权进行变更登记的权利,但长期不行使,显示出吴某华在主观上对于该涉案房屋的权利变更存在明显懈怠,应当认定吴某华对于该房屋的权属状态存在过错。在权利人能够行使权利而长期怠于行使的情况下,其权利外观上将产生一种权利人权利不存在的表现,这就使得不特定第三人基于权利外观而产生信赖,并通过这种信赖关系对该权利产生合理的预期。基于维护社会秩序的稳定和财产交易的安全,这种能够为一般人所预期的权利外观应当受到法律的保护,否则将导致一般人的信赖利益受到严重损害,也不利于维护社会公共利益和建立稳定有序的社会关系。为降低社会交易成本,促进财产的正常流转,必须使得当事人权利的事实状态与法律状态保持一致,及时消灭原有的法律关系,建立新的、确定的法律关系,因此,必须调动权利人的积极性,鞭策权利人在合理期限内及时行使权利。对于在合理期限内怠于行使权利的当事人,法律应当给予其否定的评价，使其承担不及时怠于行使权利的不利后果。在本案中，虽然吴某华与林某岛订立的买卖合同合法有效，吴某华在实际上合法占有了涉案房屋，并支付了全部价款，但其在可以进行房屋所有权变更登记时不及时行使权利，应当承担由此产生的不利后果。从 2012 年 11 月 29 日林某岛委托吴某华进行房屋所有权变更登记时起，吴某华不需要林某岛的配合，即可以办理该房屋的所有权变更登记，但吴某华并没有行使该权利，致使该房屋于 2013 年 9 月 10 日被法院查封，此时，吴某华仍然没有提出任何异议或者主张权利，直到 2018 年 1 月 10 日，吴某华才向人民法院提出执行异议。由此，足以认定为吴某华系自身原因怠于主张权利，造成涉案房屋房产未及时办理变更登记。故吴某华对未及时办理过户登记存在过错，不能阻却执行。

【思考题】

不动产买受人办理过户登记的合理期限是否应当由法律或司法解释进行明确？

第二节　对预告登记的不动产的执行问题

预告登记制度规定在《民法典》第 221 条，即当事人签订买卖房屋的协议或者签订其他不动产物权的协议，为保障将来实现物权，按照约定可以向登记机构申请预告登记。预告登记后，未经预告登记的权利人同意，处分该不动产的，不发生物权效力。对于当事人提出以预告登记阻却强制执行的主张时，人民法院不仅应当考察其是否符合《最高人民法院关于人民法院办理执行异议和复议案件若干问题的规定》第 30 条规定的情形，更应当判断当事人之间的真实意思是否符合法律规定的前提，即为保障将来实现物权。

案例二　案外人陈某江与被申请人执行人金某某公司等案外人异议纠纷案[1]

【基本案情】

2011 年 8 月 4 日，案外人陈某江与被申请人执行人金某某公司签订了包括系争房屋预售合同在内的六份《上海市商品房预售合同》，就系争房屋签订的《预售合同》中约定总房价款为 1 592 550 元。该《预售合同》的特别补充条款约定：（1）陈某江承诺在金某某公司办理房地产买卖预告登记并取得预告登记证明当日，向金某某公司一次性付清房款；（2）金某某公司在 2012 年 8 月 21 日前有权解除本合同，陈某江应当

---

[1] 参见（2016）最高法民申 3741 号裁定书。

在收到金某某公司全额房款当日协助金某某公司办理预告登记的注销手续。在 2012 年 8 月 21 日前，金某某公司对占用陈某江的资金需给予陈某江补偿，按每季 6% 支付，于陈某江付清房款当日起每隔三个月之首日支付给陈某江。陈某江在 2012 年 8 月 21 日起至申领房屋产权证之前，有权单方面解除本合同，金某某公司在收到解除通知之日起 3 日内，退还陈某江预付房款。陈某江分别于 2011 年 8 月 4 日、2011 年 8 月 11 日向金某某公司支付 9 000 000 元、555 300 元，陈某江付清了包括系争房屋在内的六套房屋的合同价款。2011 年 8 月 9 日，上海市嘉定区房地产登记处核发系争房屋预告登记的上海市房地产登记证明。

此外，2012 年 1 月 9 日，金某某公司另与陈某江就上海市嘉定区房屋签订了七份《上海市商品房预售合同》。2012 年 1 月 11 日，陈某江向金某某公司支付 10 000 000 元。2012 年 1 月 11 日，上海市嘉定区房地产登记处核发了预告登记权利人为陈某江的上述房屋的预告登记证明。同时，案外人上海宁某投资管理有限公司（以下简称宁某公司）于 2011 年 8 月 11 日、2011 年 11 月 18 日、2012 年 3 月 9 日向陈某江分别支付 573 318 元，宁某公司于 2012 年 1 月 13 日向陈某江支付 750 000 元。案外人上海允某置业有限公司（以下简称允某公司）于 2012 年 9 月 21 日向陈某江支付 2 205 530 元。

根据金某某公司提交的宁某公司以及允某公司的说明，该两公司表示其支付陈某江的款项系代金某某公司向陈某江支付 9 955 300 元以及 10 000 000 元两笔借款的利息。陈某江表示确实收到上述款项，其收取该款项是依据《预售合同》特别补充条款的约定，因陈某江一次性付款，考虑到无论是作为投资还是允许金某某公司回购，且付款时间与约定交付房屋的时间较长，故双方磋商达成有关上述利息的约定。

2014 年 6 月 19 日，人民法院在执行已经发生法律效力的仲裁裁决中，查封了系争房屋，于是，陈某江向法院提出案外人异议，异议被驳回后，向法院提起案外人异议之诉。2014 年 7 月 9 日，金某某公司与陈某江签订《补充协议》约定，双方就陈某江购买金某某公司预售的位于上海市嘉定区共六套房屋事宜，确认已于 2011 年 8 月 4 日订立了预售合同并已生效，现金某某公司确认因其自身原因，无法全面履行预售合同义务并按期交付房屋，为减少进一步逾期交房带来的损失，金某某公司同意将房屋的使用权和收益权交付陈某江。合同签订后，系争房屋即由金某某公司实际交付陈某江使用。

【主要法律问题】

本案中涉案房屋的预告登记是否可以阻却强制执行。

【主要法律依据】

《中华人民共和国民事诉讼法》（2021 年 12 月 24 日修正）

第 234 条　执行过程中，案外人对执行标的提出书面异议的，人民法院应当自收到书面异议之日起十五日内审查，理由成立的，裁定中止对该标的的执行；理由不成立的，裁定驳回。案外人、当事人对裁定不服，认为原判决、裁定错误的，依照审判监督程序办理；与原判决、裁定无关的，可以自裁定送达之日起十五日内向人民法院提起诉讼。

《最高人民法院关于适用〈中华人民共和国民事诉讼法〉的解释》（2022年3月22日修正）

第309条 案外人或者申请执行人提起执行异议之诉的，案外人应当就其对执行标的享有足以排除强制执行的民事权益承担举证证明责任。

第310条 对案外人提起的执行异议之诉，人民法院经审理，按照下列情形分别处理：

（一）案外人就执行标的享有足以排除强制执行的民事权益的，判决不得执行该执行标的；

（二）案外人就执行标的不享有足以排除强制执行的民事权益的，判决驳回诉讼请求。

案外人同时提出确认其权利的诉讼请求的，人民法院可以在判决中一并作出裁判。

《最高人民法院关于人民法院办理执行异议和复议案件若干问题的规定》（2020年12月23日修正）

第28条 金钱债权执行中，买受人对登记在被执行人名下的不动产提出异议，符合下列情形且其权利能够排除执行的，人民法院应予支持：

（一）在人民法院查封之前已签订合法有效的书面买卖合同；

（二）在人民法院查封之前已合法占有该不动产；

（三）已支付全部价款，或者已按照合同约定支付部分价款且将剩余价款按照人民法院的要求交付执行；

（四）非因买受人自身原因未办理过户登记。

第30条 金钱债权执行中，对被查封的办理了受让物权预告登记的不动产，受让人提出停止处分异议的，人民法院应予支持；符合物权登记条件，受让人提出排除执行异议的，应予支持。

【理论分析】

根据我国《民法典》第221条的规定，当事人进行预告登记后，非经预告登记权利人同意，对该不动产的其他无权处分行为均不发生物权效力。关于预告登记的性质，主要有以下几种观点：第一，债权请求权保全说。这种观点认为，预告登记虽然具有物权的某些特征，但其本身并非物权，而仅仅是不动产物权变动请求权的保全方法，也即通过预告登记，使受保全的请求权得以排除他人干涉而实现。这种观点受到《德国民法典》第883条第1款关于"预告登记的本质"之规定的支持，因此具有实证法上的正当性，多数学者均持此种观点。第二，物权说。这种观点认为预告登记与物权具有同等地位，有关不动产物权的一般规则均可以适用于预告登记。❶ 第三，债权物权化说。预告登记制度使登记的不动产物权变动的请求权具备了对抗第三人的效力，即具备了一定的物权效力，因此，从预告登记的性质上说，它是债权物权化的一种具体体现。❷ 仔细分析不难发现，其实第一种观点"债权求权保全说"与后两种观点并无矛盾之处，只是前者强调其目的，而后两者强调其效果而已。❸ 预告登记制度的立法目的在于实现不动产所有权的顺利转移，排除其他处分行为，因此，从目的上把握预告登记的性质应当较为准确。

从《最高人民法院关于人民法院办理执行异议和复议案件若干问题的规定》第 28 条及第 30 条的规定可以看出，在法理上，关于预告登记是否具有对抗效力的判定并不复杂，原则上只需要比较预告登记的时间与查封措施的时间，在先成立的权利能够对抗在后成立的权利。但应当注意的是，在第 30 条的规定中，其执行标的仍然是被查封的办理了受让物权预告登记的不动产。由此可知，最高人民法院对于预告登记的不动产，仍然采取了经受让人提出异议后解除查封的态度。即在执行过程中，并不承认预告登记权利人享有不动产物权，而是仅仅获得一种对未来取得不动产物权的合理期待，预告登记权利人的异议能否取得法院的支持，排除强制执行，取决于该预告登记权利人是否符合具有进行物权登记的条件，也就是取得该不动产物权的条件，只有在符合取得不动产物权的条件时，才能裁定解除查封。同时，即使权利人所进行的预告登记在形式上合法，如果违背了预告登记制度设立的根本目的，其仍然不得以预告登记对抗强制执行，而预告登记则可能因致使其不成立的原因而自始无效。

在本案中，陈某江作为预告登记权利人主张解除对系争房屋的查封，确认系争房屋归其所有，其实质是要求解除对系争房屋的执行措施。陈某江的诉请能否得到支持，应对其是否符合预告登记物权的取得条件、可以确定地取得不动产物权进行审查。鉴于在房屋买卖合同关系中，出卖人的根本合同义务在于交付房屋，买受人的根本合同义务在于支付房款。而陈某江与金某某公司签订的《预售合同》名为购房合同，实为担保双方之间形成的借贷关系。第一，从《预售合同》的约定来看，陈某江可以收取已支付房款的利息，金某某公司在约定的期限内可返还房款及约定的利息从而行使任意解除权，陈某江在约定的期限后可以通过行使任意解除权要求金某某公司返还房款及利息，上述约定明显有别于一般的商品房买卖关系。第二，从《预售合同》履行来看，陈某江在以购房款名义支付两笔款项后，金某某公司实际向陈某江支付了 400 余万元的利息，这完全不符合一般商品房买卖关系常理。第三，陈某江与金某某公司在人民法院已经查封了涉案房产后，又签订了《补偿协议》交付涉案房产，但该占有并

---

❶ 金可可. 预告登记之性质——从德国法的有关规定说起 [J]. 法学, 2007 (7)：108-120.
❷ 王利明. 论民法典物权编中预告登记的法律效力 [J]. 清华法学, 2019, 13 (3)：5-17.
❸ 金可可. 预告登记之性质——从德国法的有关规定说起 [J]. 法学, 2007 (7)：108-120.

非基于正常交付行为而产生。综合上述事实来看，陈某江与金某某公司签订的《预售合同》的真实意思是为了担保双方之间形成的借贷关系，确保出借人在其借款无法获得清偿时可以直接获得涉案房产，并非以获得涉案房产所有权为目的而进行的商品房买卖法律关系。

预告登记制度设置的目的在于通过办理预告登记手续，保障以获得房屋所有权为目的的购房人将来实现所有权。涉案《预售合同》虽然办理了预告登记，但其真实目的并不是取得涉案房产的所有权，而是为借贷关系提供担保。此时陈某江已不是涉案房屋的受让人，故本案并不符合适用《最高人民法院关于人民法院办理执行异议和复议案件若干问题的规定》第30条规定的前提。故陈某江对涉案房产不能享有足以排除强制执行的权利。

【思考题】

在此类不动产未办理过户登记的案件中，是否应当将不动产买卖合同双方具有买卖的真实意思，作为阻却执行的构成要件之一？

第三节 执行外和解协议的效力问题

民事执行和解制度是我国民事强制执行程序中一项重要的法律制度，民事诉讼法及其司法解释的各种规定共同构成了该项制度，然而，在司法实践中常常出现另一种和解情况——执行外和解。执行外和解指的是，当事人自行达成的、但未共同将协议提交法院或者一方向法院提出而其他当事人不予认可的协议，包括申请强制执行前和申请强制执行后达成的执行外和解协议。目前，我国现行立法对执行外和解基本未涉及，需要在司法实践中根据具体案情不断探索和研究。

案例三 滁州建安公司与追日电气公司执行复议案[1]

【基本案情】

滁州建安公司与追日电气公司就建设工程施工合同纠纷一案，由青海省高级人民法院（以下简称青海高院）于2016年4月18日作出一审民事判决，判处追日电气公司给付滁州建安公司工程款、律师代理费等费用。后追日电气公司不服，向最高人民法院提起上诉。二审期间，追日电气公司与滁州建安公司达成了书面和解协议，约定追日电气公司在青海高院一审判决书范围内承担总金额463.3万元。滁州建安公司同

---

[1] 参见最高人民法院指导性案例119号。

意在签订和解协议后七个工作日内申请青海高院解除对追日电气公司全部银行账户的查封，解冻后三日内由追日电气公司支付上述约定的463.3万元。

和解协议签订后，追日电气公司依约向最高人民法院申请撤回上诉，滁州建安公司也依约向青海高院申请解除了对追日电气公司的保全措施。追日电气公司于2016年10月28日向滁州建安青海分公司支付了412 880 667万元，滁州建安青海分公司开具了一张413万元的收据。2016年10月24日，滁州建安青海分公司出具了一份《情况说明》，要求追日电气公司将诉讼费、鉴定费、律师费等共计50.3万元支付至程某男名下。后为开具发票，追日电气公司与程某男、王某刚、何某倒签了一份标的额为50万元的工程施工合同，追日电气公司于2016年11月23日向王某刚支付40万元、2017年7月18日向王某刚支付10万元，青海省共和县国家税务局代开了一张50万元的发票。

后滁州建安公司于2017年12月25日向青海高院申请强制执行。青海高院于2018年1月4日作出执行裁定：查封、扣押、冻结被执行人追日电气公司所有的人民币1000万元或相应价值的财产。实际冻结了追日电气公司3个银行账户内的存款共计126 605 118万元，并向追日电气公司送达了执行通知书及执行裁定。追日电气公司不服，以双方于2016年9月27日协商签订《和解协议书》，现追日电气公司已完全履行了上述协议约定的全部义务为由，针对青海高院上述执行裁定，向该院提出书面异议。为此，青海高院作出裁定，撤销该院前执行裁定。申请执行人滁州建安公司认为，(1)案涉《和解协议书》的签字人为王某刚，其无权代理滁州建安公司签订该协议，该协议应属无效；(2)追日电气公司亦未按《和解协议书》履行付款义务；(3)追日电气公司提出的《和解协议书》亦不是在执行阶段达成的，若其认为《和解协议书》有效，一审判决不应再履行，其应申请再审或另案起诉处理，故向最高人民法院提出了复议申请。

【主要法律问题】

本案中《和解协议书》的性质、效力以及是否履行完毕。

【主要法律依据】

《最高人民法院关于适用〈中华人民共和国民事诉讼法〉的解释》（2022年3月22日修正）

第465条　一方当事人不履行或者不完全履行在执行中双方自愿达成的和解协议，对方当事人申请执行原生效法律文书的，人民法院应当恢复执行，但和解协议已履行的部分应当扣除。和解协议已经履行完毕的，人民法院不予恢复执行。

《最高人民法院关于执行和解若干问题的规定》（2020年12月23日修正）

第2条　和解协议达成后，有下列情形之一的，人民法院可以裁定中止执行：

（一）各方当事人共同向人民法院提交书面和解协议的；

（二）一方当事人向人民法院提交书面和解协议，其他当事人予以认可的；

（三）当事人达成口头和解协议，执行人员将和解协议内容记入笔录，由各方当事人签名或者盖章的。

第 15 条　执行和解协议履行完毕，申请执行人因被执行人迟延履行、瑕疵履行遭受损害的，可以向执行法院另行提起诉讼。

第 19 条　执行过程中，被执行人根据当事人自行达成但未提交人民法院的和解协议，或者一方当事人提交人民法院但其他当事人不予认可的和解协议，依照民事诉讼法第 252 条规定提出异议的，人民法院按照下列情形，分别处理：

（一）和解协议履行完毕的，裁定终结原生效法律文书的执行；

（二）和解协议约定的履行期限尚未届至或者履行条件尚未成就的，裁定中止执行，但符合民法典第 578 条规定情形的除外；

（三）被执行人一方正在按照和解协议约定履行义务的，裁定中止执行；

（四）被执行人不履行和解协议的，裁定驳回异议；

（五）和解协议不成立、未生效或者无效的，裁定驳回异议。

【理论分析】

执行外和解的性质与执行和解有所不同，主要表现在：（1）主体范围不同。《民事诉讼法》第 237 条明确规定执行和解协议的签订主体为"双方当事人"，这就限定了执行和解原则上只能是申请执行人与被执行人，其他案外人主要是以担保人等形式参与；而执行外和解协议的签订主体则不局限于生效法律文书所确定的当事人，其他案外人也可加入到该协议中承担义务或受让权利，成为和解协议的主体之一。（2）内容形式不同。在执行中，双方当事人达成的执行和解协议，可以变更生效法律文书确定的履行义务主体、标的物及其数额、履行期限和履行方式；而执行外和解协议除包括上述执行和解协议的内容外，还可约定违约责任、侵权责任等，所产生的法律关系更为复杂。（3）签订时间不同。执行和解协议只能在执行程序中，而执行外和解协议可产生于从法律文书生效到债务全部清偿的任何阶段，其中包括申请强制执行前、申请强制执行后自行达成的和解。（4）法律效果不同。只要一方当事人违背执行和解协议，另一方当事人即可向法院申请恢复执行原生效法律文书，也可以就履行执行和解协议向执行法院提起诉讼，和解协议不生效；而针对执行外和解协议，当事人达成合意协议时即生效，即使一方出现违约，协议也未必能解除，原生效法律文书也不一定能恢复执行。❶

根据《最高人民法院关于执行和解若干问题的规定》第 2 条及第 19 条的规定，执

---

❶ 王柏东，程立. 生效法律文书执行力的阻却与回归——以执行外和解对执行程序的影响为视角［J］. 法律适用，2020（2）：97-105.

行和解协议达成后，人民法院即可以裁定中止执行；对于执行外和解协议，只有当和解协议约定的履行期限尚未届至或者履行条件尚未成就，或被执行人一方正在按照和解协议约定履行义务的，人民法院方可裁定中止执行。由此可以看出，执行和解协议具有中止强制执行程序的法律效力。但是，对于执行外和解协议而言，在未进入执行程序的情况下，双方达成的和解协议并非法律意义上的执行和解协议，因此不具有阻却生效判决执行的法律效力。

虽然民事执行外和解协议不具有中止强制执行程序的法律效力，但是其与执行和解协议都以原生效法律文书为基础，都是权利人在利益权衡后所选择的权利实现途径。❶ 通常情况下，债权人的让步才能促使当事人达成执行外和解协议，根据诚实信用原则，债务人此时应忠实履行协议所约定的义务，若债务人不履行和解协议义务，或者在和解协议约定的履行期限尚未届至或者履行条件尚未成就时，存在《民法典》第578条所规定的，当事人一方明确表示或者以自己的行为表明不履行合同义务的，则可以按照原判决执行，这既是对当事人的意思自治的尊重，又是对生效判决权威性的维护。反之，若债务人已经就和解协议所约定的义务履行完毕，同样基于诚实信用原则，债权人再向法院申请强制执行的，法院应当不予支持。

一、关于案涉《和解协议书》的性质

案涉《和解协议书》系当事人在执行程序开始前自行达成的和解协议，属于执行外和解。与执行和解协议相比，执行外和解协议不能自动对人民法院的强制执行产生影响，当事人仍然有权向人民法院申请强制执行。

二、关于案涉《和解协议书》的效力

虽然滁州建安公司主张代表其在案涉《和解协议书》上签字的王某刚未经其授权，其亦未在《和解协议书》上加盖公章，《和解协议书》对其不发生效力，但是《和解协议书》签订后，滁州建安公司根据约定向青海高院申请解除了对追日电气公司财产的保全查封，并就《和解协议书》项下款项的支付及开具收据发票等事宜与追日电气公司进行多次协商，接收《和解协议书》项下款项、开具收据和发票，故滁州建安公司以实际履行行为表明其对王某刚的代理权及《和解协议书》的效力是完全认可的，《和解协议书》有效。

追日电气公司以当事人自行达成的《和解协议书》已履行完毕为由提出执行异议的，人民法院可以参照《最高人民法院关于执行和解若干问题的规定》第19条的规定对和解协议履行情况进行审查，进而确定是否中止、终结执行。

三、关于案涉《和解协议书》是否已履行完毕

追日电气公司依据《和解协议书》的约定以及滁州建安公司的要求，分别向滁州

---

❶ 王柏东，程立. 生效法律文书执行力的阻却与回归——以执行外和解对执行程序的影响为视角 [J]. 法律适用，2020（2）：97-105.

建安公司和王某刚等支付了 412 880 667 万元、50 万元款项,虽然与《和解协议书》约定的 463.3 万元尚差 4000 余元,但是,并无证据表明追日电气公司在主观上具有故意拖延或规避执行的故意,客观上也无迟延履行的情况,仅在数额上存在瑕疵,该瑕疵并未对滁州建安公司的合法权益造成重大损害,且滁州建安公司予以接受并为追日电气公司分别开具了 413 万元的收据及 50 万元的发票,结合滁州建安公司在接受付款后较长时间未对付款金额提出异议的事实,可以认定滁州建安公司对于追日电气公司的履行行为予以认可,故案涉《和解协议书》约定的付款义务应视为已经履行完毕。同时,若滁州建安公司认为追日电气公司延期付款对其造成损害,可以根据《最高人民法院关于执行和解若干问题的规定》第 15 条的规定,另行提起诉讼解决,而不能仅以此为由申请执行一审判决。

【思考题】

执行外和解协议瑕疵履行在何种情况下可以视为履行完毕?

第四节 竞买人在执行程序中撤销网络司法拍卖的问题

近年来,随着我国互联网经济日益繁荣,网络司法拍卖也逐渐走进大众的日常生活,这使得几乎每个人都有机会参与网络司法拍卖,同时,竞买人参与竞买,只需按照拍卖公告、拍卖须知、标的物介绍、温馨提示等进行报名、身份审核、缴交保证金,并取得竞买号,即可参与竞买,大大提高了司法拍卖的便利性和效率。为了确保网络司法拍卖的公正与权威,我国法律与司法解释对于损害当事人、利害关系人利益的情况,赋予相关人员撤销拍卖结果的权利。

案例四 陈某果与刘某坤、广东省汕头渔业用品进出口公司等申请撤销拍卖执行监督案[1]

【基本案情】

广东省汕头市中级人民法院在执行申请执行人刘某坤与被执行人广东省汕头渔业用品进出口公司(以下简称渔业公司)等借款合同纠纷一案中,依据已经发生法律效力的执行依据,查封被执行人渔业公司所有的位于汕头市某地块的土地使用权等土地和房产。2011 年 7 月 28 日执行法院作出裁定,拍卖被执行人渔业公司位于汕头市该地块的土地使用权等土地和房产及被执行人渔业商场位于汕头市某处的房地产。2016 年

---

[1] 参见最高人民法院指导性案例 125 号。

4月6日，执行法院在淘宝网司法拍卖网络平台上张贴拍卖公告、拍卖须知、标的物介绍、温馨提示等公告，对汕头市某地块的土地使用权进行公开拍卖，并说明该宗土地使用权将于2016年4月25日10时至26日10时公开拍卖及相关情况。淘宝网司法拍卖网络平台于2016年4月25日10时公开拍卖，共有五人报名参与竞拍，申诉人陈某果按照规定报名并交纳保证金23万元，取得竞买号N8256。在拍卖过程中，先后共有四名竞买人出价竞买，其中申诉人陈某果在2016年4月26日9时40分53秒出价2 377 360元后，在叫价达到5 182 360元时，分别在2016年4月26日10时01分16秒、10时05分10秒、10时08分29秒加价竞买，最后一次于10时17分26秒出价5 282 360元确认成交，先后出价5次，成交后申诉人陈某果未缴交尚欠拍卖款。后申诉人陈某果认为拍卖过程一些环节未适用《中华人民共和国拍卖法》等相关法律规定，且竞买号牌A7822与J8809蓄谋潜入竞买场合，存在恶意串通竞价，请求撤销拍卖，退还保证金23万元。

【主要法律问题】

本案中申诉人请求撤销拍卖是否符合法律规定。

【主要法律依据】

《中华人民共和国拍卖法》（2015年4月24日修正）

第2条　本法适用于中华人民共和国境内拍卖企业进行的拍卖活动。

《最高人民法院关于人民法院网络司法拍卖若干问题的规定》（自2017年1月1日起施行）

第12条　网络司法拍卖应当先期公告，拍卖公告除通过法定途径发布外，还应同时在网络司法拍卖平台发布。拍卖动产的，应当在拍卖十五日前公告；拍卖不动产或者其他财产权的，应当在拍卖三十日前公告。

拍卖公告应当包括拍卖财产、价格、保证金、竞买人条件、拍卖财产已知瑕疵、相关权利义务、法律责任、拍卖时间、网络平台和拍卖法院等信息。

第31条　当事人、利害关系人提出异议请求撤销网络司法拍卖，符合下列情形之一的，人民法院应当支持：

（一）由于拍卖财产的文字说明、视频或者照片展示以及瑕疵说明严重失实，致使买受人产生重大误解，购买目的无法实现的，但拍卖时的技术水平不能发现或者已经就相关瑕疵以及责任承担予以公示说明的除外；

（二）由于系统故障、病毒入侵、黑客攻击、数据错误等原因致使拍卖结果错误，严重损害当事人或者其他竞买人利益的；

（三）竞买人之间，竞买人与网络司法拍卖服务提供者之间恶意串通，损害当事人或者其他竞买人利益的；

（四）买受人不具备法律、行政法规和司法解释规定的竞买资格的；

（五）违法限制竞买人参加竞买或者对享有同等权利的竞买人规定不同竞买条件的；

（六）其他严重违反网络司法拍卖程序且损害当事人或者竞买人利益的情形。

《最高人民法院关于人民法院民事执行中拍卖、变卖财产的规定》（2020年12月23日修正）

第12条　法律、行政法规对买受人的资格或者条件有特殊规定的，竞买人应当具备规定的资格或者条件。

申请执行人、被执行人可以参加竞买。

【理论分析】

根据《最高人民法院关于人民法院网络司法拍卖若干问题的规定》（以下简称《网络司法拍卖规定》）第12条的规定，网络司法拍卖应当先期公告，拍卖公告除通过法定途径发布外，还应同时在网络司法拍卖平台发布。因此，法院应当公示相关信息，并对拍卖财产已知瑕疵和权利负担等事项予以特别提示，否则可能承担瑕疵担保责任。与一般的司法拍卖不同，在网络司法拍卖中，竞买人一方通常情况下只能通过网络平台获取拍卖财产的相关信息，若拍卖动产时，其辨认难度相对较小，易于竞买人进行判断；而对于土地使用权及房屋等法律关系较为复杂或有瑕疵的拍卖财产，仅仅通过网络获取相关信息，竞买人往往难以了解拍卖财产的真实情况。因此，为了维护竞买人合法权益和司法公信力，对于网络司法拍卖财产的相关信息的公示公告和披露程度应高于一般的司法拍卖。《网络司法拍卖规定》第31条规定，网络司法拍卖中，当事人及利害关系人可以在一定情况下提出异议请求撤销网络司法拍卖。对于其中的利害关系人，应当将竞买人包括在内，因为网络司法拍卖的竞拍结果与竞买人具有直接的利害关系。同时，竞买人提出撤销网络司法拍卖的，应当符合《网络司法拍卖规定》第31条规定的六种法定情形之一。

在本案中，申诉人陈某果认为司法拍卖环节未适用《中华人民共和国拍卖法》（以下简称《拍卖法》）的相关规定，但是，根据我国《拍卖法》第2条的规定，该法适用于中华人民共和国境内拍卖企业进行的拍卖活动，因此，该法调整的是拍卖人、委托人、竞买人、买受人等平等主体之间的权利义务关系。拍卖人接受委托人委托对拍卖标的进行拍卖，是拍卖人和委托人之间"合意"的结果，该委托拍卖系合同关系属于私法范畴。人民法院司法拍卖是人民法院依法行使强制执行权，就查封、扣押、冻结的财产强制进行拍卖变价进而清偿债务的强制执行行为，其本质上属于司法行为，具有公法性质。该强制执行权并非来自于当事人的授权，无须征得当事人的同意，也不以当事人的意志为转移，而是基于法律赋予的人民法院的强制执行权，即来源于民事诉讼法及相关司法解释的规定。即便是在传统的司法拍卖中，人民法院委托拍卖企业进行拍卖活动，该拍卖企业与人民法院之间也不是平等关系，该拍卖企业的拍卖活动只能在人民法院的授权范围内进行。因此，人民法院在司法拍卖中应适用民事诉讼法及相关司法解释关于人民法院强制执行的规定。网络司法拍卖是人民法院司法拍卖的一种优选方式，亦应适用民事诉讼法及相关司法解释关于人民法院强制执行的规定。

关于申诉人陈某果提出的竞买号牌 A7822 与 J8809 蓄谋潜入竞买场合恶意串通，该标的物从底价 230 万抬至 530 万，事后经过查证号牌 A7822 竞买人是该标的物申请执行人刘某坤等。网络司法拍卖是人民法院依法通过互联网拍卖平台，以网络电子竞价方式公开处置财产，本质上属于人民法院"自主拍卖"，不存在委托拍卖人的问题。《最高人民法院关于人民法院民事执行中拍卖、变卖财产的规定》第 15 条第 2 款明确规定，申请执行人、被执行人可以参加竞买。作为申请执行人的刘某坤只要满足网络司法拍卖的资格条件即可以参加竞买。在网络司法拍卖中，竞买人是否加价竞买、是否放弃竞买、何时加价竞买、何时放弃竞买完全取决于竞买人对拍卖标的物的价值认识。从申诉人提供的竞买记录看，申诉人在 2016 年 4 月 26 日 9 时 40 分 53 秒出价 2 377 360 元后，在叫价达到 5 182 360 元时，分别在 2016 年 4 月 26 日 10 时 01 分 16 秒、10 时 05 分 10 秒、10 时 08 分 29 秒、10 时 17 分 26 秒加价竞买，足以认定申诉人对于自身的加价竞买行为有清醒的判断。因此，在申诉人对加价竞买行为有充分认识的前提下，仅以竞买号牌 A7822 与 J8809 连续多次加价竞买为由，不足以认定该两位竞买人恶意串通，损害其利益。因此，申诉人请求撤销拍卖不符合法律规定。

【思考题】

在网络司法拍卖中，竞买人之间未经通谋，但彼此恶意竞价，买受人是否可以请求撤销拍卖？